sprachkurs
italiano

A1

A1
sprachkurs
italiano

sprachkurs *italiano A1*
TELC! The European Language Certificates
Die Europäischen Sprachenzertifikate

Verlagsredaktion: Milly Brunello, Massimo Marano, Letizia Porcelli, Britta Kaltenbach
Bildredaktion und Grafik: Lilia Blumentritt und Katharina Huber
Projektleitung: Dorothée Kersting und Christian Huber
Pädagogische Beratung: WBT Weiterbildungs-Testsysteme GmbH, Frankfurt

Satz: Sébastien Vigot
Typographie und Layout: Hommer Design, Haar
Gesamtherstellung: Hommer Design, Haar (www.HommerDesign.com)
Tonaufnahmen: Plan 1 Media, München

Abbildungen: dp stock library
Seite 142: Hotel Ansitz Plantitscherhof, Merano

5., überarbeitete Auflage

© 2006 digital publishing AG, 80337 München
www.digitalpublishing.de

Das Werk und seine Komponenten sind urheberrechtlich geschützt.
Jede Verwertung in anderen als den gesetzlich zugelassenen Fällen
bedarf deshalb der vorherigen schriftlichen Einwilligung des Verlags.

Printed in Germany

Inhalt

Inhalt	5
Einleitung	7
1 Das sollten Sie lesen	8
2 So lernen Sie mit diesem Buch	10
3 Die Prüfung A1-Start Italiano	12

Unità 1   Conoscersi   13

1 Buongiorno!   14
2 Come ti chiami?   18

Ihr erster Satz auf Italienisch
Grüßen, vorstellen und verabschieden
Die Verben 'essere' und 'chiamarsi'

Unità 2   Informazioni   23

1 Di dove sei?   24
2 Che lavoro fai?   28
3 Pronto?   32

Länder, Sprachen und Berufe
Sich am Telefon melden, nach jemandem fragen
Die Verben auf '-are'

Unità 3   Quante domande!   37

1 Le piace Brahms?   38
2 Volentieri, grazie!   42
3 Dove abiti?   46

Essen und Trinken, Freizeitaktivitäten
Angebote annehmen und ablehnen
Die Verben auf '-are', '-ere' und '-ire'

Unità 4   Ho fame!   51

1 Facciamo colazione   52
2 Al mercato   56
3 Al ristorante   60

Frühstück, Bar und Restaurant
Bestellen, einkaufen und bezahlen
Adjektive, Mengenangaben

Unità 5   Un invito   65

1 Andiamo a mangiare insieme?   66
2 In casa   70
3 Vino o rose?   74

Einladungen, Komplimente und Verhaltenstipps
Wochentage, Monate, Jahreszeiten, Datum
Die Verben 'pagare', 'fare', 'andare' und 'venire'

Unità 6   Giovani e belli   79

1 Che bella famiglia!   80
2 Lo conosci?   84
3 Cerco   88

Familie, Feste und Feiern
Smalltalk und Personenbeschreibungen
Die doppelte Verneinung, einige Pronomen

Unità 7   Appuntamenti   93

1 Usciamo?   94
2 Quando e dove?   98
3 Ho un appuntamento   102

Kino, Theater, Abendgestaltung
Private und geschäftliche Verabredungen
Die Modalverben 'potere', 'volere' und 'sapere'

Inhalt

Unità 8	Viaggiare	107
1	Prenotiamo	108
2	Come ci arrivo?	112
3	Andiamo a piedi?	116

Urlaub und Reise
Verkehrsmittel und Wegbeschreibungen
Die Verben 'andare' und 'essere' mit Präposition

Unità 9	Abitudini	121
1	Come sempre	122
2	Chiuso per ferie	126
3	Solo se c'è il sole!	130

Alltag, Tagesablauf, regelmäßige Aktivitäten
Vorschläge unterbreiten, Zweifel ausdrücken
Die indirekten Objektpronomen

Unità 10	Tempi passati	135
1	Che cosa hai fatto ieri?	136
2	Com'è andata la vacanza?	140
3	Che cosa è successo?	144

Ereignisse und Erlebnisse in der Vergangenheit
Aufforderung, Entschuldigung, Begründung
Die Vergangenheit ('passato prossimo')

Unità 11	Consigli	149
1	Che cos'ha?	150
2	Mi può dare un consiglio?	154
3	Tu cosa faresti?	158

Körperteile, Krankheit und Gesundheit
Wünsche, Anliegen, Ratschläge und Tipps
Der verneinte Imperativ, das Konditional

Unità 12	Progetti	163
1	Progetti per le vacanze	164
2	In treno o in macchina?	168
3	Come si fa?	172

Urlaubsplanung, Reiserouten und Landschaft
Gebrauchsanweisungen, die Zukunft
Modalverben mit Pronomen, doppelte Pronomen

Unità 13	Racconti	177
1	Ai miei tempi ...	178
2	Davvero?	182
3	Notizie	186

Zeitung, Radio und Fernsehen
Beschreibungen in der Vergangenheit
'Imperfetto' und 'passato prossimo'

Unità 14	Parliamo	191
1	Pazienza!	192
2	Non credo	196
3	Un equivoco	200

Diskussion und Konsensfindung
Private und geschäftliche Korrespondenz
Der Konjunktiv von 'essere' und 'avere'

Anhang		205
Die Lösungen der Übungen		206
Die Lösungen der Tests		224
Die Hörtexte zum Mitlesen		228
Der Wortschatz zum Vokabeltrainer		236
Die italienische Aussprache		247

Einleitung

Das sollten Sie lesen

Was am Sprachkurs Italiano A1 anders ist

So lernen Sie mit diesem Buch

Die Lehrmethode

Die Europäischen Sprachenzertifikate

1 Das sollten Sie lesen – Was am Sprachkurs Italiano A1 anders ist

Sie möchten also Italienisch lernen ...

... sind Anfängerin oder Anfänger mit keinen oder geringen Vorkenntnissen und möchten sich eine Basis für Alltag und Beruf aneignen? Sie wollen für Ihren Lebenslauf das erste Europäische Sprachenzertifikat (A1) erwerben oder einfach nur ein persönliches Erfolgserlebnis haben? Mit dem Sprachkurs Italiano A1 werden Sie die italienische Sprache mit einem modernen Lehrkonzept anhand vieler authentischer Situationen aus Alltag und Beruf verstehen und sprechen lernen.

Das Konzept – Ein Sprachkurs für Erwachsene

Italiano A1 ist ein komplett neuer Sprachkurs speziell für Erwachsene – mit zahlreichen realistischen Situationen und vielen hundert echten Fotos aus Alltag und Beruf.

So lernen Sie – Die Methode: Die Reihe TELC! zu den Europäischen Sprachenzertifikaten folgt den modernsten Erkenntnissen der Fremdsprachendidaktik: Aus konkreten 'Szenarien' oder Gesprächstypen (z.B. Verkaufsgespräch) ergeben sich Wortschatz und grammatische Strukturen wie von selbst. Es geht also nicht um stures Pauken von Vokabeln und Grammatik, sondern um die Bewältigung konkreter sprachlicher Aufgaben.

Die Kurzgliederung: Der Aufbau von Italiano A1 folgt dem Bausteinprinzip – ähnlich wie ein Führerscheintest: In kleinen Schritten lernen Sie alle Wörter, Sätze und Strukturen, die Sie für das jeweilige 'Szenario', also den jeweiligen Gesprächstyp, benötigen – ohne lästiges Nachschlagen. Zahlreiche Wiederholungen, Zusammenfassungen und Tests vertiefen den Lernstoff und garantieren Ihren persönlichen Lernerfolg.

Sprache in Alltag und Beruf: In diesem Sprachkurs begegnen Sie vielen realistischen Situationen aus Alltag und Arbeitswelt: Ob es nun darum geht, eine Durchsage am Flughafen zu verstehen oder den Sinn eines Zeitungsartikels zu erfassen, im Vordergrund des Sprachkurses steht immer Ihr Ziel, in der fremden Sprache handeln zu können.

So viel Grammatik wie nötig und so wenig wie möglich: Mit Erklärungen zur Grammatik und mit komplizierten Erläuterungen hält sich dieser Sprachkurs bewusst zurück. In den Kursen dieser Reihe wird jede neue Struktur im Rahmen einer Aufgabe eingeführt, die in einem *Infokasten* in einfachen Worten weiter erläutert wird. Sie entdecken die Regeln der Sprache also dort selber, wo sie auch wirklich benötigt werden – zahlreiche Lerntipps helfen dabei.

Authentische Hör- und Leseübungen: Im Verlauf des Sprachkurses werden Sie mit zahlreichen 'echten' Hörverständnisübungen konfrontiert, bei denen Sie den Text nicht mitlesen können – denn wann ist das schon in der Realität der Fall? Auch bei vielen Lesetexten (Zeitungsannoncen, Briefen usw.) finden Sie nicht für alle Wörter eine Übersetzung. Denn das Lesen oder Hören der Texte ist kein reiner Selbstzweck, sondern zielt auf eine ganz bestimmte Information ab: Mal geht es um *Globalverstehen* (also um den Gesamtsinn), mal um *Detailverstehen* (z.B. um eine genaue Uhrzeitangabe) und mal um *selektives Verstehen*, d.h. um das rasche Auffinden einer punktuellen Information (z.B. 'Wie wird das Wetter morgen?').

Alle Texte werden von italienischen Muttersprachlerinnen und Muttersprachlern gesprochen und stellen damit eine gültige Referenz für die 'richtige' Aussprache dar.

Lernerorientierung: Ausschlaggebend sind Ihre Bedürfnisse als Lerner: Mit welchen Situationen wird man typischerweise am Arbeitsplatz, am Flughafen oder im Büro konfrontiert? Italiano A1 verschafft Ihnen den Basiswortschatz und die Strukturen, die Sie brauchen, um auf einfachem Niveau individuell zu agieren und sich in Standardsituationen zu verständigen.

Das Lehrwerk mit Zertifikat

Aufgebaut wie ein 'Sprachführerschein' mit vielen verschiedenen Übungsformen führt der Sprachkurs Italiano A1 in kleinsten Schritten zum optimalen Lernerfolg.

Minimaler Zeitaufwand: Weniger ist mehr: Wenn Sie jeden Tag etwa 20 Minuten lernen (das entspricht etwa einem 'Livello', also einer Lerneinheit) beherrschen Sie in 42 Tagen den gesamten Stoff für die Prüfung A1.

Transparenz: Jede Lerneinheit endet mit einer Zusammenfassung der wichtigsten Lerninhalte und vielen konkreten Beispielen.

Lernerfolgskontrolle: Am Ende jedes Kapitels (Unità) findet sich ein abschließender Test, der sich am offiziellen Testformat des Sprachenzertifikats A1 orientiert. Die 14 Testseiten decken alle Aufgabentypen der A1-Prüfung ab.

Fit für die berufliche und private Kommunikation: Der Sprachkurs Italiano A1 versetzt Sie in die Lage, die wichtigsten Alltags- und Geschäftssituationen in der Zielsprache zu bewältigen. In allen Kapiteln finden Sie einen interkulturellen Hinweis, der Sie auf sprachliche 'Fettnäpfchen' aufmerksam macht und Verhaltenstipps für die Praxis beinhaltet.

Die Europäischen Sprachenzertifikate

Was hat die Reihe TELC! mit den Europäischen Sprachenzertifikaten zu tun? Auf Initiative des Europarats wurde ein gemeinsamer Europäischer Referenzrahmen (*Common European Framework of Reference for Languages: Learning, Teaching, Assessment*) mit dem Ziel entwickelt, Sprachkompetenz in einer europaweit gültigen Skala erstmals vergleichbar zu machen. Aus diesem Referenzrahmen wurden in den vergangenen Jahren die 'Europäischen Sprachenzertifikate' entwickelt.

Das Kürzel TELC steht für 'The European Language Certificates', die offizielle englische Bezeichnung für 'Die Europäischen Sprachenzertifikate'.

Der Sprachkurs Italiano A1 ist ein Lehrwerk für Selbstlerner, das gezielt auf die Prüfung A1 (Start) der Europäischen Sprachenzertifikate vorbereitet. Mehr zu den Europäischen Sprachenzertifikaten und der zugehörigen Prüfung finden Sie auf Seite 12 dieses Buchs.

Wer wir sind ...

digital publishing entwickelt seit über 10 Jahren mit einem Team von mehr als 60 Sprachexperten, Lehrern, Grafikern und Programmierern maßgeschneiderte Sprachlernmaterialien für den Einsatz in der innerbetrieblichen Weiterbildung und für Privatkunden. Im Laufe der Jahre konnte dp als 'Spezialist für Lernprogramme' (so die Fachzeitschrift c't) zum führenden Anbieter für interaktive Sprachlernsoftware im deutschsprachigen Raum werden. Mit über vier Millionen Lernern weltweit und einer Präsenz in mehr als 30 Ländern ist digital publishing heute einer der erfolgreichsten europäischen Sprachenverlage.

Die Sprachkurse der Reihe TELC! werden von einem erfahrenen Team aus Sprachlehrern und Lehrbuchautoren geschrieben und sind Teil einer neu entwickelten Reihe von Medienpaketen aus Buch, Audio-CDs und Lernsoftware zu den Europäischen Sprachenzertifikaten. Des Weiteren umfasst die Reihe Karteikarten, Vokabeltrainer und interaktive Kreuzworträtsel, passend zum jeweiligen offiziellen Prüfungswortschatz.

... und wie Sie uns erreichen

Alle Titel des Verlagsprogramms von digital publishing finden Sie im gut sortierten Buchhandel. Im Internet finden Sie aktuelle Informationen zu dp und weiterführenden Sprachkursen zu den Europäischen Sprachenzertifikaten unter

www.digitalpublishing.de

Schreiben Sie uns! Die Redaktion Fremdsprachen bei dp in München freut sich über jede Kritik und Anregung. Sie erreichen uns per Post oder E-Mail:

digital publishing
Redaktion TELC!
Tumblinger Straße 32
D – 80337 München

E-Mail: telc@digitalpublishing.de

2 So lernen Sie mit diesem Lehrbuch und den CDs

Der Aufbau Ihres Sprachkurses

Dieses Lehrwerk ist als *Audio-Sprachkurs* und als *interaktiver Sprachkurs mit CD-ROM* erhältlich. Bevor Sie anfangen, sollten Sie sich also zunächst mit dem Inhalt Ihres Kurspakets und einigen wenigen Grundregeln vertraut machen.

Software und Audio – Die CDs

Alle CDs zu diesem Lehrbuch sind mit der Aufschrift **A1** versehen. Die gelben Audio-CDs mit der Aufschrift **Hörtexte** benötigen Sie, um die verschiedenen Hörverständnisübungen zu lösen. Auf der grünen Audio-CD mit der Aufschrift **Vokabeltrainer** ist der komplette Zertifikatswortschatz A1 aufgelistet, der auch im Anhang des Lehrbuchs abgedruckt ist. Die blaue CD-ROM mit der Aufschrift **Lernsoftware** bietet schließlich eine Vielzahl interaktiver Übungen, die inhaltlich perfekt auf die Lerneinheiten im Buch abgestimmt sind.

Das Lehrbuch

Der Sprachkurs Italiano A1 umfasst 14 Kapitel (Unità) mit je 3 Lerneinheiten (Livelli).

Die 'Unità': Am Anfang jedes Kapitels steht eine Einführungsseite mit den wichtigsten Lernzielen. Darauf folgen drei Lerneinheiten à 4 Seiten. Am Ende jedes Kapitels folgt ein Abschlusstest.

Die 'Livelli': Jede Lerneinheit beginnt mit einer Einführungsübung, die neue Vokabeln oder sprachliche Strukturen – oft mit Hilfe von Bildern – präsentiert. Danach wird der Lernstoff mit verschiedenen Aufgabentypen angewendet und vertieft.

Im Anhang finden Sie Lösungen zu allen Übungen und Tests, Mitschriften der Hörtexte, die Sie im Übungsteil nicht mitlesen können, den kompletten Prüfungswortschatz für das Zertifikat A1 sowie die Regeln zur italienischen Aussprache.

Übungen, Infokästen und Lösungen

Jede Lerneinheit folgt demselben einfachen Prinzip: Sie eignen sich den neuen Lernstoff zunächst durch Lesen und/oder Hören an und finden dann in den Informationskästen oder Wortlisten Erklärungen und Übersetzungen. Mehr brauchen Sie nicht zur Lösung der Aufgaben.

Eine Reihe von wiederkehrenden 'Bedienelementen' und verschiedene Aufgabentypen erleichtern Ihnen das Lernen mit Ihrem 'Sprachführerschein':

Symbole	Beschreibung	Funktion
	weißes Kästchen	zum Ankreuzen einer Lösung
CD 1 / 3	Lautsprecher-Symbol	Nummerierung für die Hörtexte auf der Audio-CD
	leere weiße Linie	Lücke zum Ausfüllen
▶	Dreieck am rechten unteren Ende einer Textspalte	Fortsetzung des Textes oder einer Aufgabe in der nächsten Spalte
2	Übungsnummer in der Lerneinheit	die Einheiten ('Bausteine') der *Kurzgliederung*

Zuordnungsübungen

Bei Zuordnungsübungen sind die zwei Spalten in einer Tabelle durcheinander geraten. Sie müssen die Einträge der ersten Spalte korrekt denen in der zweiten zuordnen, also zum Beispiel:

Welche Antworten passen zu welchen Fragen?

1 Scusa, sei Paolo? A No, io sono Magni.
2 Scusi, Lei è la signora Pini? B Ciao, piacere, sono Viola.
3 Ciao, io sono Maria, e tu? C No, sono Sara.
4 Salve, scusa, sei tu Maria? D Sì, sono io.

Die Lösungen sind im Anhang durch Angaben wie 1D, 2A, 3B usw. bezeichnet. Sie sollten also die Buchstaben einfach direkt in den Aufgaben neben die entsprechenden Ziffern schreiben.

Wichtig: Viele Aufgaben lassen sich nur mithilfe der Audio-CD lösen. Wenn Sie mit dem Buch zu diesem Kurs lernen, sollten Sie deshalb auch immer einen CD-Spieler in Ihrer Nähe haben.

Lösen durch Ankreuzen

Sie hören oder lesen einen Satz bzw. Text und kreuzen dann die richtige(n) Alternative(n) an.

Sie haben jeweils zwei Sätze zur Auswahl, aber nur einer von beiden entspricht der Aufnahme auf der CD. Kreuzen Sie diesen Satz an.

A ☐ Come ti chiami?
  ☐ Come si chiama?

Lückentexte

Bei einem Lückentext ist ein Teil des Textes durch eine weiße Linie ersetzt worden. Ihre Aufgabe besteht darin, die Lücke wieder auszufüllen. Meistens beginnen diese Übungen mit einem Beispiel ('Esempio'), bei dem der Satzteil, um den es geht, fett gedruckt ist.

Bilden Sie Sätze wie im Beispiel.

Esempio: pomodoro
Il pomodoro **non** mi piace.

A pasta

Hörverständnis-Übungen

🔊 CD 1 / 3

Italiano A1 enthält über 150 Hörtexte, darunter viele 'authentische' Texttypen, denen Sie im beruflichen und privaten Alltag immer wieder begegnen: Dialoge, Durchsagen, telefonische Mitteilungen und vieles mehr.

Nummerierung: Die vertonten Dialoge und Übungen sind in der Reihenfolge nummeriert, in der sie im Buch erscheinen. Sie erkennen sie am Lautsprechersymbol, das Ihnen sowohl die Audio-CD-Nummer (1 oder 2) als auch die jeweilige Tracknummer anzeigt, mit der Sie den entsprechenden Hörtext auf Ihrem CD-Player direkt ansteuern können. Im Beispiel oben rechts ist es die dritte Aufnahme auf CD 1.

Vokabeln in den Wortlisten

| io | ich |
| sono | bin |

In den Wortlisten finden Sie eine Übersetzung aller neuen Wörter auf der jeweiligen Buchseite – es sei denn, es geht bei einem Text explizit um den Gesamtsinn.

Wissenswertes im Infokasten

In den Infokästen finden Sie wichtige Hinweise zur Lösung der zugehörigen Übung. Aber Achtung: Damit Sie selber ein wenig nachdenken müssen und sich in die Situation hineinversetzen können, steht diese Erläuterung immer *nach* der jeweiligen Übung.

Was Sie jetzt können

Unter dieser Überschrift finden Sie zum Abschluss jeder Lerneinheit eine Zusammenfassung aller Sprechintentionen, ein paar Beispiele und die neu erlernten grammatischen Strukturen.

Abschlusstests

Am Ende jedes Kapitels finden Sie einen Abschlusstest, der komplett in Italienisch abgehalten wird. Die Übersetzung der Anweisungen finden Sie im Lösungsteil. Der Test bereitet Sie formal und inhaltlich auf die Prüfung A1 der 'Europäischen Sprachenzertifikate' vor.

Alle Lösungen zusammengefasst

Alle Lösungen sind im Lösungsteil im Anhang des Buches ab Seite 206 abgedruckt. Sie sind unter der Überschrift des jeweiligen Kapitels (Unità) sortiert und analog zur Gliederung der Lerneinheit nummeriert: also die Ziffer der Lerneinheit (Livello), gefolgt von der Übungsnummer (z.B.: **1.3** steht für Lerneinheit 1, Übung 3).

3 Die Prüfung A1-Start Italiano – Das Zertifikat A1

Die Prüfung zum Europäischen Sprachenzertifikat Italiano A1

Was haben Sie davon? Sprachkompetenz bringt Sie weiter – im Bewerbungsgespräch, im Beruf und im Alltag. Ein Europäisches Sprachenzertifikat ist deshalb eine gute Anlage für Ihre Bewerbung. Die Zertifikate sind unabhängig von Verlagen und Sprachschulanbietern und werden als neuer Standard von der Europäischen Kommission unterstützt.

Mit dem Zertifikat A1 zeigen Sie, dass Sie die erlernte Zielsprache bereits in vielen Alltagssituationen, aber auch im Beruf einsetzen können. Und wenn Sie die Prüfung tatsächlich ablegen, bestätigen Sie damit natürlich auch sich selbst Ihren Lernerfolg.

Vorbereitung auf die Prüfung: Die Prüfung erfordert keine gezielte Vorbereitung – es genügt, diesen Sprachkurs im Selbststudium durchzuarbeiten.

Aufbau der Prüfung: Alle Bestandteile der Prüfung A1-Start Italiano werden von den Testseiten dieses Buchs exakt abgedeckt:

1 Elementi di lingua (Sprachliche Strukturen)
2 Comprensione auditiva (Hörverständnis)
3 Risposte (Sinnvolle Antworten)
4 Comprensione scritta (Text- und Leseverständnis)

Dauer: Die Prüfung dauert etwa eine Stunde.

Was wird geprüft? Mit der Prüfung A1-Start Italiano dokumentieren Sie Ihre Sprachkompetenz in mehreren Bereichen: Hören, Lesen, Schreiben und Sprechen. Der Sprachkurs Italiano A1 bereitet Sie bestens darauf vor, denn die Textsorten, denen Sie in diesem Kurs begegnen, sind auch Prüfungsgegenstand: kurze Zeitungstexte, Gespräche, telefonische Mitteilungen, Durchsagen, Anzeigen, Werbetexte und E-Mails. Grammatische Strukturen und Wortschatz werden in Lückentexten oder Multiple-Choice-Aufgaben getestet. Für das Anfängerniveau ist keine mündliche Prüfung vorgesehen.

Wenn Sie das Format der Prüfung noch besser kennen lernen möchten, können Sie bei digital publishing oder im Buchhandel einen Modelltest bestellen, der dann auch von der äußeren Form genau dem Prüfungsbogen entspricht. Produktbeschreibungen, Bestellnummern und Bestellformular finden Sie im Internet unter

www.sprachenzertifikate.de

und

www.digitalpublishing.de

Anmeldung: In Deutschland, Österreich und der Schweiz nehmen viele Volkshochschulen, aber auch private Schulen und weitere Bildungsträger Ihre Anmeldung zur Prüfung entgegen. In der Schweiz sind auch die Migros-Klubschulen Partner bei der Durchführung der Prüfungen.

Unità 1

Ihr erster Satz auf Italienisch

Grüßen, vorstellen und verabschieden

Jemanden ansprechen

Einige Personalpronomen

Die Verben 'essere' und 'chiamarsi'

Das italienische Alphabet

Zeitaufwand: ca. 40 Minuten

1 Buongiorno! – Guten Tag!

1 'Ciao!' Oder wie kann man noch grüßen?

Hier sehen Sie Bilder, auf denen sich Menschen begrüßen. Lesen Sie die Begrüßungen und hören Sie auch die Aufnahme an, um zu erfahren, wie man die Wörter ausspricht.

Ciao.

Buona sera!

Buongiorno!

Salve!

2 'Buongiorno' oder 'ciao'?

Zu jedem Bild passen zwei der Sätze A bis D. Schreiben Sie die richtigen Buchstaben auf die Linien. Die Lösungen finden Sie im Anhang.

1 _____   2 _____

A Ciao, Paolo!
B Buongiorno, signor Verdi!
C Buongiorno, signora Rossi!
D Salve Maria!

3 Hallo, wie geht's?

Wie begrüßen sich junge Leute und Junggebliebene? Lesen Sie die beiden Dialoge. Sie können sie auch anhören und nachsprechen. Die Übersetzung der unbekannten Wörter finden Sie in der Wortliste.

Ciao Silvia, come va?
Salve Sergio! Bene, grazie, e tu?
Bene!

Buongiorno signora Verdi, come va?
Salve signor Rossi. Bene grazie, e Lei?
Bene, bene!

come va	wie geht es dir/Ihnen
e	und
signora Verdi	Frau Verdi
signor Rossi	Herr Rossi
bene	gut
grazie	danke
Lei	Sie

4 Welches Wort fehlt?

Lesen Sie die Dialoge aus Übung 3 noch einmal und schreiben Sie die fehlenden Wörter in die Lücken.

_____ Silvia, come va?

Bene, grazie, e _____?

Grazie, _____.

_____ signor Rossi, come va?

Bene, grazie, e _____?

Bene, _____.

5 Wie würden Sie diese Personen vormittags begrüßen?

Per du oder per Sie? Lesen Sie die Namen A bis F und schreiben Sie die passenden Begrüßungen auf die Linien.

A Paolo

B Marina

C Il signor Verdi

D La signora Strozzi

E La signora Viti e la signora Carusi

F Il signor Pozzi e il signor Mari

7 Und jetzt versuchen Sie es selbst!

Schreiben Sie die fehlenden Wörter in die Lücken. Wenn Sie Hilfe brauchen, lesen Sie die Dialoge aus Übung 6 noch einmal.

A Buongiorno, _____ sono Maria, e tu?
  Salve, io _____ Andrea.
B Buona sera, _____ Antonio Vasi. E Lei?
  Buona sera, _____, sono Alessandro Tosi.
C Ciao, _____ sono Carlo, e tu?
  Ciao, piacere, _____ Silvia.

io	ich
sono	bin
piacere	angenehm
come	wie
scusa	entschuldige
scusi	entschuldigen Sie

6 Wie kann man sich vorstellen?

Wie stellt man sich in einer lockeren, wie in einer eher formellen Situation vor? Hören Sie die Kurzdialoge an, lesen Sie mit und sprechen Sie die Sätze nach.

Ciao! Io sono Chiara, e tu?
Salve, piacere, sono Werner.
Come, scusa?
Werner.

Buongiorno, sono Salvemini.
Buongiorno signora, molto piacere, sono Müller.
Come, scusi?
Müller.

Nomi – Vornamen

Einige Vornamen entsprechen sich im Deutschen und Italienischen. Man muss aber auf den kleinen Unterschied achten, denn *Andrea* z.B. ist in Italien ein männlicher Name, ebenso wie *Luca*, *Nicola*, *Gabriele* oder *Daniele*.

8 Und wer sind Sie?

In den Kurzdialogen lernen Sie, wie man jemanden anspricht. Decken Sie die Texte zunächst ab und hören Sie nur zu. Sie werden erstaunt sein, wie viel Sie jetzt schon verstehen!

Scusi, Lei è la signora Rossi?
Sì, sono io.
Piacere, sono Verdi.

Lei è il signor Verdi?
No. Sono Rossi.
Oh, scusi.

Scusa, sei Silvia?
Sì, sono io.
Ah, piacere. Io sono Paola.

Scusa, tu sei Stefano?
No, sono Sergio.
Oh, scusa Sergio.
Piacere, io sono Vito.

Domande – Fragen

Fragesätze ohne Fragewort haben oft die gleiche Satzstellung wie Aussagesätze. Man kann sie dann nur durch die Satzmelodie von Aussagesätzen unterscheiden.

Bsp. Lei è la signora Rossi.

Lei è la signora Rossi**?**

9 Welche Antworten passen zu welchen Fragen?

Lesen Sie die Fragen auf der linken und die Antworten auf der rechten Seite. Sie können die passenden Buchstaben neben die Ziffern schreiben.

1 Scusa, sei Paolo?   A No, io sono Magni.
2 Scusi, Lei è la   B Ciao, piacere, sono
  signora Pini?   Viola.
3 Ciao, io sono Maria,   C No, sono Sara.
  e tu?
4 Salve, scusa, sei tu   D Sì, sono io.
  Maria?
5 Buona sera, scusi,   E No, sono la signora
  Lei è il signor Paoli?   Pozzi.

La forma di cortesia – Die Höflichkeitsform

Die Höflichkeitsform entspricht der dritten Person Singular und wird großgeschrieben.

Bsp. Scusi, **Lei è** il signor Verdi? (Entschuldigen Sie, sind Sie Herr Verdi?

Salutare – Grüßen

Buongiorno sagt man bis 14.00 Uhr, danach grüßt man mit *buona sera* (auch *buonasera* geschrieben). Diese Formen sowie *ciao* und *salve* können sowohl zur Begrüßung als auch zum Abschied verwendet werden. *Ciao* sagt man nur, wenn man jemanden duzt. *ArrivederLa* ist eine etwas formellere Art, sich zu verabschieden.

sì	*ja*
no	*nein*
arrivederci/arrivederLa	*auf Wiedersehen*
buonanotte	*gute Nacht*

10 Wie kann man sich verabschieden?

Diese Personen verabschieden sich. Hören Sie zu und lesen Sie mit. Können Sie Unterschiede zwischen der du- und Sie-Form entdecken?

Bene, arrivederci!   Arrivederci!
Ciao!   Ciao!
Buongiorno!   Buongiorno,
                              arrivederLa!
ArrivederLa signora!   ArrivederLa!
Buonanotte!   Buonanotte!

11 Wie können sich diese Personen verabschieden?

Für jedes Bild stehen zwei mögliche Abschiedsformen zur Wahl. Kreuzen Sie jeweils die passende an.

A   **B**
☐ ArrivederLa!   ☐ Buongiorno!
☐ Ciao!   ☐ Buonanotte!

C   **D**
☐ Signor Rossi,   ☐ Ciao signora!
  arrivederci!
☐ Ciao, signor   ☐ ArrivederLa
  Rossi!   signora!

12 Wer duzt und wer siezt sich?

Wenn Sie meinen, ein Satz sei in der du-Form, kreuzen Sie 'tu' an, sonst 'Lei' (Sie).

	tu	Lei
Ciao, Paolo, come va?	☐	☐
Bene, grazie, e tu?	☐	☐
Buongiorno signora, come va?	☐	☐
Scusi, Lei è il signor Verdi?	☐	☐
Scusa, sei Maria?	☐	☐
ArrivederLa signor Pini.	☐	☐
Ciao!	☐	☐

13 Wie spricht man das 's' aus?

Hören Sie die Aufnahme an und sprechen Sie die Wörter mehrmals nach. Auf diese Übung können Sie immer wieder zurückgreifen, wenn Sie Ihre Aussprache verbessern möchten.

signora	**so**no	**sa**lve
scu**sa**	Si**l**via	scu**si**
To**si**	**se**ra	**si**gnore

Was Sie jetzt können

Grüßen in der du-Form
Ciao!   Buongiorno!
Buona sera!   Salve!
Ciao Maria, come va?   Bene, grazie, e tu?

Grüßen in der Höflichkeitsform
Buongiorno!   Buona sera!   Salve!

Buongiorno signora, come va?
Bene, grazie, e Lei?

Verabschieden in der du-Form
Ciao!
Buongiorno!
Buona sera!
Arrivederci!
Buonanotte!

Verabschieden in der Höflichkeitsform
Buongiorno!
Buona sera!
Arrivederci!
Buonanotte!
ArrivederLa!

Jemanden ansprechen
Scusa, sei Paolo?
Scusi, Lei è il signor Verdi?

Sich vorstellen
Ciao, sono Maria, e tu?
Salve, sono Renzo Paoli, e Lei?

Sich entschuldigen
Scusa!   Scusi!

Frage- und Aussagesatz
Tu sei Maria?
Io sono Paolo.

Die Personalpronomen im Singular
Io sono Paolo.
Tu sei Maria?
È **Lei** il signor Tosi?

Das Verb 'essere' im Singular
Io **sono** Paolo.
Tu **sei** Maria?
Lei **è** il signor Tosi?

2 Come ti chiami? – Wie heißt du?

1 Kennen Sie das italienische Alphabet?

Das italienische Alphabet ist zwar nicht schwierig, entspricht aber nicht ganz dem deutschen. Hören Sie zu und sprechen Sie die Buchstaben nach.

A	B	C	D	E	F	G
H	I	L	M	N	O	P
Q	R	S	T	U	V	Z

2 Können Sie auch diese Buchstaben nachsprechen?

Diese fünf Buchstaben gehören eigentlich nicht zum italienischen Alphabet. Hören Sie sie dennoch an und sprechen Sie sie dann nach.

J	K	W	X	Y

Parole straniere – Fremdwörter

Die Buchstaben **j**, **k**, **w**, **x** und **y** kommen im italienischen Alphabet nicht vor. Sie werden aber für Fremdwörter verwendet.

3 Für Italiener sind dies Fremdwörter.

Versuchen Sie, die italienische Aussprache nachzuahmen.

hotel	harem	hawaiano
jolly	jazz	jeep
kiwi	ketchup	kimono
western	wafer	whisky
xilofono	yacht	yeti

mi chiamo	ich heiße
ti chiami	du heißt
si chiama	Sie heißen, er/sie heißt
nome	Vorname
cognome	Name

4 Welche Stadt ist gemeint?

Schreiben Sie die Vornamen, die auf der CD buchstabiert werden, auf die Linien. Lesen Sie dann die Anfangsbuchstaben von oben nach unten und schreiben Sie das Ergebnis auf die unterste Linie.

Una città: _____

5 'Nome' oder 'cognome'?

In den Dialogen erfahren Sie, was 'nome' und 'cognome' bedeuten. Üben Sie auch Ihre Aussprache, indem Sie die Texte nachsprechen.

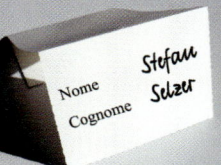

Ciao! Mi chiamo Maria, e tu?
Salve, piacere, Stefan.
E di cognome?
Selzer. E tu?
Parolini.

Buona sera, mi chiamo Storti, e Lei?
Molto piacere, Rossi.
E di nome?
Paolo. E Lei?
Renzo.

questo	dieser, -es
è	ist
questa	diese
ti presento	ich stelle dir vor
Le presento	ich stelle Ihnen vor
molto	sehr
piacere	angenehm

Ciao, come ti chiami?
Jacqueline.
Come scusa?
J A C Q U E L I N E, Jacqueline! E tu?
Giorgio.

7 Silvana und Henry stellen sich vor.

Vervollständigen Sie den Dialog mit den fehlenden Wörtern. Wenn Sie Hilfe brauchen, können Sie die Dialoge aus Übung 5 noch einmal lesen.

Ciao! Io _____ chiamo Silvana. E tu?
Piacere, mi _____ Henry.
Scusa, come _____ chiami?
Henry.
Ah, Enry!
No, con la _____ ! Henry. E tu come ti _____ di cognome?
Pini.

Come si chiama, scusi?
Young, Paul Young.
Come, scusi?
Y O U N G.
Grazie.

8 Darf ich vorstellen?

Sie wissen jetzt, wie Sie sich selbst vorstellen können. Wie aber stellt man andere vor? Lesen Sie die Sätze und hören Sie sie an.

6 Wie heißen diese Personen?

Lesen Sie die Dialoge aus Übung 5 noch einmal und ergänzen Sie die Vor- oder Nachnamen.

nome	cognome
Stefan	
	Parolini
Renzo	
Paul	

Questo è Paolo.   *E questa è Giuliana.*

Questo è il signor Rossi.    *Questa è la signora Verdi.*

Livello 2 · Unità 1

Maria, ti presento Paolo.
Piacere!

Signora Rossi, Le presento la signora Verdi.
Molto piacere.

10 Junge Leute stellen sich vor.

Lesen Sie den Dialog und hören Sie ihn an.

Ciao! Io sono Chiara. E tu come ti chiami?
Ciao, piacere, io mi chiamo Giovanni. E questo è Umberto.
Salve Umberto. Ah, arriva anche Elisabetta!
Elisabetta, ti presento Giovanni e Umberto.
Salve ragazzi!

11 Nicht alle möchten per du sein!

Eine Dame und zwei Herren stellen sich vor. Vervollständigen Sie den Dialog mit den passenden Wörtern.

Buongiorno! Io sono Laura Pozzi. E _____ come si chiama?
Buongiorno, piacere, io _____ chiamo Antonio Perticoni. E questo è il signor Polli.
Piacere, signor Polli. Ah, arriva anche _____ Togni. Signor Togni, _____ presento il signor Perticoni e il signor Polli.
_____ signori!

9 Welches Wort fehlt?

Vervollständigen Sie die Sätze und schreiben Sie die fehlenden Wörter in die Lücken.

A Io mi _____ Maria.
B E _____ è Sergio.
C _____ è Sara.
D Questo è il _____ Pozzi.
E _____ è la signora Riti.
F E questa è la _____ Parolini.
G Clara, ti _____ Marina.
H Signor Verdi, _____ presento il signor Pozzi.

arriva	er, sie kommt
anche	auch
ragazzi	Jungs

il	der, das
la	die
il signor Perticoni	Herr Perticoni
la signora Pozzi	Frau Pozzi
signori	Herren

12 Welche Abschiedsform passt zu welcher Person?

Schreiben Sie die Buchstaben der rechten neben die Nummern der linken Spalte.

1 Arrivederci!
2 ArrivederLa signora!
3 ArrivederLa!
4 Ciao ragazzi!
5 Arrivederci signori!

A Giovanni
B Il signor Perticoni e il signor Polli
C La signora Pozzi
D Antonio e Marcello
E Il signor Verdi

13 Was haben Sie gehört?

Sie haben jeweils zwei Sätze zur Auswahl, aber nur einer von beiden entspricht der Aufnahme auf der CD. Kreuzen Sie diesen Satz an.

A ☐ Come ti chiami?
  ☐ Come si chiama?
B ☐ Arrivederci!
  ☐ ArrivederLa!
C ☐ Scusa, sei Maria?
  ☐ Scusa, Maria?

D ☐ Questo è il signor Polli.
  ☐ Questa è la signora Polli.
E ☐ Ti presento Giovanni.
  ☐ Le presento Giovanni.

14 Wie spricht man das aus, /k/ oder /tsch/?

Hören Sie die Aufnahme an und sprechen Sie die Wörter mehrmals nach. Schreiben Sie dann alle Wörter mit einem /k/-Laut in die linke und alle Wörter mit einem /tsch/-Laut in die rechte Spalte.

ciao
Chiara
anche
arriverderci

mi chiamo
come
piacere
Marcello

/k/   /tsch/

Was Sie jetzt können

Sich vorstellen
Mi chiamo Paolo. E tu?
Piacere, sono Maria.
Mi chiamo Rossi. E Lei?
Molto piacere, Verdi.

Nach dem Namen fragen
Come ti chiami?   Come si chiama?

Jemanden vorstellen
Maria, ti presento Giuliana.
Questo è Paolo e questa è Silvia.
Signor Rossi, Le presento il signor Verdi.
Questo è il signor Renzi e questa è la signora Magni.

Buchstabieren
Mi chiamo Anna, A N N A.

Das Verb 'chiamarsi' im Singular
Io **mi chiamo** Maria.
Come **ti chiami** tu?
Lui **si chiama** Paolo.
Lei **si chiama** Giuliana.
Come **si chiama** Lei?

Fragen stellen
Come?
Scusa?
Scusi?

Test

1 Elementi di lingua

Leggete le frasi. Decidete quali parole usare. Scegliete tra le parole scritte sotto il testo.

1 _____ sono Maria.

Io • Tu

2 E _____ chi sei?

lei • tu

3 E _____ è il signor Verdi?

lei • Lei

4 Molto piacere, _____ mi chiamo Parolini.

io • tu

5 _____ si chiama Pozzi?

Lei • Tu

6 No, _____ mi chiamo Perticoni.

Lei • io

7 Ciao, _____ come ti chiami?

lui • tu

8 Questo è il signor Polli. _____ si chiama Antonio Polli.

Lui • Io

9 Questa è la signora Magnani: _____ si chiama Anna.

lei • Lei

2 Comprensione auditiva

Leggete per prima cosa le domande. Ascoltate poi i testi due volte. Segnate la vostra risposta.

1 Situazione:

Alcune persone si presentano.
Il cognome di Sandro è Sforza.
☐ sì   ☐ no

2 Situazione:

Il cognome di Pasquale?
Il cognome di Pasquale è Strazza di Cannarotta.
☐ sì   ☐ no

3 Situazione:

Alcune persone si presentano.
Il signor Prizzi presenta la signora Pavani.
☐ sì   ☐ no

4 Situazione:

Alcune persone arrivano, altre vanno a casa.
Clara si congeda.
☐ sì   ☐ no

3 Comprensione auditiva

Leggete per prima cosa le domande. Ascoltate poi i testi due volte. Segnate la vostra risposta.

1 Come si chiama Chiara di cognome?

A Corio   **B** Chiro

2 Come si chiama Luigi di cognome?

A Anchini   **B** Ancini

3 Come si chiama la signora Geramonte?

A Marcella   **B** Mariella

Unità 2

Länder, Sprachen und Berufe

Sich am Telefon melden, nach jemandem fragen

Die Verben auf '-are' im Singular

Die Verben 'parlare', 'abitare', 'fare' und 'avere'

Bestimmter und unbestimmter Artikel

Die Verneinung

Die Zahlen bis 20

Zeitaufwand: ca. 60 Minuten

1 Di dove sei? – Woher kommst du?

1 Kennen Sie Europa?

Wie heißen die Länder auf Italienisch? Hören Sie die Aufnahmen an und sprechen Sie die Ländernamen nach.

L'Europa:

l'Italia
la Francia
la Spagna
la Svizzera
la Germania
l'Austria
la Gran Bretagna
il Portogallo

2 Ist Ihr Land auch dabei?

Schreiben Sie die Ländernamen in die Lücken.

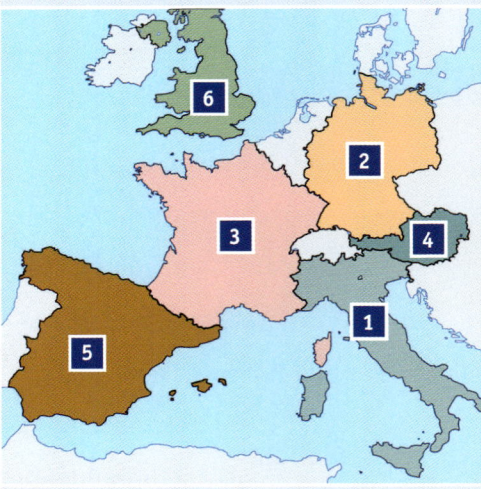

1
2
3
4
5
6

3 Woher kommt ein Italiener? Und ein Engländer?

Ordnen Sie die Ländernamen in der linken Spalte der passenden Nationalität in der rechten Spalte zu.

1 Gran Bretagna A francese
2 Italia B tedesco
3 Francia C inglese
4 Germania D italiano
5 Austria E svizzero
6 Svizzera F austriaco

4 Kennen Sie diese Nationalitäten?

Im folgenden Dialog erfahren Sie, woher Marie, Franz und Jenny kommen.

Marie: Ciao, io sono francese, di Marsiglia. E tu di dove sei?
Franz: Io sono tedesco, di Berlino. E Lei di dov'è?
Jenny: Io sono inglese, di Londra.

5 Woher kommen Marie, Franz und Jenny?

Lesen Sie den Dialog aus Übung 4 noch einmal. Wenn Sie meinen, dass die folgenden Sätze richtig sind, kreuzen Sie 'vero' an. Wenn Sie sie für falsch halten, kreuzen Sie 'falso' an.

	vero	falso
Marie è italiana.	☐	☐
Franz è tedesco.	☐	☐
Jenny è francese.	☐	☐

6 Italiener oder Italienerin?

Sehen Sie sich die Bilder an, lesen Sie die Sätze und achten Sie auf den 'kleinen Unterschied'.

Carlo è italiano.

Sabrina è italiana.

Jacques è francese.

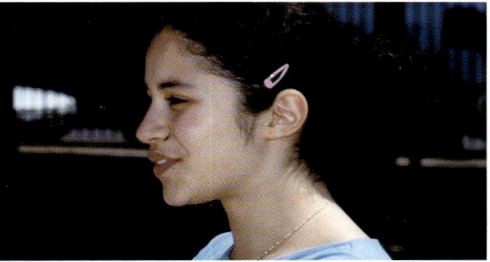

Marie è francese.

7 Woher kommen diese Personen?

Sie kennen inzwischen Ländernamen, Nationalitäten und Sprachen. Beantworten Sie die Fragen wie im Beispiel. Die in Klammern angegebenen Ländernamen helfen Ihnen dabei. Schreiben Sie die Sätze auf die Linien.

Esempio: Di dov'è Carla?
Carla è italian**a**. (Italia)

A Di dov'è Bianca?

_____ (Germania)

B Di dov'è Marie?

_____ (Francia)

C Di dov'è Carmen?

_____ (Spagna)

D Di dov'è Heidi?

_____ (Svizzera)

Maschile e femminile – Männlich und weiblich

Männliche Adjektive enden in der Regel auf **-o**, weibliche auf **-a**. Wenn sie auf **-e** enden, können sie sowohl männlich als auch weiblich sein.

Bsp. Antonio è italian**o**. Antonia è italian**a**.

Jacques è frances**e**. Jacqueline è frances**e**.

8 Welchen Satz hören Sie?

Hören Sie die drei Aufnahmen an. Sie haben jeweils zwei Sätze zur Auswahl, aber nur einer von beiden entspricht der Aufnahme. Kreuzen Sie diesen Satz an.

A ☐ Christian è italiano.
☐ Christian è tedesco.

B ☐ Maria è francese.
☐ Maria è inglese.

C ☐ Tony è italiano.
☐ Tony è inglese.

Lingue e paesi – Länder und Sprachen

Ländernamen und Sprachen werden im Italienischen vom bestimmten Artikel begleitet. Sprachen sind männlich, Ländernamen männlich oder weiblich.

Bsp. la Spagn**a**   il Portogall**o**

9 Woher kommen und wo wohnen Franz und Jacques?

Sie sind in einem Italienischkurs in Siena. Lesen Sie den Dialog und hören Sie ihn an. Kreuzen Sie dann die unten stehenden Sätze an, die Sie für wahr halten.

Franz: Jacques, scusa, tu sei francese?
Jacques: Sì. Sono di Parigi, ma abito a Siena. E tu, Franz?
Franz: Io no. Io sono di Monaco.
Jacques: Di Monaco? Allora parli il francese!
Franz: No, sono di Monaco di Baviera. Sono tedesco, ma abito anch'io in Italia.
Jacques: Ah, allora parli il tedesco e l'italiano.
Franz: Sì. Anche tu?
Jacques: No, io no. Parlo il francese e l'italiano.

☐ Jacques è di Siena.
☐ Franz è di Monaco.
☐ Franz abita a Monaco.
☐ Franz parla il francese.
☐ Jacques parla l'italiano.

I verbi in '-are' – Die Verben auf '-are'

Regelmäßige Verben auf **-are** werden im Singular folgendermaßen konjugiert:

Bsp.	parl**are**	(sprechen)
io	parl**o**	(ich spreche)
tu	parl**i**	(du sprichst)
Lei	parl**a**	(Sie sprechen)

10 Was passt zusammen?

Ordnen Sie die Satzteile der linken den Satzteilen der rechten Spalte zu.

1 Io parlo   A Parlo l'inglese.
2 Tu abiti   B il tedesco.
3 Di dove sei?   C Sono di Monaco.
4 Che lingua parla Lei? D a Monaco.
5 Anch'io abito in   E Siena.
6 Abito a   F Italia.

11 Hören Sie den Unterschied?

Hören Sie die Aufnahme an und sprechen Sie die Wörter nach. Achten Sie auf die Aussprache von 'n' und 'gn'.

spa**gn**olo   co**gn**ome
Germa**n**ia   si**gn**ore
li**n**gua   Gran Breta**gn**a

ma	aber
abito	ich wohne
allora	dann, also
anch'io	ich auch
anche	auch
sono di Parigi	ich komme aus Paris
abito a Siena	ich wohne in Siena
abito in Italia	ich wohne in Italien

Was Sie jetzt können

Nach der Herkunft fragen
Jenny, di dove sei?
Di dov'è Christian?
Signor Verdi, Lei di dov'è?

Die Herkunft angeben
Sono italiano.
Sono di Milano.
Abito a Roma, in Italia.

Nach der Sprache fragen
Sergio, che lingua parli?
Signora, che lingua parla Lei?

Einige Sprachen
Parlo l'italiano, l'inglese, il francese e il tedesco.

Die Verben auf '-are' im Singular

	abitare	**parlare**
io	abit**o**	parl**o**
tu	abit**i**	parl**i**
Lei	abit**a**	parl**a**

Männlich und weiblich
Antonio è italian**o**.
Sabrina è italian**a**.

Nützliche Wörter
Tu **e** io.
Sono tedesco, **ma** abito in Italia.
Sei **anche** tu di Siena?
Allora parli l'italiano?

Livello 1 | Unità 2

2 Che lavoro fai? – Was machst du beruflich?

1 Kennen Sie diese Berufe?

Wie kann man nach dem Beruf fragen? Und wie heißen die Berufe? Betrachten Sie die Bilder und lesen Sie die Sätze. Hören Sie die Aufnahme an und sprechen Sie die Sätze nach.

2 Wo arbeiten diese Personen?

Sehen Sie sich die Bilder an und lesen Sie die Sätze von A bis D. Welche Sätze passen zu welchen Bildern? Tragen Sie die richtigen Buchstaben in die Lücken ein.

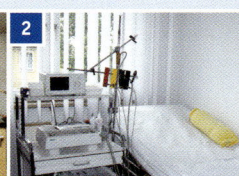

Che lavoro fai?
Sono segretaria.

Che lavoro fai?
Sono medico.

Che lavoro fa Lei?
Sono insegnante.

Che lavoro fa?
Sono casalingo.

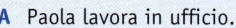

A Paola lavora in ufficio.

B Mario lavora in un ospedale.

C Carla lavora in una scuola.

D Christian lavora in casa.

I sostantivi – Die Substantive

Substantive auf **-o** sind in der Regel männlich.

Bsp. casaling**o** (Hausmann)

Substantive auf **-a** sind in der Regel weiblich.

Bsp. scuol**a** (Schule)

Substantive auf **-e** können sowohl weiblich als auch männlich sein.

Bsp. insegnant**e** (Lehrer, Lehrerin)

3 Welchen Beruf üben diese Personen aus?

Vervollständigen Sie die Sätze mit den fehlenden Berufen.

A Laura lavora in un ufficio. È _____.

B Sergio lavora in un ospedale. È _____.

C Silvia lavora in una scuola. È _____.

D Marco lavora in casa. È _____.

Fare – Machen, tun

Fare (machen, tun) ist ein unregelmäßiges Verb auf **-are** und wird im Singular so konjugiert:

io	faccio
tu	fai
Lei	fa

Mit *fare* kann man auch den Beruf erfragen.

Bsp. Che **lavoro** fai? (Was machst du beruflich?)

4 Jetzt kennen Sie Laura, Sergio, Silvia und Marco: Was machen sie beruflich?

Schreiben Sie die Antworten auf die Linien.

A Dove lavora Laura?

B Che lavoro fa Sergio?

C Dove lavora Silvia?

D Che lavoro fa Marco?

L'articolo indeterminativo – Der unbestimmte Artikel

männlich: un (ein)
weiblich: una (eine)

Bsp. **un** uffici**o** (ein Büro)
una scuol**a** (eine Schule)

5 'Un' oder 'una'?

Sie haben den Unterschied zwischen 'un' und 'una' gelernt. Füllen Sie die Lücken mit dem passenden Artikel.

1 _____ signora
2 _____ signore
3 _____ lingua
4 _____ segretaria
5 _____ medico
6 _____ casalinga
7 _____ casalingo
8 _____ insegnante
9 _____ ufficio
10 _____ casa

lavorare	arbeiten
Che lavoro fai?	Was machst du beruflich?
Che lavoro fa?	Was macht er, sie beruflich?/ Was machen Sie beruflich?
dove	wo

6 Ist sie keine Sekretärin?

Wie kann man etwas verneinen? Lesen Sie den Dialog. Sie können auch die Aufnahme anhören und die Sätze nachsprechen.

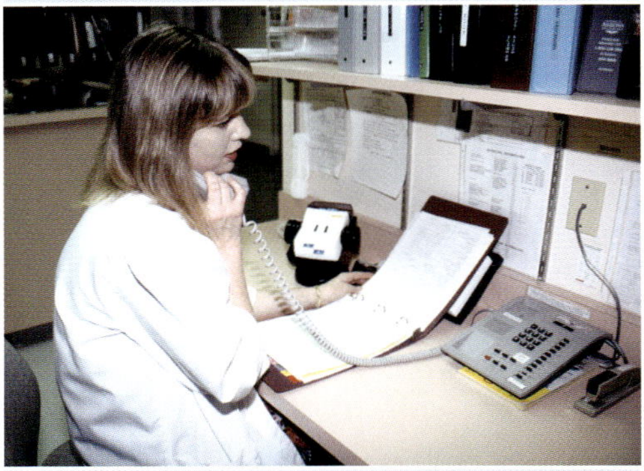

Lei è segretaria?
No, non sono segretaria.
È insegnante?
No, non sono insegnante.
Che cosa fa?
Sono medico.

La negazione – Die Verneinung

Die Verneinung wird mit *non* vor dem Verb gebildet.

Bsp. Bianca **non è** italiana. (Bianca ist keine Italienerin.)

Marco **non parla** il tedesco. (Marco spricht kein Deutsch.)

| si dice | man sagt |
| non lo so | ich weiß es nicht |

7 Spricht er Chinesisch?

Beantworten Sie die Fragen wie im Beispiel.

Esempio: Maria parla il cinese?
No, Maria **non** parla il cinese.

A Sergio è di Milano?

B Carlo è di Parigi?

C Jacques parla l'inglese?

D Silvia lavora in un ufficio?

E Paolo studia lingue?

F Christian lavora in un ristorante?

8 Wie sagt man das auf Italienisch?

Wie fragt man, wenn man ein Wort nicht kennt? Lesen Sie die Frage und die Antwort.

Come si dice in italiano 'steward'?
Non lo so!

9 Studenten stellen sich vor.

Lesen Sie den Dialog und hören Sie ihn an. Beantworten Sie dann die unten stehenden Sätze, indem Sie 'vero' oder 'falso' ankreuzen.

Luisa: Ciao Paola, come va?
Paola: Bene grazie, e tu?
Luisa: Bene. Ti presento Maria. Lavora da Jacques.
Paola: Piacere, Paola. Ah, lavori in un ristorante francese. Lavori in cucina?
Maria: No, sono cameriera. Lavori anche tu in un ristorante?
Paola: No, io non lavoro. Studio.
Maria: Ah, e che cosa?
Paola: Lingue straniere. Ma, di dove sei?
Maria: Sono tedesca, ma abito qui a Siena.

	vero	falso
Maria lavora in un ristorante cinese.	☐	☐
Maria è cameriera.	☐	☐
Paola non lavora.	☐	☐
Maria è di Siena.	☐	☐
Maria non è italiana.	☐	☐

10 Wie wird 'ie' ausgesprochen?

Hören Sie die Aufnahme an und sprechen Sie die Wörter nach. Achten Sie auf die Aussprache von 'ie'. Sie können die Aufnahme auch mehrmals anhören.

cameriera   Siena
straniere   sei
Lei   Baviera

da	bei
in	in
ristorante	Restaurant
cucina	Küche
studiare	studieren
che cosa	was
lingue straniere	Fremdsprachen
qui	hier

Livello 2 | Unità 2

Was Sie jetzt können

Über die Arbeit sprechen

Che lavoro fai tu?
Che lavoro fa Lei?

Lavoro in un ristorante.
Sono cameriera.

Das Verb 'fare' im Singular

Io faccio.
Tu fai.
Lei fa.

Die Substantive

Maria è segretari**a**.
Carlo è casaling**o**.
Lei è insegnant**e**?

Der unbestimmte Artikel

Lavoro in **un** uffici**o**.
Lavoro in **una** scuol**a**.

Die Verneinung

Io **non sono** tedesco.
Io **non parlo** l'italiano.

3 Pronto? – Hallo?

1 Sie kennen bestimmt schon einige Zahlen!

Hören Sie sich die Zahlen von 1 bis 20 an und sprechen Sie sie nach.

0 zero	1 uno	2 due
3 tre	4 quattro	5 cinque
6 sei	7 sette	8 otto
9 nove	10 dieci	11 undici
12 dodici	13 tredici	14 quattordici
15 quindici	16 sedici	17 diciassette
18 diciotto	19 diciannove	20 venti

2 Welche Telefonnummer ist von einem Arzt?

Hier sehen Sie vier Telefonbucheinträge. Selbst wenn Sie nicht alle Wörter kennen, erkennen Sie bestimmt die Nummer des Arztes. Schreiben Sie diese auf die Linie.

Alfieri Giovanni Italiano, lezioni private Tel. 039/70 47 21	**Mapelli Giuseppe** Chirurgo Tel. 039/77 89 05
Savonarola Domenico **Architetto** **Tel. 02/45 78 31**	Pasquale Strozzo di Cannarotta Poeta Tel. 06/ 89 66 43

3 Wie fragt man nach einer Telefonnummer?

Lesen Sie den Dialog.

Che numero di telefono ha Silvia?
Il 17.
E Marco?
Lui ha il 12.

Avere – Haben

Avere (haben) ist ein unregelmäßiges Verb. *Avere* braucht man u.a. auch, um eine Telefonnummer zu erfragen bzw. anzugeben.

Bsp. Che numero di telefono **hai**? (Wie ist deine Telefonnummer?)

Avere wird im Singular wie folgt konjugiert:

io	ho
tu	hai
lui, Lei	ha

il	der, das
numero di telefono	Telefonnummer
lui	er
ha	er hat, Sie haben

4 Wer hat welche Telefonnummer?

Hören Sie die Aufnahme an und ordnen Sie die Namen den passenden Telefonnummern zu.

Che numero di telefono hai, Maria?
Che numero di telefono ha, signor Rossi?
Che numero di telefono ha la signora Renzi?
Che numero di telefono ha Sergio?

1 Maria	A 5781
2 Il signor Rossi	B 2233
3 La signora Renzi	C 5500
4 Sergio	D 3456

5 Welche Form des Verbs 'avere' passt hier?

Vervollständigen Sie die Sätze mit der richtigen Verbform.

Che numero di telefono hai?

A Io _____ il 18.
B Sergio _____ il 14.
C Tu _____ il 19.
D Lei _____ il 17.

6 Männlich oder weiblich?

Sehen Sie sich die Bilder an, lesen Sie die Beschreibung und hören Sie die Aufnahme an.

il telefon**o**

la segretari**a**

7 'Il' oder 'la'?

Haben Sie den Unterschied zwischen 'il' und 'la' erkannt? Dann schreiben Sie die passenden Artikel in die Lücken.

A	_____ medico
B	_____ signora
C	_____ cameriera
D	_____ ristorante
E	_____ cucina
F	_____ numero

L'articolo determinativo – Der bestimmte Artikel

männlich: il
weiblich: la

Bsp. **il** telefon**o** (das Telefon)
         la cucin**a** (die Küche)

c'è	ist da
non c'è	ist nicht da
per favore	bitte
il momento	Moment
grazie	danke
mi dispiace	es tut mir Leid
va bene	in Ordnung

Livello 3 | Unità 2

8 Ist Silvia zu sprechen?

Lesen Sie zuerst das Gespräch. Kreuzen Sie dann an, ob die unten stehenden Sätze richtig ('vero') oder falsch ('falso') sind.

Pronto, c'è Silvia?

Pronto?
Salve, sono Mario. C'è Silvia, per favore?
Un momento.
Grazie.

Istituto 'Lingua Nuova' buongiorno.
Buongiorno, sono Rossi. C'è il signor Renzi per favore?
Mi dispiace, non c'è.
Oh. Va bene, grazie, arrivederLa.

	vero	falso
Silvia non c'è.	☐	☐
Il signor Renzi c'è.	☐	☐

Al telefono – Am Telefon

In Italien meldet man sich am Telefon einfach mit *Pronto?* Nur bei Firmen und Institutionen meldet man sich mit dem Firmennamen und einer Begrüßung.

9 Welche Ausdrücke braucht man am Telefon?

Lesen Sie den Dialog und hören Sie ihn an. Suchen Sie dann im Text die Ausdrücke, die Sie am Telefon gebrauchen können. Schreiben Sie diese dann in die rechte Spalte der unten stehenden Tabelle.

Segretaria: Studio Queen buongiorno.
Signor Salvemini: Buongiorno, sono Salvemini. C'è il signor Romani per favore?
Segretaria: Un momento ... Pronto?
Signor Salvemini: Sì?
Segretaria: No, mi dispiace, non c'è. È da un cliente.
Signor Salvemini: Oh, e la signora Pini?
Segretaria: Sì, la signora è in ufficio, ma adesso è in meeting.
Signor Salvemini: Ha il numero, per favore?
Segretaria: Certo, è il 27.
Signor Salvemini: Grazie mille, buongiorno.
Segretaria: Di niente. Buongiorno.

grüßen:

sich melden:

sich vorstellen:

jemanden verlangen:

nach einer Nummer fragen:

sich bedanken:

sich verabschieden:

il cliente	Kunde
adesso	jetzt
certo	sicher
mille	tausend
di niente	nichts zu danken

10. Hören Sie den Unterschied zwischen /k/ und /tsch/?

Hören Sie die Aufnahme an und sprechen Sie die Wörter nach. Achten Sie auf die Aussprache von 'c'.

che	c'è
Chiara	mi dispiace
cosa	certo
ufficio	casa

11. Was hören Sie, /k/ oder /tsch/?

Hören Sie die Aufnahme an und kreuzen Sie die Laute an, die Sie gehört haben.

A	/k/		/tsch/
B	/k/		/tsch/
C	/k/		/tsch/
D	/k/		/tsch/

Signori e signore – Herren und Damen

Vor *signor* oder *signora* steht der Artikel, wenn danach ein Name folgt.

Bsp. C'è **il signor Rossi**? (Ist Herr Rossi da?)

C'è **la signora Pini**? (Ist Frau Pini da?)

Der Artikel entfällt aber in der Anrede.

Bsp. Buongiorno **signor Rossi**! (Guten Tag, Herr Rossi!)

Buona sera, **signora Pini**. (Guten Abend, Frau Pini.)

Was Sie jetzt können

Telefonieren
Pronto?
C'è Maria per favore?
Un momento.

Sich bedanken
Grazie mille!
Di niente!

Die Zahlen bis 20

zero	uno	due
tre	quattro	cinque
sei	sette	otto
nove	dieci	undici
dodici	tredici	quattordici
quindici	sedici	diciassette
diciotto	diciannove	venti

Noch ein Pronomen
Lui ha il numero 12.

Das Verb 'avere' im Singular
Io ho.
Tu hai.
Lui, lei, Lei ha.

Der bestimmte Artikel
Questo è **il** signor Rossi.
C'è **la** signora Verdi?

Test

1 Elementi di lingua

Leggete la lettera. Decidete quali parole usare. Scegliete tra le parole scritte sotto il testo.

> Cara Sabine,
> ⬛1 italiana e abito ⬛2 Firenze. Non lavoro, ⬛3 lingue. Parlo l'inglese, il francese e ⬛4 tedesco. Ho un amico ⬛5 , si chiama Hans, è ⬛6 Berlino.
> ⬛7 è medico. E tu ⬛8 lavoro ⬛9 ? Che numero di telefono ⬛10 ?
> Ciao!
> Monica

1	sono		sei
2	in		a
3	studio		studia
4	la		il
5	tedesco		il tedesco
6	da		di
7	Lui		Lei
8	che		quanto
9	sei		fai
10	ha		hai

2 Comprensione auditiva

Leggete per prima cosa le domande. Ascoltate poi i testi due volte. Segnate la vostra risposta.

1 Che numero di telefono ha Maria?
  A Ha il 77 89.   **B** Ha il 66 89.

2 Che numero di telefono ha Carlo?
  A Ha il 25 31.   **B** Ha il 25 21.

3 Il numero di telefono di Paola è il 18?
  A Sì, è il 18.   **B** No, è il 17.

4 Che numero di telefono ha Silvia?
  A Ha il 13.   **B** Ha il 16.

5 Che numero di telefono ha Marcella?
  A Ha il 17 16 60.   **B** Ha il 16 17 60.

3 Comprensione scritta

Trovate sul tavolo in cucina questo biglietto:

> Sono in clinica e torno stasera tardi: Tel. 57 54 63. Io non ci sono sempre, ma c'è la signora Ghiozzi.
> Ciao
> Enzo

Leggete il testo. Leggete le frasi dal numero 1 al numero 3. Decidete se sono giuste o sbagliate.

1 Enzo è medico.
  ☐ giusto   ☐ sbagliato
2 Il 57 54 63 è il numero di Enzo a casa.
  ☐ giusto   ☐ sbagliato
3 Enzo ha la segretaria.
  ☐ giusto   ☐ sbagliato

Unità 3

Essen, Trinken, Freizeitaktivitäten

Persönliche Angaben, Vorlieben und Abneigungen

Angebote annehmen und ablehnen

Der Plural von Substantiven

Die Verben auf '-are', '-ere' und '-ire'

Die Verben 'essere', 'avere' und 'abitare'

Die Verben 'preferire' und 'prendere'

Die Zahlen von 21 bis 100

Zeitaufwand: ca. 60 Minuten

1 Le piace Brahms? – Mögen Sie Brahms?

1 Was mögen Sie?

Lesen und hören Sie, was diese Herren mögen.

Paolo, ti piace la pasta?
Oh sì, mi piace!

Signor Dracula, Le piace l'aglio?
Ah no, non mi piace!

ti piace	du magst
la pasta	Nudeln
mi piace	ich mag
Le piace	Sie mögen
l'aglio	Knoblauch

2 Was schmeckt Ihnen?

Sehen Sie sich die Bilder an und schreiben Sie die Namen der Lebensmittel und Getränke in die Lücken. Die Liste hilft Ihnen dabei.

1 
2

3 
4

A la cioccolata
B la pasta
C la verdura
D il pomodoro

5
6

7
8

E la birra
F il latte
G il caffè
H il vino

3 Das schmeckt mir nicht!

Bilden Sie Sätze wie im Beispiel.

Esempio: pomodoro
Il pomodoro **non** mi piace.

A pasta

B cioccolata

C verdura

D birra

E caffè

4 Wie sagt man das?

Sehen Sie sich die Bilder an und lesen Sie die Wörter. Sie werden dabei einige neue Wörter lernen.

il pomodoro  — i pomodori

la banana  — le banane

lo zucchino  — gli zucchini

Singolare e plurale – Singular und Plural

Männliche Substantive enden in der Regel auf **-o** und bilden ihren Plural auf **-i**. Die Pluralform des Artikels **il** ist **i**.

Bsp. il vin**o**   **i** vin**i**

Weibliche Substantive enden meistens auf **-a** und bilden den Plural auf **-e**. Der Plural des Artikels **la** ist **le**.

Bsp. la signor**a**   **le** signor**e**

Für männliche Wörter, die mit **z** anfangen, braucht man den Artikel **lo** im Singular und **gli** im Plural.

Bsp. lo zucchino   **gli** zucchini

▶

Männliche Wörter, die mit einem Vokal anfangen, haben ebenfalls den Artikel *lo*, der aber **l'** abgekürzt wird.

Bsp. l'aglio

5 Wie heißt die Pluralform?

Setzen Sie folgende Wörter in den Plural wie im Beispiel.

Esempio: il vino   **i** vin**i**

il telefono
la casa
il lavoro
la signora
la lingua
il numero
la cameriera
la cucina
lo zucchino
la scuola

6 'Mögen' oder 'schmecken'?

Hören Sie die beiden Dialoge an und lesen Sie mit. Merken Sie einen Unterschied zwischen 'schmecken' und 'mögen'?

Silvia, ti piacciono i pomodori?
No, non mi piacciono.

Signor Verdi, Le piacciono i gatti?
Sì, mi piacciono.

ti piacciono	*du magst*
Le piacciono	*Sie mögen*
i gatti (il gatto)	*Katzen*

7 Schmeckt es Ihnen?

Beantworten Sie die Fragen zuerst mit 'sì' (ja) und dann mit 'no' (nein) wie im Beispiel. Schreiben Sie die Anworten auf die Linien.

Esempio: Ti piacciono i pomodori?
Sì, mi piacciono./**No**, **non** mi piacciono.

A Ti piace la verdura?

B Ti piacciono i maccheroni?

C Ti piace la pasta?

D Ti piacciono i gatti?

Il verbo 'piacere' – Das Verb 'piacere'

Piacere bedeutet sowohl 'mögen' als auch 'schmecken' und wird in der ersten Person Singular folgendermaßen verwendet:

mi piace + Substantiv im Singular,
mi piacciono + Substantiv im Plural.

Bsp. Mi piace **il caffè**. (Ich mag Kaffee.)
I pomodori non mi piacciono. (Ich mag keine Tomaten.)

Will man nach einer Vorliebe in der du-Form fragen, so kann man beispielsweise sagen:

Bsp. Paolo, **ti** piace la pasta? (Paolo, magst du Nudeln?)

In der Höflichkeitsform fragt man:

Bsp. Signora Rossi, **Le** piace Brahms? (Frau Rossi, mögen Sie Brahms?)

Nach *piacere* kann auch ein Verb folgen.

Bsp. Mi piace **cucinare**. (Ich koche gern.)

8 Was machen Maria und Herr Rossi gern?

Lesen Sie die beiden Dialoge.

Maria, ti piace cucinare?
Sì, mi piace molto.

Signor Rossi, Le piace viaggiare?
No, non mi piace.

cucinare	kochen
viaggiare	reisen, verreisen

9 Was kann man alles in seiner Freizeit machen?

Sehen Sie sich die Bilder an. Ordnen Sie dann die darunter stehenden Begriffe den dargestellten Freizeitaktivitäten zu.

1

2

3

4

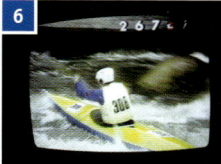

5

6

A leggere
B guardare la televisione
C giocare a tennis
D giocare a calcio
E nuotare
F ascoltare la radio

10 Was meint Maria?

Hören Sie die Aufnahme an und lesen Sie die Sätze. Es ist nicht wichtig, jedes einzelne Wort zu verstehen. Die wesentlichen Aussagen werden Sie bestimmt ableiten können. Kreuzen Sie die Sätze an, die Ihrer Meinung nach richtig sind.

- [ ] Mi piace cucinare.
- [ ] Non mi piace cucinare.
- [ ] Mi piace la pasta.
- [ ] Non mi piacciono i dolci.
- [ ] Non mi piace il vino.
- [ ] Mi piace viaggiare.

Parole in '-e' – Wörter auf '-e'

Endet ein Wort auf **-e**, kann es sowohl männlich als auch weiblich sein. Die Pluralform endet in beiden Fällen auf **-i**. Ob das Wort männlich oder weiblich ist, erkennt man an seinem Artikel.

Bsp.	Singular	Plural
männlich:	**il** signor**e**	**i** signor**i**
weiblich:	**la** television**e**	**le** television**i**

leggere	lesen
guardare la televisione	fernsehen
giocare	spielen
giocare a calcio	Fußball spielen
nuotare	schwimmen
ascoltare la radio	Radio hören
dolci (il dolce)	Kuchen, Süßigkeiten

Was Sie jetzt können

Neigungen und Abneigungen erfragen
Maria, ti piace il caffè?
Signor Rossi, Le piace il vino?

Neigungen und Abneigungen ausdrücken
Mi piace la birra, non mi piacciono i pomodori.
Mi piace viaggiare, non mi piace cucinare.

Über die Freizeit sprechen
Mi piace leggere, ascoltare la radio, giocare a tennis e a calcio.

Über Speisen und Getränke sprechen
Mi piace la pasta, il vino, mi piacciono i dolci.
Non mi piace la verdura, non mi piace la birra.

Der bestimmte Artikel

Singular	Plural
il vino	**i** vini
la signora	**le** signore
lo zucchino	**gli** zucchini

Der Plural

il numer**o**	i numer**i**
la cas**a**	le cas**e**
il signor**e**	i signor**i**
la television**e**	le television**i**

Livello 1 | Unità 3

2 Volentieri, grazie! – Gern, danke!

1 Was ist diesen Menschen lieber?

Sehen Sie sich die Bilder an und lesen Sie die Sätze.

Lucia, ti piace la carne?
Preferisco il pesce.

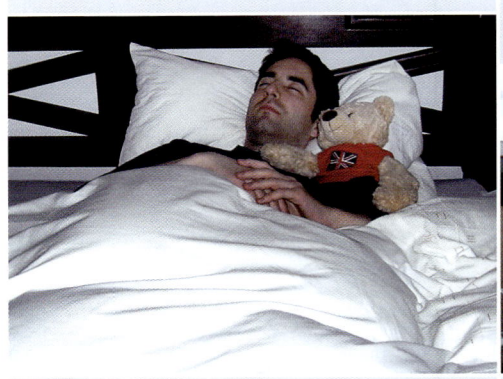

Signor Verdi, Le piace lavorare?
Preferisco dormire!

2 Was tun diese Personen lieber?

Sehen Sie sich die Bilder an und beantworten Sie die Fragen wie im Beispiel.

Esempio: Le piace giocare a tennis?
No, preferisco leggere.

A Le piace giocare a tennis?

B Le piace giocare a calcio?

Bsp. Preferisco il **pesce**. (Ich mag lieber Fisch.)
Preferisco **leggere**. (Ich lese lieber.)

3 Ja oder nein?

Lesen Sie, wie man ein Angebot annehmen oder ablehnen kann.

C Ti piace guardare la televisione?

Elena, prendi un caffè?
Sì, grazie, volentieri.

D Ti piace leggere?

Due verbi in '-ire' – Zwei Verben auf '-ire'

Sie kennen bereits einige Verben auf **-are**. Es gibt noch zwei weitere Gruppen von Verben: die Verben auf **-ere** und die auf **-ire**, wie *dormire* (schlafen) und *preferire* (vorziehen). Bei einigen Verben auf **-ire** steht **-isc-** vor den Endungen der 1., 2. und 3. Person Singular und der 3. Person Plural. Leider gibt es aber keine Regel, die besagt, welche Verben auf **-ire** mit **-isc-** konjugiert werden.

	dormire	preferire
io	dorm**o**	prefer**isco**
tu	dorm**i**	prefer**isci**
lui, lei, Lei	dorm**e**	prefer**isce**

Signor Santi, prende una birra?
No, grazie, preferisco un caffè.

Wie *piacere* kann *preferire* sowohl im Zusammenhang mit Substantiven als auch mit Verben verwendet werden. ▶

prendi	du nimmst
volentieri	gern
prende	Sie nehmen, er/sie nimmt

La birra – Bier

In Italien trinkt man nicht nur Wein, sondern auch gern Bier. Ein Glas Bier ist z.B. das typische Getränk zur Pizza. Man trifft sich oft abends in einer *birreria* (Kneipe) und von Juni bis September werden in vielen Dörfern und Städten Bierfeste veranstaltet. Ein bekanntes *festa della birra* findet im August in Marina di Carrara, einer Partnerstadt von Ingolstadt, statt.

4 Wer sagt 'ja' und wer 'nein'?

Lesen Sie die Fragen und kreuzen Sie entweder 'sì' (ja) oder 'no' (nein) an.

	sì	no
Prendi un caffè? Volentieri!	☐	☐
Cappuccino? Grazie, ma preferisco un caffè.	☐	☐
Prendi il latte? Grazie, ma non mi piace.	☐	☐
Prende una birra? Preferisco un bicchiere di vino, grazie.	☐	☐

Un verbo in '-ere' – Ein Verb auf '-ere'

Prendere (nehmen) ist ein Verb auf **–ere**. Damit haben Sie jetzt alle Verbgruppen kennen gelernt. *Prendere* wird im Singular wie folgt konjugiert:

io	prend**o**
tu	prend**i**
lui, lei, Lei	prend**e**

5 Was möchte Elena?

Lesen Sie den Dialog. Bewerten Sie dann die unten stehenden Aussagen, indem Sie 'vero' oder 'falso' ankreuzen.

Silvia: Elena, prendi anche tu un caffè?
Elena: No, grazie, molto gentile.
Silvia: Preferisci un cappuccino?
Elena: Grazie, ma il latte non mi piace.
Silvia: Un tè?
Elena: Sì, volentieri.
Silvia: Con lo zucchero?
Elena: Grazie, due cucchiaini.
Silvia: Prendi una fetta di torta?
Elena: No, grazie, ma i dolci non mi piacciono.

	vero	falso
Elena prende un caffè.	☐	☐
Elena preferisce un cappuccino con lo zucchero.	☐	☐
Elena prende un tè.	☐	☐

6 Welche Überschrift ist richtig?

Lesen Sie den Zeitungsausschnitt und kreuzen Sie dann die passende Überschrift an. Selbst wenn Sie nicht jedes Wort kennen, werden Sie verstehen, worum es in dem Artikel geht.

Secondo le statistiche l'italiano a casa dopo pranzo non prende volentieri un digestivo: prende il caffè. Anche al bar non prende tè, cappuccino, caffè macchiato ecc. All'italiano piace il caffè con lo zucchero ma non con il latte. E gli inglesi? L'inglese prende naturalmente un tè!

1 L'italiano preferisce il caffè!
2 L'italiano prende anche la birra!
3 L'italiano preferisce giocare a calcio!
4 Anche l'inglese prende il caffè!

☐ titolo 1   ☐ titolo 2
☐ titolo 3   ☐ titolo 4

7 Wie spricht man das 's' aus?

CD 1 / 40

Hören Sie die Aufnahme an und sprechen Sie die Wörter nach.

scuola
prefer**isco**
a**sco**ltare

pe**sce**
prefer**isci**
prefer**isce**

prendi	du nimmst
il latte	Milch
il bicchiere	Glas
un bicchiere di vino	ein Glas Wein
gentile	freundlich, nett
con	mit
lo zucchero	Zucker
il cucchiaino	Kaffee-, Teelöffel
la fetta di torta	Stück Kuchen

Was Sie jetzt können

Nach Vorlieben fragen
Ti piace il vino o preferisci la birra?
Prende un cappuccino o preferisce un caffè?

Vorlieben ausdrücken
Mi piace leggere, ma preferisco ascoltare la radio.

Etwas anbieten
Un caffè?
Paolo, prendi un cappuccino?
Signor Rossi, prende una birra?

Ein Angebot annehmen oder ablehnen
Sì, grazie, volentieri.
No, grazie.
Molto gentile.

Das Verb 'prendere' im Singular
Io **prendo** una birra.
Tu **prendi** un caffè.
Lui **prende** un cappuccino.
Lei non **prende** il latte.
E Lei cosa **prende**?

Das Verb 'preferire' im Singular
Io **preferisco** un cappuccino.
Tu cosa **preferisci**?
Paolo **preferisce** il vino, Maria **preferisce** la birra.
E Lei cosa **preferisce**?

Die Verben im Singular

	parl**are**	prend**ere**
io	parl**o**	prend**o**
tu	parl**i**	prend**i**
lui, Lei	parl**a**	prend**e**

	dorm**ire**	prefer**ire**
io	dorm**o**	prefer**isco**
tu	dorm**i**	prefer**isci**
lui, Lei	dorm**e**	prefer**isce**

Livello 2 Unità 3

3 Dove abiti? – Wo wohnst du?

1 Können Sie bis 100 zählen?

Hören Sie die Aufnahme an und sprechen Sie die Zahlen nach.

2 Wie alt sind sie?

Sehen Sie sich die Bilder an und lesen Sie die Sätze.

**7-8-9-10
14-15-16-17
21-22-23-24-25
LUGLIO 2005**

21 ventuno	22 ventidue
23 ventitré	24 ventiquattro
25 venticinque	26 ventisei
27 ventisette	28 ventotto
29 ventinove	30 trenta
40 quaranta	50 cinquanta
60 sessanta	70 settanta
80 ottanta	90 novanta
100 cento	

Questa è Luisa. Ha tre anni.

I numeri da 21 a 100 – Die Zahlen von 21 bis 100

Die Zahlen ab 30 werden nach dem gleichen Muster wie die Zahlen ab 20 gebildet.

Bsp. 35 trentacinque

Wenn *uno* (eins) und *otto* (acht) an die Zehnerstelle angehängt werden, fällt der Endvokal der Zehner weg.

Bsp. 21 vent**u**no
48 quarant**o**tto

Questo è Luigi. Ha trentacinque anni.

3 Wie alt sind diese Personen?

Sehen Sie sich die Bilder an und lesen Sie die Kurzdialoge. Dabei lernen Sie, wie man nach dem Alter fragt. Lesen Sie dann die Fragen A bis D und schreiben Sie Ihre Antworten auf die Linien.

Rosa, quanti anni hai?
Ho diciassette anni.

Quanti anni hai, Giorgio?
Ho ventisei anni.

Signor Cusani, quanti anni ha?
Ho quarantacinque anni.

E Lei, signora Bompiani?
Io ho settantacinque anni.

A Quanti anni ha Rosa?

B Quanti anni ha Giorgio?

C Il signor Cusani ha ventidue anni?

D La signora Bompiani ha novantacinque anni?

L'età – Das Alter

Um das Alter anzugeben, verwendet man das Verb *avere* (haben), die Anzahl der Jahre und das Wort *anni* (Jahre).

Bsp. Paolo **ha** ventidue **anni**.

Die Frage nach dem Alter wird so gestellt:
Bsp. Quant**i** ann**i** hai? (Wie alt bist du?)
Quanti anni ha Lei? (Wie alt sind Sie?)

4 Straße oder Platz?

Wie gibt man eine Adresse an? Sehen Sie sich die Bilder an und lesen Sie die Sätze. Sie können sich auch die Aufnahme anhören und die Sätze nachsprechen.

Anna e Franco abitano in Via Manzoni.

Enrica e Giovanni abitano in Piazza Giuseppe Verdi.

5 Wohnst du auch hier?

Anna und Sabrina haben sich länger nicht gesehen und treffen sich zufällig in Mailand. Lesen Sie den Dialog und hören Sie ihn an.

Anna: Ciao, Sabrina, come va?
Sabrina: Bene, grazie e tu?
Anna: Bene bene. Cosa fai qui? Non abiti a Pavia?
Sabrina: No, adesso abito anch'io a Milano. Alfonso e io abbiamo un appartamento in centro.
Anna: Davvero? E dove?
Sabrina: Abitiamo in via Senato.
Anna: No?! Anche Silvia e Pino abitano in via Senato. E voi a che numero siete?
Sabrina: Al 46.
Anna: Ah, no, lei e Pino no, loro abitano al 15.
Sabrina: Ah, abbiamo l'indirizzo quasi uguale!
Anna: Avete un appartamento grande?
Sabrina: No, noi no! Non tutti sono come voi e hanno una villa!

Tre verbi importanti – Drei wichtige Verben

Hier sehen Sie die vollständige Konjugation von *essere* (sein), *avere* (haben) und *abitare* (wohnen).

	essere	avere	abitare
io	sono	ho	abito
tu	sei	hai	abiti
lui, lei, Lei	è	ha	abita
noi	siamo	abbiamo	abitiamo
voi	siete	avete	abitate
loro	sono	hanno	abitano

6 Haben Sie alles verstanden?

Lesen Sie den Dialog aus Übung 5 noch einmal. Kreuzen Sie dann bei den folgenden Sätzen 'vero' oder 'falso' an.

	vero	falso
Sabrina e Silvia abitano a Milano.	☐	☐
Anche Anna abita a Milano.	☐	☐
Sabrina abita in Piazza Cordusio.	☐	☐
Alfonso e Pino hanno l'indirizzo uguale.	☐	☐

abbiamo	wir haben
l'appartamento	Wohnung
il centro	Zentrum
davvero	wirklich
dove	wo
abitiamo (abitare)	wir wohnen
la via	Straße
il numero	Nummer
siete (essere)	ihr seid
lei	sie
loro	sie (Plural)
abitano (abitare)	sie wohnen
quasi	fast
l'indirizzo	Adresse
uguale	gleich
noi	wir
grande	groß
tutti	alle
sono (essere)	sie sind
come	wie
voi	ihr
hanno (avere)	sie haben

7 Kennen Sie den Herrn?

Sie sehen 'la carta d'identità' (den Personalausweis) von Alfonso. Schreiben Sie die Antworten zu den Fragen auf die Linien.

A Come si chiama il signor Magni?

B In che città abita?

C In che via?

D Il signor Magni è tedesco?

E Che lavoro fa?

Was Sie jetzt können

Nach dem Alter fragen
Quanti anni hai?   Quanti anni ha Lei?

Das Alter angeben
Ho trentasette anni.

Nach der Adresse fragen
Dove abiti?   Dove abita?

Die Adresse angeben
Abito in Via Senato numero 46.
Abito in Piazza Giuseppe Verdi numero 2.

Die Zahlen von 21 bis 100

21 ventuno	22 ventidue
23 ventitré	24 ventiquattro
25 venticinque	26 ventisei
27 ventisette	28 ventotto
29 ventinove	30 trenta
40 quaranta	50 cinquanta
60 sessanta	70 settanta
80 ottanta	90 novanta
100 cento	

Die Personalpronomen
Io abito a Milano, e **tu** dove abiti?
Lui abita a Pavia e **lei** abita a Milano.
E **Lei** dove abita?
Noi non siamo di Milano. E **voi** di dove siete?
Loro dove abitano?

Die Verben 'essere' und 'avere'

	essere	avere
io	sono	ho
tu	sei	hai
lui, lei, Lei	è	ha
noi	siamo	abbiamo
voi	siete	avete
loro	sono	hanno

Das Verb 'abitare'

io	abito
tu	abiti
lui, lei, Lei	abita
noi	abitiamo
voi	abitate
loro	abitano

Test

1 Elementi di lingua

Leggete il testo. Decidete quali parole usare. Scegliete tra le parole scritte sotto il testo.

Mi chiamo Lucia, ho 27 **1**, sono **2** e abito **3** Milano, **4** Via Senato 15. Mi **5** andare al cinema e ascoltare la musica. Mi **6** i **7**, mi piace molto la cioccolata. Mi piace la pasta, ma non mi piacciono **8** spaghetti. **9** mi piace giocare a calcio, **10** nuotare.

1	anni		anno
2	italiano		italiana
3	in		a
4	in		a
5	piace		piaccio
6	piacciono		piace
7	dolce		dolci
8	gli		i
9	Io		Non
10	preferisco		preferisce

2 Comprensione auditiva

(CD 1, 44)

Leggete per prima cosa le domande. Ascoltate poi i testi due volte. Segnate la vostra risposta. Ascolterete i testi due volte.

1 Situazione:
Un'amica è da voi e le offrite un bicchiere di vino.
Maria preferisce bere un caffè.
☐ giusto ☐ sbagliato

2 Situazione:
Un amico è da voi. Offrite qualcosa da bere.
Antonio non prende la birra.
☐ giusto ☐ sbagliato

3 Situazione:
Due amici scambiano l'indirizzo.
Carlo abita al numero 58.
☐ giusto ☐ sbagliato

4 Situazione:
Due amiche parlano di Sabrina e Alfonso.
Sabrina preferisce fare sport.
☐ giusto ☐ sbagliato

3 Risposte

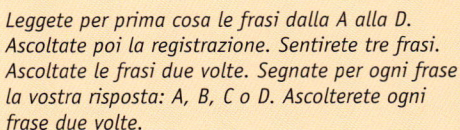

(CD 1, 45)

Leggete per prima cosa le frasi dalla A alla D. Ascoltate poi la registrazione. Sentirete tre frasi. Ascoltate le frasi due volte. Segnate per ogni frase la vostra risposta: A, B, C o D. Ascolterete ogni frase due volte.

1 _____
2 _____
3 _____

A Preferisco gli zucchini.
B Abitano a Siena.
C Grazie, ma i dolci non mi piacciono.
D Ha 95 anni.

Unità 4

Frühstück, Bar und Restaurant
Bestellen, bezahlen, einkaufen
Kleidung und Farben
Besondere Pluralformen, Adjektive
Die Ausdrücke 'c'è' und 'ci sono'
'Poco', 'molto', 'troppo' und 'abbastanza'
Mengenangaben
Die Zahlen bis 2000

Zeitaufwand: ca. 60 Minuten

1 Facciamo colazione – Wir frühstücken

1 Was möchten Sie zum Frühstück?

Sehen Sie sich die Bilder an und lesen Sie die Wörter. Dieser Wortschatz hilft Ihnen, in Italien Ihr Frühstück zu bestellen.

il pane    il burro

la marmellata    il formaggio

il prosciutto    l'uovo

| la marmellata d'arancia | Orangenmarmelade |
| la frutta | Obst |

2 Ein bisschen Butter?

Hören Sie die Unterhaltung dieser Personen am Frühstücksbuffet an und lesen Sie den Text.

Per me un po' di pane.
Prendo anch'io del pane.
Un po' di marmellata?
Della marmellata? Sì, volentieri.

Un po' – Ein bisschen

Um eine unbestimmte Menge auszudrücken, kann man den Ausdruck *un po' di* (ein bisschen von) oder den Teilungsartikel verwenden:

Männlich Singular: **del**
Weiblich Singular: **della**

Bsp. Prendo **del** formaggio. (Ich nehme etwas Käse.)

Prendo **della** marmellata. (Ich nehme etwas Marmelade.)

3 'Del' oder 'della'?

Schreibe Sie die richtigen Formen in die Lücken.

A Prendo _____ formaggio.

B Prendi anche tu _____ burro?

C Per me _____ marmellata d'arancia.

D Io preferisco _____ frutta.

E Prendi _____ pane?

4 Was es alles gibt!

Sehen Sie sich das Bild an und lesen Sie die Erklärungen zu 'c'è' und 'ci sono'.

Al bar c'è il cappuccino. Ci sono anche le sigarette.

facciamo colazione (fare colazione)	wir frühstücken
insieme	zusammen
la fame	Hunger
per me	für mich
da bere	zu trinken
il latte	Milch
il limone	Zitrone
i biscotti (il biscotto)	Kekse
guardo (guardare)	ich sehe
subito	sofort
perfetto	perfekt

C'è, ci sono – Es gibt

Mit *c'è* kann man ausdrücken, ob etwas oder jemand (nicht) vorhanden bzw. anwesend ist.

Bsp. Pronto, **c'è** Maria? (Hallo, ist Maria da?)

Die Pluralform von *c'è* ist *ci sono*.

Bsp. Al bar tabacchi **c'è il caffè**, ma **ci sono** anche **le sigarette**. (In der 'Bar Tabacchi' gibt es Kaffee, aber es gibt auch Zigaretten.)

5 'C'è' oder 'ci sono'?

Tragen Sie jeweils die passende Form 'c'è' oder 'ci sono' in die Lücken ein.

Al bar:

_____ il caffè.

_____ i biscotti.

_____ il succo d'arancia.

Non _____ i pomodori.

6 Kaffee oder Tee?

Silvia und Marco treffen sich im Hotel und überlegen, was sie sich vom Frühstücksbuffet holen sollen. Lesen Sie den Dialog und hören Sie die Aufnahme an.

Silvia: Facciamo colazione insieme?
Marco: Volentieri.
Silvia: Allora, tu che cosa prendi?
Marco: Ho fame! Prendo pane, burro, marmellata e anche un po' di formaggio. Tu?
Silvia: Per me pane e formaggio. C'è anche del prosciutto?
Marco: Certo. E da bere?
Silvia: Un tè.
Marco: Con latte o limone?
Silvia: Limone. Ci sono anche i biscotti?
Marco: Guardo subito ... sì.
Silvia: Perfetto! Ah, e prendi anche della frutta.

Le persone dei verbi – Die Personen

In der Regel werden im Italienischen die Subjektpronomen (*io*, *tu*, *lui* usw.) ausgelassen, es sei denn, man möchte betonen, von welcher Person die Rede ist.

Bsp. Prendi **tu** il pane? (Nimmst du das Brot?)

Lui mangia il prosciutto, **io** mangio il formaggio. (Er isst Schinken, ich esse Käse.)

7 'Vero' oder 'falso'?

Sind die folgenden Behauptungen richtig oder falsch?

	vero	falso
Marco ha fame.		
In hotel non c'è il pane.		
Ci sono i biscotti.		
Marco e Silvia prendono un cappuccino.		

8 Was frühstückt man in Italien?

CD 1 48

Lesen Sie den Dialog und hören Sie ihn an. Wenn Sie die Sätze auch nachsprechen, werden Sie in einer italienischen Bar bestimmt keine Probleme haben.

Prego?

Vorrei un cappuccino.

Subito! E da mangiare?

Grazie, solo un cappuccino. Ah, no, anche una brioche, per favore. Quant'è?

Sono un euro e ventidue centesimi.

Ecco a Lei.

Grazie.

Pagare al bar – In der Bar bezahlen

In der *bar* zahlt man weniger, wenn man an der Theke isst oder trinkt, als wenn man sich an einen Tisch setzt. In der Regel wird auch nur am Tisch ein Trinkgeld erwartet. Bevor man etwas an der Theke bestellt, muss man an der Kasse bezahlen (*fare lo scontrino alla cassa*). Den Kassenzettel gibt man dann dem Kellner.

9 Möchten Sie jetzt Ihr Frühstück bestellen?

Sie haben gerade an der Kasse bezahlt. Vergleichen Sie Ihren Kassenbon mit der Preistafel und bestellen Sie Ihr Frühstück.

Esempio: Vorrei un caffè.

IL MACCHIATO	
Caffè	0,80 €
Cappuccino	1,20 €
Tè	0,75 €
Bevande gasate	1,50 €
Brioche	0,80 €
Tramezzini formaggio	1,70 €
Tramezzini prosciutto	2,10 €
Toast	1,50 €

IL MACCHIATO
Via Leonardo da Vinci 13
20100 Milano
Part. IVA 00475570252

	EURO
Cappuccino	1,20
Acqua minerale	1,50
Toast	3,00
Totale	5,70

02-12-2005   17:02   CASS.1

da mangiare	zu essen
solo	nur
Quant'è?	Wie viel macht das?
ecco a Lei	hier (an Sie)

Ordinare – Bestellen

Die üblichen Wendungen, die man braucht, um etwas zu bestellen, sind:

Vorrei …	(Ich möchte …)
Prendo …	(Ich nehme …)
Per me …	(Für mich …)
… per favore.	(… bitte.)
Grazie.	(Danke.)
Quant'è?	(Wie viel macht das?)

Angesprochen wird man meistens mit *Prego?* (Bitte?) oder *Desidera?* (Sie wünschen?).

Il bar – Die Bar

Die Bedeutung von *bar* entspricht keineswegs dem deutschen Begriff der Bar als Nachtlokal. In einer italienischen Bar kann man, wie in einem Café, etwas trinken und eine Kleinigkeit essen – in kleineren Bars nur an der Theke, sonst auch am Tisch. Eine *bar tabacchi* ist ein Tabakladen, in dem man Kaffee trinken und oft auch Zeitungen kaufen kann. Gibt es ein Schild mit *valori bollati* (Wertmarken), so erhält man hier auch Briefmarken.

10 Nun sind Sie selbst in einer Bar.

Lesen Sie zuerst die Rolle des Kellners und ergänzen Sie dann den Dialog mit den Aussagen des Gastes. Die Preistafel aus Übung 9 hilft Ihnen weiter.

Buongiorno. Prego?

_____

Con latte o limone?

_____

Abbiamo solo latte condensato, va bene? E da mangiare?

_____

Con prosciutto o formaggio?

_____

Sono un euro e sessantacinque, prego.

_____

Grazie, buongiorno.

Was Sie jetzt können

In einer italienischen Bar bestellen

Prego?
Vorrei un caffè per favore.
Prendo un cappuccino.
Per me un toast.

Bezahlen

Quant'è?
Sono tre euro e venti centesimi.
Grazie.
Prego.

Einige Mengenangaben

Vorrei **un po' di** pane e **un po' di** marmellata.
Vorrei **del** pane. Prendo **della** marmellata.

'C'è' und 'ci sono'

C'è il caffè. **Ci sono i** tramezzini.

2 Al mercato – Auf dem Markt

1 Wie spricht man diese Zahlen aus?

Lesen Sie die Zahlen laut vor und hören Sie deren Aussprache an.

200 duecento	300 trecento
400 quattrocento	500 cinquecento
600 seicento	700 settecento
800 ottocento	900 novecento
1000 **mille**	2000 due**mila**

1
2
3
4
5
6

2 Auf dem Markt.

Sehen Sie sich die Bilder an und bilden Sie Sätze mit 'c'è' bzw. 'ci sono' wie im Beispiel.

Esempio: Al mercato **c'è** il riso.

1. i vestiti
2. l'olio
3. i maglioni
4. le uova
5. le patate
6. le scarpe

Plurali particolari – Besondere Pluralformen

Einige Wörter haben eine unregelmäßige Pluralbildung.

Bsp.   l'uovo   **le** uov**a**   (Ei)

Wörter, die auf einen Konsonanten enden, bleiben im Plural unverändert.

Bsp.   il bar   **i** bar   (Bar)
    il toast   **i** toast   (Toast)

Endet ein Wort auf einen betonten Vokal, so bleibt es im Plural unverändert.

Bsp.   la città   **le** città   (Stadt)

3 Was passt zusammen?

Schreiben Sie die jeweils richtige Mengenangabe neben die Sätze.

| **1** 2 kg | **2** 300 g | **3** 500 g |
| **4** 200 g | **5** 100 g | **6** 1 kg |

A Vorrei un etto di prosciutto.

B Vorrei duecento grammi di formaggio.

C Vorrei mezzo chilo di patate.

D Vorrei un chilo di pane.

E Vorrei tre etti di pomodori.

F Vorrei due chili di arance.

Grammi e chili – Gramm und Kilo

Beim Einkaufen heißt es oft:

Bsp. Vorrei **un chilo di** pane. (Ich möchte ein Kilo Brot.)

Vorrei **due chili di** pomodori. (Ich möchte zwei Kilo Tomaten.)

Un etto entspricht hundert Gramm, *mezzo chilo* einem Pfund. Nach Mengenangaben folgt immer **di**.

Bsp. Vorrei **due etti di** prosciutto e **mezzo chilo di** patate. (Ich möchte zweihundert Gramm Tomaten und ein Pfund Kartoffeln.)

4 Was hat welche Farbe?

Vervollständigen Sie die Sätze mit den richtigen Farben.

Di che colore è …?

| nero | blu | gialla |
| bianco | rosso | verde |

A La banana è _____.

B Il pomodoro è _____.

C Il mare è _____.

D L'insalata è _____.

E Il riso è _____.

F Il vestito da sera è _____.

il mare	Meer
l'insalata	Salat
il vestito da sera	Abendkleid

Gli aggettivi – Die Adjektive

Die Endungen der Adjektive richten sich nach den Substantiven, die sie beschreiben, d.h. man muss zuerst wissen, ob ein Wort männlich oder weiblich ist.

Bsp. männlich   weiblich
       il pomodor**o** ross**o**   **la** banan**a** gialla
       (die rote Tomate)   (die gelbe Banane)

Adjektive auf **-e** bleiben jedoch unverändert.

Bsp. männlich   weiblich
       il vestit**o** verd**e**   l'insalat**a** verd**e**
       (das grüne Kleid)   (der grüne Salat)

Es gibt auch Ausnahmen: Bei *blu* (blau) z.B. sind die männliche und die weibliche Form gleich.

5 Wie viel darf's denn sein?

Frau Santini ist auf dem Markt. Lesen Sie, was sie kauft.

Quanto prosciutto prende, signora?
Ne prendo tre etti.
E quanta frutta?
Ne prendo un chilo.

Quanto? – Wie viel?

Quanto (wie viel) verhält sich wie ein Adjektiv, d.h. es hat eine männliche und eine weibliche Endung.

Bsp. Quant**o** vin**o** prende? E quant**a** insalat**a**?
(Wie viel Wein nehmen Sie? Und wie viel Salat?)

▶

Quanto bleibt unverändert, wenn ein Verb folgt.

Bsp. Quanto costa il vino? **Quanto** costano le banane? (Wie viel kostet der Wein? Wie viel kosten die Bananen?)

Ne bedeutet 'davon', wird aber meist nicht übersetzt. *Ne* wird als Ersatz für einen Begriff verwendet, den man bereits erwähnt hat. In der Regel handelt es sich dabei um unbestimmte Mengenangaben.

Bsp. Ha **del** prosciutto crudo? **Ne** prendo un etto. (Haben Sie rohen Schinken? Ich nehme 100 g davon.)

Quanta frutta prendi? **Ne** prendo un chilo. (Wie viel Obst nimmst du? Ich nehme ein Kilo.)

6 Waren Sie schon einmal auf einem italienischen Markt?

Lesen Sie den Dialog und hören Sie sich die Aufnahme an.

Venditore: Buongiorno signora, prego?
Signora: Buongiorno. Ha del formaggio francese?
Venditore: Sì, ho il Camembert e il Brie. Quale prende?
Signora: Quanto costa il Camembert?
Venditore: Un etto tre euro.
Signora: Oh, è caro! Ne prendo tre etti.
Venditore: Altro?
Signora: Un po' di banane. Ne prendo un chilo.
Venditore: Ecco a Lei. Altro?
Signora: Basta. Ah, no, prendo anche dello zucchero e dell'acqua minerale.
Venditore: Mi dispiace, ma ho solo frutta, verdura e formaggio.
Signora: Va bene, allora prendo dei pomodori, due chili. E degli zucchini, un chilo per favore.
Venditore: Ecco. Altro?
Signora: È tutto, grazie. Quant'è?
Venditore: Fanno 15 euro e 50.
Signora: A Lei. ArrivederLa.
Venditore: Arrivederci e grazie.

7 Hat die Dame Käse gekauft? Oder Schinken?

Kreuzen Sie an, ob diese Sätze richtig oder falsch sind.

	vero	falso
La signora prende del formaggio svizzero.	☐	☐
La signora prende del prosciutto.	☐	☐
La signora prende un chilo di zucchini.	☐	☐

8 'Del', 'della' oder eine andere Form?

Suchen Sie im Text der Übung 6 die passenden Formen und vervollständigen Sie die Tabelle.

Esempio: del Camembert

A		formaggio
B		zucchero
C		acqua minerale
D		pomodori
E		banane
F		zucchini

9 Was kann man auf diesem Markt kaufen?

Hören Sie die Aufnahme an und kreuzen Sie dann die Lebensmittel an, die von den Marktschreiern angepriesen werden.

☐ zucchini ☐ pomodori
☐ pesce   ☐ prosciutto

quale	welche, -r, -s
quanto costa (costare)	wie viel kostet
caro	teuer
altro	hier: noch etwas
basta	es genügt
tutto	alles
fanno (fare)	hier: das macht

Gli articoli e i partitivi – Die Artikel und Teilungsartikel

Sie kennen bereits einige Artikel (z.B. *un* und *il*) sowie einige Teilungsartikel (*del*, *della*). Der Teilungsartikel *dello* verhält sich wie der Artikel *lo*. Er wird unter anderem für Wörter verwendet, die mit **z** anfangen. Der Plural ist *degli*.

Bsp.   **lo** zucchero   **dello** zucchero
       gli zucchini   **degli** zucchini

Die Artikel *la*, *una* und *lo* verlieren ihren Endvokal und erhalten einen Apostroph, wenn das darauf folgende Wort mit einem Vokal anfängt.

Bsp.   **l'**arancia   **un'**arancia   **l'**aglio

Die gleiche Regel gilt für die Teilungsartikel.

Bsp.   della   **dell'**acqua
      dello   **dell'**aglio

Der männliche Artikel *uno* wird nicht apostrophiert, er wird also zu *un*.

Bsp.   **un** euro

10 Wie spricht man 'l' und 'gl' aus?

Hören Sie zuerst die Aufnahme an und sprechen Sie dann die Wörter nach.

o**l**io	a**gl**io
par**l**iamo	ma**gl**ione
ita**l**iano	de**gl**i

Was Sie jetzt können

Einkaufen
Vorrei un chilo di patate. Quanto costa? Quant'è?
Sono/Fanno tre euro. Altro?
Basta. È tutto.

Die Zahlen bis 2000

200 duecento	300 trecento
400 quattrocento	500 cinquecento
600 seicento	700 settecento
800 ottocento	900 novecento
1000 **mille**	2000 due**mila**

Fragen stellen

Quanto?	Quanta?
Quant'è?	Quale?

Weitere Mengenangaben
Quanto ne prende?
Vorrei duecento grammi di formaggio, un chilo di pane e un etto di prosciutto.

Die Adjektive
Il pomodor**o** è ross**o**. La banan**a** è gialla.

Die Artikel und Teilungsartikel

Singular

männlich	männlich	weiblich
il pane	lo zucchero	la frutta
del pane	dello zucchero	della frutta
	dell'aglio	dell'acqua
un signore	uno zucchino	una signora
	un olio	un'arancia

Plural

männlich	männlich	weiblich
i signori	gli zucchini	le signore
dei signori	degli zucchini	delle signore

3 Al ristorante – Im Restaurant

1 Welche Wörter einer typisch italienischen Speisekarte kennen Sie schon?

Ordnen Sie die Mahlzeiten in der linken Spalte den Spezialitäten in der rechten Spalte zu.

1 antipasto
2 primo
3 secondo
4 contorno
5 dessert
6 formaggio
7 bevanda
8 vino

A Gorgonzola
B tiramisù
C crostini
D spaghetti al pomodoro e basilico
E scampi
F acqua minerale
G Chianti
H insalata mista

2 Warm oder kalt?

Lesen Sie die Sätze.

Il gelato non è caldo, è freddo.

Il tiramisù non è piccante, è dolce.

3 Wie heißt das Gegenteil?

Kreuzen Sie die jeweiligen Gegensätze an.

A caldo
- [ ] grande
- [ ] freddo

B dolce
- [ ] piccante
- [ ] gentile

C bello
- [ ] brutto
- [ ] cattivo

D grande
- [ ] buono
- [ ] piccolo

4 Was ist das eigentlich?

CD 1 53

Josef versteht nicht alles, was auf der Speisekarte steht, und fragt den Kellner. Hören Sie die Aufnahme an. Kreuzen Sie dann die Sätze an, die den Antworten des Kellners entsprechen.

Antipasti
Bruschetta 7,75 €
Crostini caserecci 3,10 €
Antipasto misto 10,33 €

Primi Piatti
Maccheroni all'arrabbiata 5,16 €
Ravioli al tartufo 7,75 €
Minestrone 7,75 €

Secondi
Filetto con porcini 18,08 €
Bistecca 6,50 €
Anatra al rosmarino 6,20 €

Contorni
Insalata mista 3,62 €
Fagioli cannellini 3,62 €
Patate arrosto 3,62 €

Dessert
Cantucci e Vin Santo 3,72 €
Panna cotta 3,72 €
Gelato 0,82 €
Tiramisù 0,96 €

Scusi, cosa sono i maccheroni all'arrabbiata? E che cos'è il minestrone? Avete anche antipasti caldi?

- [ ] I maccheroni all'arrabbiata hanno una salsa dolce.

☐ Il minestrone è una zuppa di verdure.
☐ Ci sono solo antipasti freddi.

Il plurale degli aggettivi – Der Plural der Adjektive

Die Endungen der Adjektive werden auch im Plural immer den Substantiven angeglichen.

Bsp.

Singular	Plural
l'antipasto freddo	gli antipasti freddi
la patata calda	le patate calde
lo zucchino verde	gli zucchini verdi
la porzione grande	le porzioni grandi

5 Wie heißt das im Plural?

Füllen Sie die Lücken mit den passenden Pluralformen.

A Carlo preferisce la verdura fredda.

Carlo preferisce _____.

B Josef preferisce il formaggio svizzero.

Josef preferisce _____.

C Maria prende la porzione piccola.

Maria prende _____.

D Prendo l'antipasto grande.

Prendo _____.

La posizione degli aggettivi – Die Stellung der Adjektive

In der Regel stehen die Adjektive nach den Substantiven.

Bsp. Prendo l'antipasto **freddo**. (Ich nehme die kalte Vorspeise.)

Einige Adjektive stehen jedoch oft vor dem Substantiv: Dazu gehören *buono* (gut), *cattivo* (schlecht), *bello* (schön) und *grande* (groß).

Bsp. Prendo una **bella** insalata. (Ich nehme einen schönen Salat.)

6 Wie bestellt man im Restaurant?

Carlo und Josef sind im Restaurant und bestellen ihr Abendessen. Lesen Sie den Dialog und hören Sie ihn an.

Cameriere: Buona sera signori, prego?
Carlo: Buona sera. Allora, per primo prendo i maccheroni all'arrabbiata.
Josef: Per me il minestrone.
Cameriere: I signori non prendono l'antipasto?
Carlo: No, grazie. Per secondo vorrei una bistecca.
Cameriere: Al sangue?
Carlo: No, preferisco ben cotta. E tu, Josef?
Josef: Io prendo il filetto.
Cameriere: E come contorno?
Carlo: Una bella insalata mista.
Josef: Anch'io.
Camerire: Dessert?
Carlo: Per me no, grazie.
Josef: Per me un gelato. Ma una porzione piccola.
Cameriere: E da bere?
Carlo: Una bottiglia di vino bianco e una di acqua minerale. È tutto, grazie.
Josef: Domandi tu il conto?
Carlo: Sì. Scusi, vorremmo il conto, per favore. Prendete anche carte di credito?
Cameriere: Mi dispiace, solo contanti.

La mancia – Das Trinkgeld

Im *ristorante* oder in der *bar* gibt man *la mancia* (das Trinkgeld) nicht direkt dem Kellner oder der Kellnerin, sondern man lässt etwa 10 Prozent vom Rechnungsbetrag auf dem Tisch bzw. auf dem dafür vorgesehenen Teller liegen.

7 Was haben Josef und Carlo bestellt?

Füllen Sie die Lücken mit den passenden Wörtern. Sie können den Dialog aus Übung 6 noch einmal lesen oder anhören.

Esempio: il filetto **ai porcini**

A i maccheroni

B una bistecca

C un'insalata

D un gelato

E del vino

Poco, molto, troppo – Wenig, viel, zu viel

Wenn *molto* (auch *tanto*) vor einem Substantiv steht, bedeutet es 'viel'. Die Endung verändert sich, je nachdem, ob das Substantiv männlich oder weiblich ist, im Singular oder Plural steht.

Bsp. Prendo molt**o** formaggi**o**. (Ich nehme viel Käse.)

Prendi molt**a** verdur**a**? (Nimmst du viel Gemüse?)

Steht aber *molto* allein oder z.B. vor einem Adjektiv, dann bedeutet es 'sehr' und bleibt unverändert.

Bsp. La salsa è **molto** buona. Mi piace **molto**. (Die Soße ist sehr gut. Sie schmeckt mir sehr gut.)

Das gleiche gilt für *poco* (wenig) und *troppo* (zu viel, zu sehr).

Abbastanza (ziemlich, genug) bleibt dagegen immer unverändert.

8 Was war nicht in Ordnung?

Carlo ist mit dem Abendessen nicht zufrieden und beschwert sich. Ergänzen Sie die Sätze mit den fehlenden Wörtern.

A Scusi, ma i maccheroni non sono molto buoni: c'è poca salsa.
Carlo preferisce _____ salsa.

B Scusi, c'è poco olio nell'insalata.
Carlo preferisce _____ olio.

C Scusi, ma il minestrone non è molto caldo.
Preferisce il minestrone _____ caldo.

D Scusi, c'è troppo sale nel minestrone.
Preferisce il minestrone con _____ sale.

E Mi dispiace, ma l'insalata non è molto fresca.
Preferisce un'insalata _____ fresca.

F Non c'è abbastanza pane!
Carlo preferisce avere _____ pane.

per	hier: als
la bistecca	Steak
al sangue	blutig
ben cotta (cotto)	gut durch
il filetto	Filet
mista (misto)	gemischt
la porzione	Portion
la bottiglia	Flasche
una bottiglia di vino	eine Flasche Wein
vorremmo (volere)	wir möchten
ordini (ordinare)	du bestellst, verlangst
il conto	Rechnung
prendete (prendere)	ihr nehmt
le carte di credito (la carta)	Kreditkarten
i contanti	Bargeld
la salsa	Soße
il sale	Salz
fresca (fresco)	frisch

Was Sie jetzt können

Eine Speisekarte verstehen
Prendo il primo, il secondo, il contorno e il dessert.

Sich etwas beschreiben lassen
Che cos'è?
Che cosa sono?

Etwas im Restaurant bestellen
Per primo vorrei i maccheroni, per secondo una bistecca.

Die Rechnung verlangen
Scusi, vorrei il conto per favore.

Sich beschweren
Scusi, ma c'è troppo sale.

Die Stellung der Adjektive
Prendo un'insalata **verde**.
Prendo una **bella** insalata.

Der Plural der Adjektive
Preferisco gli antipast**i** cald**i**.
Prendo le patat**e** cald**e**.

'Poco', 'molto', 'troppo', 'abbastanza'
Prendo molt**o** pane.
Prendo molt**a** verdura.

Il dessert è molt**o** buono.
La carne è molt**o** buona.

Mi piace molt**o**.
È abbastanza buono.

Livello 3 | Unità 4

Test

1 Elementi di lingua

Leggete la lista della spesa. Decidete quali parole usare. Scegliete tra le parole scritte sotto il testo.

un chilo **1** pane,
tre **2** di prosciutto cotto,
mezzo chilo di patate **3**,
trecento **4** di formaggio francese,
5 burro,
6 marmellata

1
di • il

2
etto • etti

3
nuova • nuove

4
grammo • grammi

5
del • della

6
del • della

2 Comprensione auditiva

CD1 55

Leggete per prima cosa le domande. Ascoltate poi i testi due volte. Segnate la vostra risposta.

1 Quant'è il cappuccino e la brioche?

A Sono 2,22 €.
B Sono 3,22 €.

2 Ci sono anche i biscotti?

A C'è la torta e ci sono anche i biscotti.
B C'è la torta, ma non ci sono i biscotti.

3 Quanto prosciutto prende?

A Ne prendo due etti.
B Ne prendo tre etti.

4 Quant'è?

A Fanno 16,50 €.
B Fanno 15,50 €.

5 Quanto pane prendi?

A Ne prendo 1 kg.
B Ne prendo un etto.

3 Risposte

CD1 56

Leggete per prima cosa le frasi dalla A alla D. Ascoltate poi la registrazione. Sentirete tre frasi. Ascoltate le frasi due volte. Segnate per ogni frase la vostra risposta: A, B, C o D.

1 _____
2 _____
3 _____

A Prendo la pasta al basilico.
B No, grazie.
C Il filetto e un'insalata mista.
D Sì, una bottiglia di vino rosso.

Unità 5

Einladungen und Mitbringsel

Verhaltenstipps und Komplimente

Wohnung und Möbel

Wochentage, Monate, Jahreszeiten, Datum

Vergleiche, der absolute Superlativ

Die Präpositionen 'su', 'in' und 'di'

Die Verben 'pagare', 'fare', 'andare' und 'venire'

Der Artikel 'lo' und das Adjektiv 'bello'

Zeitaufwand: ca. 60 Minuten

1 Andiamo a mangiare insieme? – Gehen wir zusammen essen?

1 Mittag- oder Abendessen?

Sehen Sie sich die Bilder an und lesen Sie die Wörter.

il pranzo   la cena

APRILE
lunedì, 13 — tennis
martedì, 14 — calcio
mercoledì, 15 — lezione di inglese
giovedì, 16 — dottore
venerdì, 17 —
sabato, 18 — piscina
domenica, 19 — pranzo da Milena

2 Wann hat Massimo Zeit für Sandra?

CD 1 57

Sandra möchte mit Massimo ausgehen. Lesen Sie den Dialog und hören Sie ihn an. Sehen Sie sich dann Massimos Terminkalender an und beantworten Sie die Fragen.

Sandra: Allora, Massimo, andiamo insieme a pranzo oggi?
Massimo: Oggi? Mi dispiace, ma oggi gioco a calcio.
Sandra: E domani?
Massimo: Domani ho lezione di inglese.
Sandra: Facciamo giovedì?
Massimo: Giovedì vado dal dottore.
Sandra: Ma allora quando andiamo a pranzo?
Massimo: Andiamo a pranzo …

A Che giorno è oggi?

B Quando vanno a pranzo insieme?

C Che cosa fa Massimo lunedì?

D Quando va da Milena?

quando	wann
andiamo (andare)	wir gehen
oggi	heute
gioco a (giocare a)	ich spiele
domani	morgen
la lezione	Unterricht
la lezione di inglese	Englischunterricht
facciamo (fare)	wir machen
vado (andare)	ich gehe
dal	hier: zum
il dottore	Arzt, Doktor
il giorno	Tag
va (andare)	er, sie geht, Sie gehen

Andare – Gehen, fahren

Andare bedeutet sowohl 'gehen' als auch 'fahren' und ist ein unregelmäßiges Verb:

io	vado
tu	vai
lui, lei, Lei	va
noi	andiamo
voi	andate
loro	vanno

Nach dem Verb *andare* folgt immer eine Präposition. Man verwendet die Präposition *a*, wenn nach *andare* ein Verb im Infinitiv oder ein Substantiv wie *pranzo*, *cena* oder *colazione* steht.

Bsp. Vado **a** pranzo. Vado **a** mangiare. (Ich gehe Mittag essen. Ich gehe essen.)

Will man ausdrücken, dass man zu einer Person geht (oder fährt), so braucht man *da*.

Bsp. Vai **da** Milena? Vai **dal** dottore? (Gehst du zu Milena? Gehst du zum Arzt?)

3 Andiamo!

Vervollständigen Sie die Sätze mit der passenden Form von 'andare' bzw. mit der richtigen Präposition.

A Ciao Silvia, dove _____ ?

B Io _____ da Maria.

C Oggi noi _____ a pranzo insieme.

D A sì? E dove _____ voi due?

E Andiamo _____ bar in Via Ghirlandi.

F Voi _____ sempre _____ bar _____ mangiare?

G Ma no, solo oggi. Incontriamo Carlo e Stefano. Loro _____ tutti i giorni _____ bar!

fate (fare)	*ihr macht, tut*
tutti (tutto)	*alle*
tutti i giorni	*jeden Tag*

Il verbo 'fare' – Das Verb 'fare'

Das Verb *fare* (machen, tun) ist unregelmäßig und wird wie folgt konjugiert:

io	faccio
tu	fai
lui, lei, Lei	fa
noi	facciamo
voi	fate
loro	fanno

4 Bei welchem Text handelt es sich um eine Einladung?

Lesen Sie die Texte und kreuzen Sie die richtige Antwort an.

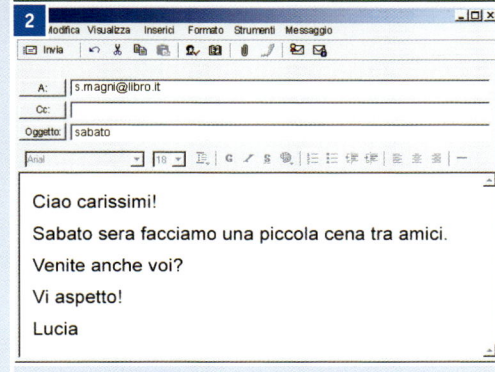

1

Buon Natale

2

A: s.magni@libro.it
Oggetto: sabato

Ciao carissimi!
Sabato sera facciamo una piccola cena tra amici.
Venite anche voi?
Vi aspetto!
Lucia

☐ 1 è un invito   ☐ 2 è un invito

5 Wer nimmt die Einladung an und wer sagt sie ab?

Sie hören zwei Nachrichten auf dem Anrufbeantworter. Es ist nicht notwendig, jedes einzelne Wort zu verstehen. Kreuzen Sie an, wer die Einladung annimmt (accetta l'invito) und wer sie absagt (rifiuta).

	accetta l'invito	rifiuta l'invito
Alfonso		
Sabrina		

Venire – Kommen

Venire (kommen) ist ein unregelmäßiges Verb:

io	vengo
tu	vieni
lui, lei, Lei	viene
noi	veniamo
voi	venite
loro	vengono

Wie bei *andare* steht auch nach *venire* immer eine Präposition.

Bsp. Vieni **da** noi? (Kommst du zu uns?)

6 Wer kommt mit?

Ordnen Sie die Sätze der linken den Sätzen der rechten Spalte zu.

1 Vieni anche
2 Oggi ho un impegno, non
3 Signora Rossi,
4 Ciao, ragazzi,
5 Noi oggi non
6 E Marco cosa fa?
7 Sabrina e Alfonso

A viene anche Lei al bar con noi?
B tu al ristorante stasera?
C veniamo al bar, abbiamo già un invito.
D Viene anche lui?
E vengo a lezione di inglese.
F venite da noi a prendere un caffè?
G vengono da noi a pranzo.

7 Sie sind eingeladen!

Wie lädt man Freunde ein? Und wie reagiert man auf eine Einladung? Lesen Sie die Dialoge und hören Sie sie an.

A Cristina: Vieni a cena da noi stasera?
   Andrea: Mi dispiace, ma stasera purtroppo ho già un impegno.
   Cristina: Peccato!
   Andrea: Sì, magari un'altra volta.

B Franca: Andiamo al ristorante stasera? Oggi pago io!
   Giuseppe: Oh sì, volentieri. Dove andiamo?
   Franca: Al Cucchiaio Francese.
   Giuseppe: Perfetto! Invitiamo anche Sergio, Cristina e Andrea?
   Franca: Non esageriamo! O paghi tu?

vieni (venire)	du kommst
stasera	heute Abend
purtroppo	leider
già	schon
l'impegno	Verpflichtung
peccato	schade
magari	vielleicht
la volta	Mal
un'altra volta	ein anderes Mal
pago (pagare)	ich zahle
invitiamo (invitare)	wir laden ein
esageriamo (esagerare)	wir übertreiben
paghi (pagare)	du zahlst

8 Wer hat wen eingeladen?

Lesen Sie die Dialoge aus Übung 7 noch einmal oder hören Sie sie an. Kreuzen Sie an, welche Sätze richtig oder falsch sind.

	vero	falso
Stasera Andrea va da Cristina.		
Franca invita Giuseppe, Sergio, Cristina e Andrea.		
Oggi paga Giuseppe.		
Franca invita solo Giuseppe.		

Il verbo 'pagare' – Das Verb 'pagare'

Pagare (zahlen) ist zwar ein regelmäßiges Verb, aber bei der 2. Person Singular sowie bei der 1. Person Plural fügt man ein **-h-** vor der Endung ein, damit die Aussprache /g/ erhalten bleibt:

io	pag**o**
tu	pag**hi**
lui, lei, Lei	pag**a**
noi	pag**hiamo**
voi	pag**ate**
loro	pag**ano**

9 Wie spricht man das 'g' aus?
CD 1 / 60

Hören Sie die Aufnahme an und sprechen Sie die Wörter nach.

o**gg**i	**Gh**irlandi	**gi**ovedì
pa**gh**iamo	**gi**à	ven**go**
Ser**gi**o	pa**go**	man**gi**are
ven**go**no	esa**ge**rare	pa**gh**i

10 Wie kann man eine Einladung höflich annehmen oder ablehnen?

Silvia bekommt eine Einladung zum Abendessen. Lesen Sie folgende Antworten und kreuzen Sie die höflichen Zu- und Absagen an.

Silvia, vieni a cena da noi stasera?

- [ ] Sì. Quando?
- [ ] Volentieri, grazie per l'invito.
- [ ] No.
- [ ] Non ho tempo.
- [ ] Mi dispiace, ma oggi ho un impegno.
- [ ] Peccato, ma oggi ho già invito.
- [ ] Mi dispiace, un'altra volta.
- [ ] Che cosa c'è da mangiare?

11 Wie spricht man 'f' und 'v' aus?
CD 1 / 61

Hören Sie die Aufnahme an und sprechen Sie die Wörter nach.

vai	**f**ai	**v**ado
faccio	**v**anno	**f**anno

Was Sie jetzt können

Jemanden einladen
Vieni a cena da noi? Andiamo a pranzo insieme?

Eine Einladung annehmen oder ablehnen
Grazie per l'invito! Vengo volentieri, grazie!
Mi dispiace, ma ho un impegno.
Peccato, purtroppo ho già un altro invito.
Magari un'altra volta.

Die Wochentage
Lunedì, martedì, mercoledì, giovedì, venerdì, sabato, domenica.

Die Verben 'fare', 'andare' und 'venire'
Che cosa **fai**?
Vado al ristorante **a** mangiare.
Andiamo **da** Maria.
Vado **dal** dottore.
Vieni anche tu al cinema? No, non vengo.

Das Verb 'pagare'
Paghi tu o pago io?

2 In casa – Zu Hause

1 Können Sie eine Wohnung beschreiben?

Sehen Sie sich die Bilder an und kreuzen Sie die passende Beschreibung an.

1
- il soggiorno
- la cucina

2
- la doccia
- la terrazza

3
- la cucina
- il bagno

4
- la camera da letto
- il soggiorno

2 Kennen Sie schon diese Wörter?

Ordnen Sie die Wörter ihrer Übersetzung zu.

1 die Tür   A il bagno
2 das Fenster   B la terrazza
3 das Bad   C la finestra
4 die Terrasse   D la porta
5 der Fußboden   E il pavimento

3 Was findet man in einer Wohnung?

Betrachten Sie die Bilder und lesen Sie die Wörter.

il tavolo — i piatti

la forchetta, il coltello, il cucchiaio — l'asciugamano

i fiori — il letto

4 In welchem Zimmer finden Sie diese Gegenstände?

Ordnen Sie die Wörter der rechten Spalte den Sätzen der linken Spalte zu.

Dove sono?

1 Il tavolo e le sedie sono   A in bagno.
2 I piatti, i cucchiai, le forchette e i coltelli sono   B in giardino.

3 Gli asciugamani sono
4 I fiori sono
5 Il letto è

C in soggiorno.
D in camera da letto.
E in cucina.

il giardino	Garten
la scrivania	Schreibtisch

5 'Sul' oder 'sulla'?

Sehen Sie sich die Bilder an und lesen Sie die Sätze.

Il piatto è **sul** tavolo.   L'asciugamano è **sulla** sedi**a**.

6 Wo befindet sich was?

Sie kennen jetzt die Präposition 'su' (auf). Bilden Sie Sätze wie im Beispiel.

Dov'è? Dove sono?

Esempio: telefono/tavolo
Il telefono è **sul** tavolo.

A scarpe/pavimento

B vestiti/letto

C computer/scrivania

D fiori/terrazza

Dove? – Wo?

Mit *dove* (wo) und dem Verb *essere* (sein) kann man fragen oder erläutern, wo sich etwas befindet.

Bsp. Dov'è il piatto? (Wo ist der Teller?)
Dove sono i bicchieri? (Wo sind die Gläser?)

In (in) und *su* (auf) sind zwei Präpositionen. Sie bleiben unverändert, wenn ein Wort ohne Artikel folgt.

Bsp. I piatti sono **in** cucina. (Die Teller sind in der Küche.)

Wenn aber ein bestimmter Artikel folgt, dann ändert sich die Form der Präpositionen: Präposition und Artikel verschmelzen zu einem Wort.

su + il   **sul**   su + la   **sulla**

Bsp. Il piatto è **sul** tavolo, non **sulla** sedia.

7 Was für eine hübsche Wohnung!

Valeria ist gerade umgezogen. Francesca besucht sie und sieht ihre Wohnung zum ersten Mal. Lesen Sie den Dialog und hören Sie ihn an.

Francesca: Permesso?
Valeria: Avanti! Ciao Francesca. Andiamo in soggiorno. Prego, accomodati!
Francesca: Ma che bella casa, complimenti!
Valeria: Ti piace?
Francesca: È bellissima! Che cucina grande! E il parquet, bellissimo!
Valeria: È tanto pratico.
Francesca: E le camere? Mamma mia! Sono grandissime!
Valeria: Ma no, non ci sono ancora i mobili, sembrano grandi.
Francesca: Che bello studio! Ah, e questa è la scrivania nuova. Meravigliosa!
Valeria: Sì, ma carissima!
Francesca: Che bello, hai già i fiori sulla terrazza!
Valeria: Sono solo due tulipani …

Avanti! – Herein!

Wenn man jemanden besucht, sagt man immer *Permesso?* (Ist es gestattet?/Darf ich eintreten?), bevor man die Wohnung oder das Haus betritt. Die Antwort darauf ist *Avanti!* (Herein!/Bitte!).

Mit *accomodati* (nimm Platz, mach es dir bequem) wird man höflich aufgefordert, Platz zu nehmen.

permesso	darf ich eintreten
avanti	herein (bitte)
accomodati	nimm Platz
la casa	das Haus
che bella (bello)	wie schön
complimenti (il complimento)	hier: ich gratuliere
bellissima (bello)	sehr schön
il parquet	Parkett
mobili (il mobile)	Möbel
sembra (sembrare)	sieht ... aus
pratico	praktisch
grandissime (grande)	sehr groß
sembrano (sembrare)	sie sehen ... aus
lo studio	Arbeitszimmer
meravigliosa (meraviglioso)	wunderschön
carissima (caro)	sehr teuer
tulipani (il tulipano)	Tulpe

8 Wie sieht Valerias Wohnung aus?

Kreuzen Sie die jeweils richtige Möglichkeit an. Sie können auch den Dialog aus Übung 6 noch einmal lesen oder anhören.

A Valeria e Francesca vanno
☐ in cucina. ☐ in soggiorno.

B La cucina è
☐ grandissima. ☐ molto pratica.

C Le camere
☐ sembrano grandi. ☐ sono grandissime.

Che bello! – Wie schön!

Komplimente über die Wohnung und Einrichtung gehören in Italien zum guten Ton. Eine Möglichkeit, Komplimente bzw. ein Lob auszudrücken ist:

Bsp. Complimenti! **Che bella** cucina!
(Ich gratuliere! Was für eine schöne Küche!)

9 Das ist sehr schön!

Formulieren Sie ein paar Komplimente wie im Beispiel.

Esempio: tavolo/bello
Il tavolo è bell**issimo**.

casa/bello
La casa è bell**issima**.

A parquet/bello

B soggiorno/grande

C mobili/caro

D camere/piccolo

E scrivania/nuova

Bellissimo! – Sehr schön!

Mit dem absoluten Superlativ kann man den höchsten Grad einer Eigenschaft ausdrücken. Dafür setzt man entweder *molto* vor das Adjektiv oder man ersetzt die Endung des Adjektivs durch **-issimo**.

Bsp. La casa è **molto** bella. È bell**issima**.
(Das Haus ist sehr schön.)

Die Adjektive, die mit dieser Endung gebildet werden, müssen an das Bezugswort angepasst werden.

Bsp. Il tavol**o** è bellissim**o**. La cas**a** è bellissim**a**.
I mobil**i** sono bellissim**i**. Le camer**e** sono bellissim**e**.

'S' + consonante – 'S' + Konsonant

Lo (der, das) wird nicht nur bei männlichen Wörtern verwendet, die mit **z** oder Vokal anfangen, sondern auch vor **s** + Konsonanten. Der Plural ist *gli*.

Bsp. lo studio **gli st**udi

10 Was gehört zusammen?

Ordnen Sie die passenden Satzteile einander zu.

1 Che bella
2 Che bello
3 Che bel
4 Che bei
5 Che belle

A camere!
B soggiorno!
C cucina!
D studio!
E mobili!

11 'Bel' oder 'bello'?

Füllen Sie die Lücken mit der richtigen Form von 'bello' (schön).

A Che _____ casa!
B Hai anche un _____ giardino.
C È una _____ terrazza.
D Ma che _____ fiori!

L'aggettivo 'bello' – Das Adjektiv 'bello'

Wenn *bello* (schön) vor einem Wort steht, dann verhält es sich wie der bestimmte Artikel.

Bsp.

il soggiorno	Che **bel** soggiorno!
lo studio	Che **bello** studio!
l'invito	Che **bell'**invito
gli studi	Che **begli** studi!
la cucina	Che **bella** cucina!
le cucine	Che **belle** cucine!

12 Wie werden diese Wörter betont?

Hören Sie die Aufnahme an und sprechen Sie die Wörter nach.

dove   dov'è
come   com'è
quanto   quant'è
e   è

Was Sie jetzt können

Jemanden besuchen
Permesso?
Avanti! Accomodati!

Komplimente machen
Che bella casa! Complimenti!
È bellissimo! È meraviglioso!

Fragen, wo sich etwas befindet
Dov'è l'asciugamano? Dove sono i piatti?

Zwei Präpositionen
I piatti sono **in** cucina, **sul** tavolo.
Il computer è **sulla** scrivania.

Der absolute Superlativ
Lo studio è bell**issimo**. La casa è bell**issima**.

Der Artikel 'lo'

lo	zucchino	**gli**	zucchini
lo	studio	**gli**	studi
l'	articolo	**gli**	articoli

Das Adjektiv 'bello'
Che bel giardino!   Che bei fiori!
Che bell'invito!   Che begli studi!
Che bella scrivania!   Che belle camere!

3 Vino o rose? – Wein oder Rosen?

1 Sie können bestimmt mehr, als Sie glauben!

Bringen Sie die Monate in die richtige Reihenfolge.

gennaio • maggio • agosto • aprile • ottobre • febbraio • novembre • settembre • giugno • dicembre • luglio • marzo

1
2
3
4
5
6
7
8
9
10
11
12

il cinema	Kino
il teatro	Theater
la festa	Fest
latino-americana (latino-americano)	lateinamerikanisch
il mercato dei fiori	Blumenmarkt
Natale	Weihnachten
Pasqua	Ostern
il compleanno	Geburtstag
guardo (guardare)	ich sehe nach
il calendario	Kalender
oggi	heute
ecco	hier ist
domani	morgen
beh	nun
perché	warum, weil
buona (buono)	gut
l'idea	Idee

2 Kennen Sie die vier Jahreszeiten?

Sehen Sie sich die Bilder an und schreiben Sie die Jahreszeiten darunter.

Le stagioni: la primavera, l'estate, l'autunno, l'inverno.

1  _____ 2 _____

3  _____ 4 _____

3 Kennen Sie diese Feiertage?

Kreuzen Sie die richtige Antwort an.

Quando è Natale?

☐ In estate.   ☐ In inverno.

Quando è Pasqua?

☐ In estate.   ☐ In primavera.

4 Wann finden die Veranstaltungen statt?

Sie hören eine Radiomeldung. Es ist nicht wichtig, alle Details zu verstehen. Lesen Sie sich die Aufgaben durch und kreuzen Sie dann die richtigen Daten an.

A Cinema:
- il 14 agosto
- il 1° agosto
- il 2 agosto

B Teatro:
- lunedì
- martedì
- mercoledì

C Festa latino-americana:
- giovedì 22
- venerdì 23
- sabato 24

D Mercato dei fiori:
- il 15 agosto
- il 23 agosto
- il 25 agosto

La data – Das Datum

Will man nur den Monat angeben, so braucht man die Präposition *in*.

Bsp. Natale è **in** dicembre. (Weihnachten ist im Dezember.)

Das komplette Datum wird mit dem bestimmten Artikel und der Grundzahl ausgedrückt.

Bsp. il due maggio (der zweite Mai)

Nur beim ersten Tag des Monats braucht man die Ordnungszahl.

Bsp. il primo maggio (der erste Mai)

5 Wann ist das Fest?

Lucia ruft Giuliana an, um sie zum Geburtstagsfest ihres Mannes einzuladen. Lesen Sie den Dialog und hören Sie ihn an.

Lucia: Venerdì facciamo una festa. È il compleanno di Christian. Vieni anche tu, no?
Giuliana: Venerdì? Che data è?
Lucia: Il 20.
Giuliana: Un momento, guardo sul calendario. Allora, oggi è il sedici, domani il diciassette ... ah, ecco il 20 settembre. Oh, che peccato! Vengono a cena da noi Sabrina e Alfonso.
Lucia: Beh, ma perché non venite tutti insieme?
Giuliana: Perché no? È una buona idea. Allora venerdì! Ciao!

6 Haben Sie den Dialog verstanden?

Ergänzen Sie die Sätze mit den fehlenden Wörtern.

Oggi è _____ settembre. Lucia fa una festa _____ perché è il _____ di Christian. Giuliana ha già un impegno: _____ vengono a cena Sabrina e Alfonso. Lucia ha un' _____ : invita tutti.

7 Wessen Geburtstag ist heute?

Lesen Sie die Sätze.

Oggi è il compleanno **del** signor Saronni e domani è il compleanno **della** signora Parini.

La preposizione 'di' – Die Präposition 'di'

Die Präposition *di* kann verschiedene Bedeutungen haben. Sie kennen bereits die Bedeutung 'aus'.

Bsp. Sono **di Milano**. (Ich komme aus Mailand.)

▶

Eine weitere Bedeutung von *di* ist 'von'. Wenn nach *di* ein bestimmter Artikel folgt, dann verschmelzen diese zu einem einzigen Wort:

di + il	**del**	di + i	**dei**
di + la	**della**	di + le	**delle**
di + lo	**dello**	di + gli	**degli**
di + l'	**dell'**		

Bsp. Oggi è il compleanno **di** Maria.
È il compleanno **della** signora Rossi.

8 Welcher Wein ist teurer?

Hier werden zwei Weine miteinander verglichen. Lesen Sie sich die Sätze dazu durch.

Il Chianti costa 7,50 euro. Il Brunello di Montalcino costa 20 euro.

Il Brunello di Montalcino è **più** caro **del** Chianti.
Il Chianti è **meno** caro **del** Brunello di Montalcino.

Confronti – Vergleiche

Zwei Eigenschaften vergleicht man mithilfe von *più di* (mehr als) und *meno di* (weniger als).

Auch hier ändert sich die Form von *di*, je nachdem, was für ein Artikel folgt.

Bsp. Una rosa è **più** bella **di** un tulipano.
(Eine Rose ist schöner als eine Tulpe.)

Il Chianti è **più** caro **del** Bardolino.
(Der Chianti ist teurer als der Bardolino.)

Un tulipano è **meno** bello **di** una rosa.
(Eine Tulpe ist weniger schön als eine Rose.)

9 Ist das schöner?

Vergleichen Sie nun zwei Sachen miteinander. Füllen Sie die Lücken wie im Beispiel.

Esempio: (più bello)
La casa di Maria è **più bella della** casa di Antonio.

A (più caro)
I mobili di Sergio sono
mobili di Luigi.

B (meno leggero)
Il vino rosso è
vino bianco.

C (più caro)
Le rose rosse sono
rose gialle.

D (più grande)
La cucina di Lucia è
cucina di Carla.

10 Was kann man mitbringen?

Giuliana und Giorgio sind im Supermarkt, um ein Mitbringsel für Christian und Lucia auszusuchen. Lesen Sie den Dialog.

Giuliana: Compriamo una bottiglia di Bardolino? È un bel presente, no?
Giorgio: Il Chianti è più buono del Bardolino.
Giuliana: O forse la torta di cioccolato?
Giorgio: La torta di yogurt è più leggera della torta di cioccolata.
Giuliana: Va bene. E i tulipani?
Giorgio: Le rose rosse sono più belle dei tulipani.
Giuliana: Allora prendiamo le rose!
Giorgio: Ma i tulipani sono meno cari delle rose.
Giuliana: Ma quanto sei difficile! Prendiamo un gelato e basta!

il presente	Mitbringsel, Präsent
più	mehr
o	oder
forse	vielleicht
la torta	Torte
leggera (leggero)	leicht
meno	weniger
difficile	schwierig
il gelato	Speiseeis
basta	hier: Schluss

Il presente – Das Mitbringsel

Wenn man jemanden besucht, etwa zum Abendessen, ist es in Italien üblich, ein kleines Geschenk mitzubringen, unabhängig davon, ob ein Anlass, z.B. ein Geburtstag, besteht. In der Regel sind Blumen für die Damen und/oder eine gute Flasche Wein angebracht. Will man eine Nachspeise mitbringen, so bespricht man das vorher mit dem Gastgeber oder der Gastgeberin.

11 'Vero' oder 'falso'?

Sie können den Dialog aus Übung 10 noch einmal lesen. Kreuzen Sie an, ob diese Sätze richtig oder falsch sind.

	vero	falso
Il Chianti è più buono del Bardolino.	☐	☐
La torta di cioccolato è meno leggera della torta di yogurt.	☐	☐
I tulipani sono più belli delle rose.	☐	☐
I tulipani sono più cari delle rose.	☐	☐
Giuliana e Giorgio prendono una bottiglia di vino.	☐	☐

12 Das können Sie bestimmt!
CD 1 / 66

Lesen Sie die Monatsnamen vor und hören Sie dann die Aufnahme an. Haben Sie alle richtig ausgesprochen?

gennaio	febbraio	marzo	aprile
maggio	giugno	luglio	agosto
settembre	ottobre	novembre	dicembre

Was Sie jetzt können

Jemanden besuchen
Portiamo dei fiori e una bottiglia di vino.

Die Monate
Il compleanno di Danilo è in agosto.

Die Jahreszeiten
La primavera, l'estate, l'autunno, l'inverno.

Nach dem Datum fragen
Che data è oggi?

Das Datum ausdrücken
Oggi è **il primo** maggio, non il **il sedici**.

Die Präposition 'di'
Questa è la casa **di** Maria.
Oggi è il compleanno **del** signor Verdi.

Vergleichen
Maria è **più** bella **di** Lucia.
Antonio è **meno** bello **di** Christian.

Nützliche Wörter
Perché non vieni?
Rose **o** vino rosso?
Forse un gelato.

Test

1 Elementi di lingua

Leggete le frasi. Decidete quali parole usare. Scegliete tra le parole scritte sotto il testo.

1 Vado _____ ristorante.
 a • al

2 Dove andiamo _____ mangiare?
 a • di

3 Vado _____ dottore.
 da • dal

4 Il computer è _____ scrivania.
 alla • sulla

5 Il piatto è _____ tavolo.
 su • sul

6 _____ il bicchiere?
 Dove • Dov'è

7 _____ sono le scarpe?
 Dove • Dov'è

2 Comprensione auditiva

CD 1 / 67

Leggete per prima cosa le domande. Ascoltate poi i testi due volte. Segnate la vostra risposta.

1 Situazione:
 Sara invita Mario a cena.
 Mario accetta l'invito.
 ☐ sì   ☐ no

2 Situazione:
 Una persona domanda che giorno è.
 Oggi è martedì.
 ☐ sì   ☐ no

3 Situazione:
 Maria parla dell'appartamento nuovo.
 Ha 5 stanze.
 ☐ sì   ☐ no

4 Situazione:
 Sara vede l'appartamento di Maria.
 Non le piace.
 ☐ sì   ☐ no

3 Comprensione auditiva

CD 1 / 68

Leggete per prima cosa le domande. Ascoltate poi i testi due volte. Segnate la vostra risposta.

1 In quale mese vai in vacanza?

 A In luglio.
 B In giugno.

2 Che data è oggi?

 A Oggi è il 16 ottobre.
 B Oggi è il 16 settembre.

3 Quando è la festa di Silvia?

 A Il primo dicembre.
 B Il primo novembre.

4 Quando è Natale?

 A In inverno.
 B In autunno.

5 Quando è il compleanno di Sabrina?

 A In autunno, il 10 ottobre.
 B In autunno, il 20 ottobre.

Unità 6

Familie, Feste und Feiern
Personenbeschreibungen, Aussehen und Charakter
Smalltalk, Partnersuche, Kontaktanzeigen
Pluralbildung und Adverbien
Die doppelte Verneinung
Possessiv- und Demonstrativpronomen
Die direkten Objektpronomen

Zeitaufwand: ca. 60 Minuten

1 Che bella famiglia! – So eine schöne Familie!

1 Ein Reporter befragt die Familie Cavalli zum Thema 'Die intakte Familie'.

Lesen Sie, was die Familienmitglieder sagen.

Franco: Mia moglie è una santa.
Concetta: Mio marito è perfetto.
Sabrina: La mia mamma è tanto intelligente.
Gino: Il mio papà è tanto buono.

2 Welches Wort fehlt?

Vervollständigen Sie die Sätze mit den Wörtern aus der Liste.

1 il marito
2 la figlia
3 sposato
4 famiglia
5 il figlio
6 la moglie
7 sposata
8 i genitori

A Il signor Franco Cavalli è _____ della signora Concetta Cavalli.

B La signora Concetta Cavalli è _____ del signor Cavalli.

C Franco e Concetta sono _____ di Sabrina e Gino.

D Sabrina è _____ di Franco e Concetta.

E Gino è _____ del signore e della signora Cavalli.

F Sabrina è _____ : suo marito si chiama Alfonso.

G Gino non è _____ , è celibe.

H Il gatto della _____ Cavalli si chiama Renato.

3 Franco stellt seinen Besitz vor.

Sehen Sie sich die Bilder an und lesen Sie die Sätze.

Questo è il mio gatto.   Questa è la mia casa.

Questi sono i miei cavalli.   Queste sono le mie macchine.

4 Wem gehört das?

Lesen Sie die Sätze und beantworten Sie dann die Fragen.

Franco ha un gatto. La signora Cavalli ha una macchina nuova. Sabrina ha una bella casa.

A Di chi è il gatto?
Il gatto è _____ .

B Di chi è la macchina?
È _____ .

C Di chi è questa bella casa?
È la casa _____ .

Chi – Wer

Chi (wer, wen) kann auch zusammen mit Präpositionen verwendet werden.

Bsp. Chi è questa signora? **Di chi** è questa macchina? (Wer ist diese Dame? Wem gehört dieser Wagen?)

I possessivi – Possessivpronomen

Wenn man über Besitzverhältnisse sprechen will, verwendet man Possessivpronomen. Diese richten sich nach dem Wort, das sie begleiten, und verändern sich, je nachdem, ob das Wort männlich oder weiblich ist, im Singular oder Plural steht. Vor dem Possessivpronomen steht der Artikel.

Bsp.	männlich	weiblich
Singular	**il mio** gatto	**la mia** casa
Plural	**i miei** gatti	**le mie** case

Vor Verwandtschaftsbezeichnungen im Singular steht kein Artikel, außer vor *mamma* (Mama) und *papà* (Papa).

Bsp.	mia moglie	mio marito
	la mia mamma	**il** mio papà
	i miei figli	**le** mie figlie

5 Franco spricht mit dem Reporter über seine Familie.
CD 1 69

Lesen Sie den Text. Sie können ihn auch anhören und nachsprechen.

La mia famiglia è intatta. Mia moglie è una santa. Ama tanto i suoi figli. È la moglie perfetta: cucina benissimo, lava, stira. I miei figli sono meravigliosi. Gino è tanto intelligente, fa il professore. Non è sposato. E mia figlia viene da noi una volta alla settimana. Anche lei è la moglie ideale. Suo marito Alfonso è tanto innamorato: ha occhi solo per la sua Sabrina. Renato, il nostro gatto, è tanto caro.

la santa (santo)	Heilige
ama (amare)	er, sie liebt
i figli	Kinder
cucina (cucinare)	er, sie kocht
benissimo (bene)	sehr gut
lava (lavare)	er, sie wäscht
stira (stirare)	er, sie bügelt
intelligente	intelligent
il professore	Professor
una volta alla settimana	einmal die Woche
ideale	ideal
innamorato	verliebt
occhi (l'occhio)	Augen
per	für
caro	hier: lieb

Alcuni possessivi – Einige Possessivpronomen

il mio	la mia	(meiner, meine)
i miei	le mie	(meine)
il suo	la sua	(sein, seine, ihr, ihre)
il nostro	la nostra	(unser, unsere)

Für die dritte Person gibt es nur ein Possessivpronomen: *suo* bzw. *sua*. Die Grundform ist also die gleiche für männliche und weibliche 'Besitzer'. Die Endung passt sich aber dem 'Besitz' an, d.h. sie kann männlich oder weiblich sein, im Singular oder Plural stehen.

Bsp. Franco ha un cavallo. **Il suo** cavall**o** è bello. (Franco hat ein Pferd. Sein Pferd ist schön.)

Concetta ha un gatto. **Il suo** gatt**o** è bello. (Concetta hat eine Katze. Ihre Katze ist schön.)

6 Francos Familie ist intakt, oder?

Kreuzen Sie an, ob diese Aussagen über Francos Familie richtig oder falsch sind. Sie können den Text der Übung 5 nochmals lesen oder hören.

	vero	falso
La sua famiglia è intatta.	☐	☐
Sua moglie è professoressa.	☐	☐
Suo figlio è sposato.	☐	☐
Sua figlia è tanto innamorata.	☐	☐

7 Ist diese Familie so perfekt?

Das Interview ist beendet und die Familie Cavalli ist jetzt unter sich. Hören Sie die Unterhaltung an und lesen Sie mit.

Concetta: Basta! Torno da mia madre!
Franco: E brava, finalmente. Tu e tua madre siete una catastrofe: non cucinate mai la pasta al dente!
Sabrina: E io vado con Pasquale!
Alfonso: Pasquale chi? Il padre di Vito?
Sabrina: No, Pasquale Strozzo di Cannarotta. È un poeta lui, non un ragioniere noioso come te!
Alfonso: Perfetto, vai dal tuo poeta!
Gino: Scusate, non vorrei disturbare, ma il vostro gatto è fuori e graffia la macchina nuova di papà.
Franco: Ma che bella la nostra famiglia!

torno (tornare)	ich kehre zurück
finalmente	endlich
la madre	Mutter
il padre	Vater
la catastrofe	Katastrophe
non ... mai	nie
cucinate (cucinare)	ihr kocht
al dente	bissfest
il poeta	Dichter
il ragioniere	Buchhalter
noioso	langweilig
come te	wie du
disturbare	stören
fuori	draußen
graffia (graffiare)	er, sie zerkratzt
litigano (litigare)	sie streiten sich
lascia (lasciare)	er, sie verlässt

Mai – Nie

Für die Verneinung braucht man im Italienischen immer *non* vor dem Verb. So entsteht manchmal eine 'doppelte' Verneinung.

Bsp. Non cucino **mai**. (Ich koche nie.)

8 'Suo' oder 'loro'?

Füllen Sie die Lücken mit den passenden Possessivpronomen.

A Franco e Alfonso litigano con _____ mogli.
B Concetta torna da _____ madre.
C Sabrina lascia _____ marito.
D Renato, _____ gatto, graffia la macchina di Franco.

Altri possessivi – Weitere Possessivpronomen

il tuo	la tua	(dein, deine)
il nostro	la nostra	(unser, unsere)
il vostro	la vostra	(euer, euere)
il loro	la loro	(Plural: ihr, ihre)

9 Welche Glückwünsche passen zu dieser Karte?

Kreuzen Sie den passenden Satz an.

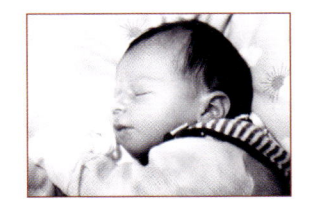

Valeria e Andrea Brini
annunciano
la nascita di Antonia.
Milano, 25 ottobre 2005

A ☐ Tanti auguri e congratulazioni per la vostra bambina!
B ☐ Tanti cari auguri di buon compleanno!
C ☐ Cari saluti e auguri di buon Natale!

10. Übernehmen Sie jetzt Silvias Rolle.

Füllen Sie die Lücken mithilfe der Informationen aus dem Stammbaum.

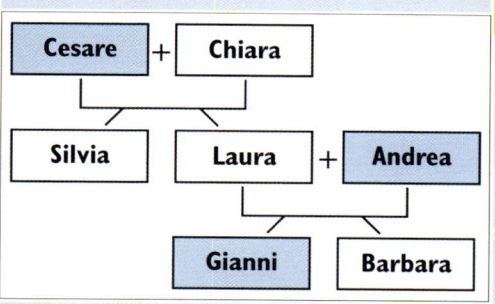

la bambina	Mädchen
il bambino	Junge
la zia	Tante
contenta (contento)	glücklich, zufrieden
i nonni (il nonno)	Großeltern

```
Cesare + Chiara
   │
   ├── Silvia
   └── Laura + Andrea
              │
              ├── Gianni
              └── Barbara
```

Anna: Silvia, hai anche tu fratelli o sorelle?
Silvia: Sì, ho una sorella. Si chiama _____ . _____ sorella è sposata.
Anna: E come si chiama _____ marito?
Silvia: _____ .
Anna: Bel nome! Hanno già figli?
Silvia: Sì, due. La loro bambina si chiama Barbara e _____ bambino Gianni.
Anna: Che bello, sei già zia! Sei contenta?
Silvia: Certo! Ma più contenti sono _____ genitori che sono nonni.

Auguri – Glückwünsche

Der Glückwunsch *Auguri!* (Glückwunsch!/Alles Gute!) passt zu jeder Gelegenheit. Man kann aber auch den jeweiligen Anlass hinzufügen.

Bsp. Auguri di buon **Natale**!

Particolarità – Besonderheit

Bei den Possessivpronomen passen sich sowohl Endung als auch Artikel an das Wort an, das sie begleiten. Nur bei *loro* (ihr, Plural) verändert sich die Endung nicht, sondern nur der Artikel.

Bsp. Il loro figlio e la loro figlia sono piccoli.

I parenti – Die Verwandten

Bambini bedeutet 'Kinder'. Will man ausdrücken, dass man Kinder hat und diese aber nicht mehr allzu klein sind, so spricht man von *figli*.

Bsp. Ho due figli. Maria ha 35 anni e Marco 40.

Was Sie jetzt können

Über die Familie sprechen
Mio padre si chiama Franco, mia madre Concetta.

Glückwünsche äußern
Tanti auguri! Buon compleanno!

Verneinen
Non cucini **mai**.

Über Besitzverhältnisse sprechen
Di chi è il gatto? Di chi sono queste macchine? Sono del signor Cavalli.

Die Possessivpronomen

il mio	i miei	la mia	le mie
il tuo	i tuoi	la tua	le tue
il suo	i suoi	la sua	le sue
il nostro	i nostri	la nostra	le nostre
il vostro	i vostri	la vostra	le vostre
il loro	i loro	la loro	le loro

Das Demonstrativpronomen 'questo'

Quest**o** è un gatto. Quest**a** è una macchina.
Quest**i** sono i miei figli e quest**e** le mie figlie.

2 Lo conosci? – Kennst du ihn?

1 Wie sehen diese Menschen aus?

Sehen Sie sich die Bilder an. Die darunter stehenden Sätze beschreiben die Menschen.

Vincenzo è un uomo basso e grasso.

Enrica è una donna alta e magra.

Ha i capelli lunghi e lisci.

Ha i capelli corti e ricci.

uomini (l'uomo)	Männer
biondi (biondo)	blond
giovani (giovane)	jung
vecchi (vecchio)	alt
Dio	Gott
il tipo	Typ
l'esperienza	Erfahrung
almeno	wenigstens
maggiorenni (maggiorenne)	volljährig
non … più	nicht mehr

2 Wem gefällt dieser Mann?

Laura und Silvia unterhalten sich über ihren Geschmack im Hinblick auf Männer. Welcher von beiden könnte dieser Mann gefallen?

Silvia: Mi piacciono gli uomini alti, magri, biondi e non troppo giovani.
Laura: Ti piacciono i vecchi? Dio mio!
Silvia: Ma no! Preferisco il tipo con un po' di esperienza, ecco.
Laura: Io preferisco gli uomini giovani, non molto magri e con i capelli neri.
Silvia: Ah, ti piacciono i ragazzi grassi. Ma almeno maggiorenni?
Laura: Con te non parlo più.

☐ Silvia
☐ Laura

Plurali particolari – Besondere Pluralformen

Einige Wörter haben unregelmäßige Pluralformen.

Bsp. l'uomo gli uom**ini** (Mann)

Andere Wörter sind zwar regelmäßig, aufgrund der Aussprache fügt man aber ein **-h-** vor der Pluralendung ein.

Bsp. lungo lung**hi** (lang)
tedesco tedes**chi** (deutsch)

Dadurch bleibt die Aussprache /g/ bzw. /k/ erhalten.

Non … più – Nicht mehr

Sie haben schon gelernt, dass man Sätze immer mit *non* verneint und dass dadurch eine doppelte Verneinung entstehen kann. Das gilt auch im Fall von *non … più* (nicht mehr).

Bsp. Non parlo **più**. (Ich spreche nicht mehr.)

3 Wie sieht Carlo aus?

Franca und Katia unterhalten sich auf einer Party. Hören Sie den Text an und kreuzen Sie die passende Beschreibung an.

Carlo
- [ ] è alto
- [ ] ha i capelli corti
- [ ] ha la giacca nera
- [ ] è brutto
- [ ] ha gli occhi azzurri
- [ ] è il marito di Katia

Fare bella figura – Eine gute Figur machen

In Italien wird auf schöne Kleidung und gutes Aussehen sehr viel Wert gelegt. *Fare bella figura* bedeutet aber nicht nur, die passende Kleidung zu tragen, sondern auch, sich angemessen zu verhalten. Manchmal ist es sogar per Gesetz geregelt: Auf Capri ist es z.B. offiziell verboten, mit nacktem Oberkörper und Holzschuhen durch die Stadt zu laufen.

4 Dieser oder jener?

Lesen Sie die Sätze.

Conosci il signore con gli occhi azzurri?
Quale, quello alto o quello basso? Quello basso è un amico di Serena.

conosci (conoscere)	du kennst
azzurri (azzurro)	himmelblau
l'amico	Freund

Questo e quello – Dies und jenes

Questo oder *questa* (diese, -r, -s) verwendet man für Personen oder Objekte, die sich in unmittelbarer Nähe zum Sprecher befinden.

Bsp. Questo signore è alto. (Dieser Herr ist groß.)

Wenn man aber von einer Person oder Sache spricht, die sich nicht in unmittelbarer Nähe befindet, dann sagt man *quello, quella* (jene, -r, -s).

Bsp. Prendi il maglione blu o **quello** verde? (Nimmst du den blauen Pulli oder den grünen?)

Quello wird genau wie *questo* dem dazugehörigen Wort angeglichen.

Bsp. Prendo quell**o** ross**o**. Compro quell**i** ross**i**.
Conosci quell**a** signor**a**? Parlo con quell**e** ragazz**e**.

5 'Quello' oder 'quella'?

Füllen Sie die Lücken mit der richtigen Form von 'quello'.

A Non conosco _____ signora bionda, chi è?

B Quale, _____ bassa o _____ alta?

C _____ è il marito di Giuliana.

D Conosco tutti gli amici di mia moglie, anche _____ stranieri.

Livello 2   Unità 6

6 Kennst du ihn? Und sie?

Lesen Sie den Dialog.

Conosci Carlo?
Sì, lo conosco.
E quella signora con i capelli neri, chi è?
Non lo so, non la conosco.

Ancora pronomi – Noch mehr Pronomen

Um einzelne Wörter oder Satzteile, die bereits genannt wurden, nicht wiederholen zu müssen, verwendet man direkte Objektpronomen.

Bsp. Chi è quella signora alta? Non **lo** so.
(Wer ist diese große Dame? Ich weiß es nicht.)

Diese Pronomen stehen immer vor dem konjugierten Verb. Ihre Form richtet sich nach dem Substantiv, das sie ersetzen.

Bsp. Conosci Marco? Sì, **lo** conosco.

Conosci Maria? Sì, **la** conosco.

Vedi i ragazzi? Sì, **li** vedo.

Prendi le olive? No, non **le** prendo.

7 'Lo', 'la', 'li' oder 'le'?

Füllen Sie die Lücken mit den richtigen Pronomen.

Prendi un Martini? Sì, _____ prendo volentieri.

Vedi quella ragazza? Sì, _____ vedo, perché?

Oliva? Grazie, il Martini _____ preferisco senza.

Chi sono quei ragazzi? Tu _____ conosci?

Uno è il fratello di Carlo, l'altro non _____ so.

L'uso dei pronomi – Der Gebrauch der Pronomen

In der gesprochenen Sprache verwendet man oft Objektpronomen, auch wenn gleichzeitig das Objekt genannt wird. Damit kann man ein Objekt besonders betonen.

Bsp. Lo prendi **il Martini**? **La** vuoi **l'oliva**?

Li vedi **quei ragazzi**? **Le** vedi **le signore**?

8 Wie geht der Satz zu Ende?

Ordnen Sie die passenden Satzteile einander zu.

1 Quel ragazzo biondo   A quella signora?
2 La conosci   B è mio fratello.
3 Le vedi   C quei signori tanto alti?
4 Li conosci   D quelle ragazze con i capelli corti?
5 Quegli uomini   E con i capelli rossi.
6 Conosco solo quell'uomo   F non li conosco, e tu?

Quello – Jener

Wenn das Demonstrativpronomen *quello* nicht vor einem Verb, sondern vor einem Substantiv oder Adjektiv steht, dann verhält es sich wie ein Artikel und ändert entsprechend seine Endung:

quel	(il)	quei	(i)
quello	(lo)	quegli	(gli)
quell'	(l')	quegli	(gli)
quella	(la)	quelle	(le)

Bsp. Quel signore è alto. (Jener Herr ist groß.)

Chi è **quell'uomo**? (Wer ist jener Mann?)

9 Wie lautet der Plural?

Schreiben Sie die Sätze in den Plural um.

A Quel ragazzo è molto alto.

_____.

B Conosci quella signora bionda?

Conosci _____ ? ▶

---

vedi (vedere)   du siehst
vedo (vedere)   ich sehe

C Vorrei conoscere quel ragazzo.

Vorrei conoscere _____ .

D Ti piace quell'uomo?

Ti _____ ?

E Quel signore è italiano e quello è tedesco.

_____ .

10 Ist das eine treffende Beschreibung?
CD 1 / 73

Laura und Silvia sind auf einer Party und sehen sich um. Hören Sie den Dialog an und lesen Sie mit. Kreuzen Sie 'vero' oder 'falso' an.

Laura: Chi è quel ragazzo alto con i capelli neri?
Silvia: Non lo so, non lo conosco.
Laura: E quello biondo, con la barba, lo conosci?
Silvia: È un mio amico, si chiama Dario. Lo conosco bene.
Laura: Carino. E chi sono quei ragazzi con la giacca di pelle?
Silvia: Quelli sono Gino e Enrico. Ti piacciono?
Laura: Non sono brutti, ma non mi piacciono gli uomini con i baffi. E quell'uomo basso, vecchio, brutto, con il naso grande?
Silvia: È mio marito.

	vero	falso
Dario è un amico di Silvia.	☐	☐
Dario ha i baffi.	☐	☐
Gino e Enrico sono brutti.	☐	☐
Laura conosce bene Silvia.	☐	☐

la barba	Bart
un mio amico	ein Freund von mir
bene	gut
carino	hübsch
la giacca di pelle	Lederjacke
brutti (brutto)	hässlich
i baffi (il baffo)	Schnurrbart
il naso	Nase

Amici – Freunde

Im Italienischen ist es nicht üblich, jemanden als *il mio amico* (mein Freund) zu bezeichnen, denn man geht davon aus, dass man mehrere Freunde hat. Wenn man also eine allgemeine Beschreibung angeben möchte, so nimmt man den unbestimmten Artikel und das Possessivpronomen.

Bsp. È **un mio** amico. (Er ist ein Freund von mir.)

Man kann natürlich auch *il mio amico* sagen, dann aber nur im Zusammenhang mit einer näheren Beschreibung.

Bsp. Gino è **il mio** amico **italiano**. (Gino ist mein italienischer Freund.)

Was Sie jetzt können

Personen beschreiben
Paolo è alto, magro, biondo e ha i baffi.

Sich unterhalten
Chi è quel tipo? Non lo so. È un tuo amico?

Pluralformen
l'uomo tedesco   gli **uomini** tedes**chi**

Die Verneinung mit 'più'
Non parlo **più**!

Das Demonstrativpronomen 'quello'

quel	(il)	quei	(i)
quello	(lo)	quegli	(gli)
quella	(la)	quelle	(le)
quell'	(l')	quegli	(gli)

Wichtige Pronomen
Il Martini **lo** prendo con l'oliva.
Maria non **la** conosco. **Li** vedi quei ragazzi?
Quelle ragazze **le** conosco bene.

3 Cerco – Ich suche

1 Welcher Mann kommt für Christina in Frage?

Lesen Sie die Zeitungsannoncen und Christinas Beschreibung. Kreuzen Sie dann die richtige Lösung an.

1
Architetto, intelligente, simpatico, bella presenza cerca compagna, sotto i 35 anni. Non importa aspetto fisico.

2
Studente, alto, biondo, cerca avventura. Solo ragazza molto magra, capelli corti.

3
Chirurgo
52 anni, divorziato, due figli, cerca donna tollerante, scopo matrimonio.

4
Contabile cerca compagno per relazione seria. Interessi: letteratura, sport, musica classica.

Christina ha 28 anni, è bassa, non molto magra, studia letteratura. L'uomo per lei è:

☐ 1   ☐ 3
☐ 2   ☐ 4

2 Aussehen oder Charakter?

Kreuzen Sie 'aspetto' an, wenn sich die Wörter auf das Aussehen beziehen, und 'carattere', wenn sie den Charakter beschreiben.

	aspetto	carattere
intelligente		
magro		
simpatico		
tollerante		
alto		
serio		
biondo		

3 So sieht Silvano aus. Und wie sieht Mara aus?

Lesen Sie zuerst Silvanos Beschreibung. Ergänzen Sie dann den Text über Mara. Achten Sie auf die weibliche Form der Adjektive.

Silvano è alto, carino, simpatico e molto intelligente. È romantico e sportivo. Ha molti interessi: sport, letteratura, musica classica, teatro. È divorziato. Non è ricco, ma è serio e tollerante.

Mara è

_____. È

_____. Ha molti interessi: sport,

letteratura, musica classica, teatro. È

_____. Non è _____,

ma è _____.

simpatico	sympathisch
romantico	romantisch
sportivo	sportlich
interessi (l'interesse)	Interessen
la letteratura	Literatur
divorziato	geschieden
ricco	reich
serio	seriös, ernst
tollerante	tolerant

4 | Enrico und Cristina unterhalten sich über Kontaktanzeigen.

Hören Sie den Dialog an und lesen Sie mit.

Enrico: Come sono allora gli annunci?
Cristina: Non sono male. Alcuni sono sicuramente interessanti.
Enrico: Ad esempio?
Cristina: L'architetto mi piace, ma probabilmente preferisce donne alte.
Enrico: E lo studente?
Cristina: Oh no, quello cerca solo un'avventura. È naturalmente escluso.
Enrico: E il chirurgo?
Cristina: Troppo vecchio. Guadagna sicuramente bene, ma non è importante.
Enrico: Allora non ti piace nessuno. Perché non scrivi tu un annuncio?

annunci (l'annuncio)	Anzeigen, Annoncen
male	schlecht
alcuni	einige
sicuramente	sicherlich
ad esempio	zum Beispiel
probabilmente	wahrscheinlich
cerca (cercare)	er, sie sucht
l'avventura	Abenteuer
naturalmente	natürlich
escluso	ausgeschlossen
guadagna (guadagnare)	er, sie verdient
importante	wichtig
non ... nessuno	niemand
scrivi (scrivere)	du schreibst

Come? – Wie?

Mit Adverbien kann man Verben, Adjektive und ganze Sätze näher beschreiben.

Bsp. Com'è Maria? È **molto** carina.
(Wie sieht Maria aus? Sie ist sehr hübsch.)

Probabilmente cerca una donna ricca.
(Er sucht wahrscheinlich eine reiche Frau.)

Einige Adverbien, die Sie bereits kennen, sind *poco, molto, troppo, oggi*.

Andere werden vom Adjektiv abgeleitet: Man hängt die Endung **-mente** an die weibliche Form des Adjektivs an. Endet das Adjektiv auf **-e**, fällt dieses weg.

Bsp. sicur**o**   sicur**a**   sicura**mente**
        natural**e** natural**e** natural**mente**

5 | Können Sie Cristina beschreiben?

Ordnen Sie die Tabelle mit Cristinas Daten.

1	Età:	A	studentessa
2	Aspetto:	B	bassa, capelli neri, occhi neri
3	Professione:	C	28 anni
4	Interessi:	D	seria, romantica
5	Carattere:	E	nessuno
6	Sport:	F	letteratura, musica, teatro, natura
7	Altezza:	G	1,60 m

Nessuno – Niemand

Mit *nessuno* (niemand) kann man eine weitere Form der Verneinung bilden.

Bsp. Non conosco **nessuno**. (Ich kenne niemanden.)

Nessuno kann auch die Funktion eines Adjektivs haben. In diesem Fall ist es veränderlich.

Bsp. Non faccio nessun**o** sport. (Ich treibe keinen Sport.)

Non conosco nessun**a** ragazz**a**. (Ich kenne kein Mädchen.)

Livello 3 | Unità 6

6 Cristina schreibt eine Kontaktanzeige.

Füllen Sie die Lücken mit den fehlenden Wörtern.

Sono _____ e ho 28 _____.
Ho gli occhi _____ e capelli _____. Il mio carattere è _____ e _____. Non faccio _____ sport ma mi _____ la letteratura, _____ musica, _____ teatro e _____ natura. Sono _____ 1,60.

L'altezza – Die Größe

L'altezza (die Körpergröße) wird wie folgt angegeben:

Bsp. Mario è **alto** 1,80 m, Cristina è **alta** 1,60 m. (Mario ist 1,80 m, Cristina ist 1,60 m groß.)

Gesprochen wird: Mario è alto **un metro e ottanta**.

Oder auch: Mario è alto **uno** e ottanta.

7 Richtig oder falsch?

Cristina hat einen Brief bekommen. Lesen Sie den Text und kreuzen Sie dann 'vero' oder 'falso' an.

> Cara Cristina,
>
> mi chiamo Pasquale. Cerco una compagna giovane e interessante. Sono divorziato e vorrei una donna che cucina bene e ama i bambini.
> Mi interessano le macchine, i computer e il body building.

	vero	falso
Pasquale cerca un'avventura.		
Pasquale è sposato.		
Pasquale è sportivo.		
Pasquale ama la letteratura.		
Probabilmente è l'uomo giusto per Cristina.		

Buono e bene – Gut

Buono und *bene* bedeuten beide 'gut'. *Buono* ist ein Adjektiv und wird dem Wort, das es beschreibt, angeglichen. *Bene* ist ein Adverb und bleibt unverändert.

Bsp. Cristina è una buon**a** cuoc**a**. Cucina **bene**. (Cristina ist eine gute Köchin. Sie kocht gut.)

Das Gegenteil von *buono* ist *cattivo* und von *bene male* (schlecht).

Bsp. È un **cattivo** esempio. (Das ist ein schlechtes Beispiel.)

Questo annuncio non è **male**. (Diese Anzeige ist nicht schlecht.)

8 'Buono' oder 'bene'?

Füllen Sie die Lücken mit dem fehlenden Wort.

A Questo gelato non mi piace, non è _____.

B Parli _____ l'italiano?

C Sabrina è una _____ moglie.

D Sergio non cucina molto _____.

E Non guadagno _____.

F È _____ la pasta?

G Franz parla _____ l'italiano, ha una _____ pronuncia.

9 Wie beschreibt Guido sich?

Guido sucht eine Partnerin und beschreibt sein Aussehen und seinen Charakter. Kreuzen Sie die zutreffenden Sätze an.

☐ È architetto.
☐ È ricco.
☐ Non gli piace mangiare.
☐ Cerca una donna alta e bionda.
☐ Cerca una donna simpatica.

10 'Riccio' oder 'ricco'?

Sprechen Sie die Wörter nach.

capi**sco**	capi**sci**
cer**co**	cer**chi**
cono**sco**	cono**sci**
simpati**co**	annun**cio**
vec**chio**	ami**ci**
ami**co**	cu**ci**niamo
ric**co**	ric**ci**
cer**ca**	la**scia**

Was Sie jetzt können

Den Charakter beschreiben
Paolo è simpatico, romantico, tollerante e serio.
Maria è intelligente, simpatica, seria.

Eine Anzeige verstehen und schreiben
Cerco un compagno ricco e bello.
Cerco una donna non troppo alta.

Ein Formular ausfüllen
Età: 25 anni
Altezza: 1,80
Interessi: sport, musica

Die Körpergröße angeben
Cristina è alta un metro e sessanta.
Paolo è alto un metro e ottanta.

Die Adverbien
Carlo è **sicuramente molto** simpatico.
Probabilmente non guadagna molto.

'Buono' und 'bene'
Cristina è una **buona** cuoca, cucina **bene**.

Die doppelte Verneinung
Non cucino **mai**.
Non parlo **più**.
Non conosco **nessuno**.

Test

1 Elementi di lingua

Leggete la descrizione di Adriana. Decidete quali parole usare. Scegliete tra le parole scritte sotto il testo.

Adriana è una donna **1** bella. Ha **2** capelli **3** e neri. I **4** occhi sono neri, come **5** di **6** madre. È anche molto **7** e gentile e cucina molto **8**. Tutti **9** conoscono, ma il suo numero di telefono non **10** conosce nessuno.

1	molto		molta
2	gli		i
3	lunghi		lungo
4	suoi		sua
5	quei		quelli
6	suo		sua
7	simpatico		simpatica
8	buono		bene
9	la		lo
10	la		lo

2 Risposte

CD 1 / 77

Leggete per prima cosa le frasi dalla A alla D. Ascoltate poi la registrazione. Sentirete tre frasi. Ascoltate le frasi due volte. Segnate per ogni frase la vostra risposta: A, B, C o D.

1 _____
2 _____
3 _____

A È del signor Verdi.
B È mia sorella.
C Sì, e ha tre figli.
D È il fratello di Barbara.

3 Comprensione scritta

Giuliana riceve questo biglietto di auguri. Leggete il testo. Leggete le fasi dal numero 1 al numero 3. Decidete se sono giuste o sbagliate.

> Cara Giuliana,
>
> grazie per la tua lettera.
> Ti faccio tanti carissimi auguri di buon compleanno.
> Saluti anche a tua sorella e alla tua bellissima bambina.

1 È il compleanno di Giuliana.
　giusto　　　sbagliato
2 Giuliana ha un fratello.
　giusto　　　sbagliato
3 Giuliana ha figli.
　giusto　　　sbagliato

Unità 7

Kino, Theater, Abendgestaltung
Private und geschäftliche Verabredungen
Öffentliche Gebäude
Uhrzeit, Zeitadverbien und Ortsangaben
Die Verben 'cominciare', 'finire' und 'uscire'
Die Modalverben 'potere', 'volere' und 'sapere'
Die Steigerung von 'bene'
Die Ordinalzahlen

Zeitaufwand: ca. 60 Minuten

1 Usciamo? – Gehen wir aus?

1 Wie viel Uhr ist es, bitte?

Lesen Sie den Dialog.

Scusi, che ore sono per favore?
Sono le quattro e mezza.

2 Wie spät ist es?

Ordnen Sie den Bildern die richtige Uhrzeit zu. Schreiben Sie die Lösungen auf die Linien.

Che ore sono?

A Sono le tre.
B Sono le tre e mezza.
C Sono le sette e venti.
D Sono le due e un quarto.
E Sono le due meno dieci.
F È mezzogiorno.

Che ore sono? – Wie spät ist es?

Nach der Uhrzeit fragt man mit *Che ore sono?* oder *Che ora è?* (Wie spät ist es?). Die Uhrzeit wird mit dem Verb *essere* (sein) im Plural und dem Artikel *le* angegeben.

Bsp. Sono le cinque. (Es ist fünf Uhr.)

Ausnahme:

È l'una. (Es ist ein Uhr.)
È mezzogiorno. (Es ist Mittag.)
È mezzanotte. (Es ist Mitternacht.)

Die Minuten von der vollen Stunde bis zur halben Stunde gibt man mit *e* an.

Bsp. 6.10   Sono le sei **e** dieci.

Die Minuten von der halben Stunde bis zur vollen Stunde gibt man mit *meno* (minus) an.

Bsp. 10.50   Sono le undici **meno** dieci.

Un quarto bedeutet 'ein Viertel', *mezzo* (auch *mezza*) bedeutet 'halb'.

Bsp. 4.15   Sono le quattro **e un quarto**.
7.45   Sono le otto **meno un quarto**.
9.30   Sono le nove **e mezzo**.

3 Welche Uhrzeit hören Sie?

Kreuzen Sie diese an.

☐ 3.20   ☐ 12.05
☐ 16.10   ☐ 6.15

4 Wann?

Wie fragt man, um wie viel Uhr ein Ereignis stattfindet? Lesen Sie den Satz.

A che ora comincia il film? Alle otto e mezza.

5 Um wie viel Uhr?

Füllen Sie die Lücken mit der fehlenden Uhrzeit wie im Beispiel.

Esempio: A che ora comincia il film?
(20.30) Alle otto e mezza.

A A che ora usciamo?

(19.30) _____

B A che ora cominci a lavorare?

(9.00) _____

C A che ora viene Maria?

(16.00) _____

6 Für wann verabreden sich Mauro und Marta?

Hören Sie den Dialog an und lesen Sie mit.

Mauro: Usciamo stasera?
Marta: Veramente stasera c'è un bel film alla televisione.
Mauro: Ma dai! La televisione la guardano i pensionati! Andiamo al cinema?
Marta: E cosa c'è?
Mauro: Casablanca. Comincia alle otto e mezza.
Marta: Ah, nuovissimo! Scusa, allora preferisco stare a casa e vedere la televisione.
Mauro: Ma no, dai, dopo andiamo anche a cena al ristorante.
Marta: Così va già meglio. Facciamo così: non andiamo al cinema, andiamo subito al ristorante. A che ora?
Mauro: Va bene alle sette?
Marta: No, è troppo presto, torno a casa alle sei e mezzo. Meglio alle otto.
Mauro: Così tardi? Ma a che ora finisci di lavorare?
Marta: Di solito alle sei. Se comincio a lavorare alle nove finisco alle cinque.
Mauro: OK, a più tardi.

7 Richtig oder falsch?

Kreuzen Sie die richtige Spalte an.

	vero	falso
Mauro e Marta escono stasera.	☐	☐
Mauro e Marta vanno al cinema.	☐	☐
Marta torna a casa alle sei e mezzo.	☐	☐
Hanno appuntamento alle otto.	☐	☐

Bene e meglio – Gut und besser

Bene (gut) hat eine besondere Steigerungsform: *meglio* (besser).

Bsp. È **meglio** andare al cinema. (Es ist besser, ins Kino zu gehen.)

usciamo (uscire)	wir gehen aus
stasera	heute Abend
la televisione	Fernseher
guardano (guardare)	sie sehen
pensionati (il pensionato)	Rentner
comincia (cominciare)	er, sie, es beginnt
stare	bleiben
dopo	danach
meglio	besser
così	so
subito	sofort
presto	früh
tardi	spät
finisci (finire)	du hörst auf
comincio (cominciare)	ich beginne
finisco (finire)	ich höre auf
a più tardi	bis später

L'orario – Die Uhrzeit

Auf die Frage *A che ora?* (Um wie viel Uhr?) antwortet man mit *alle* und der Uhrzeit.

Bsp. A che ora comincia il film? **Alle** otto. (Um wie viel Uhr beginnt der Film? Um acht Uhr.)

Ausnahmen:
all'una	(um ein Uhr)
a mezzogiorno	(mittags)
a mezzanotte	(um Mitternacht)

8 Um wie viel Uhr?

Füllen Sie die Lücken wie im Beispiel.

Esempio: A che ora usciamo? Alle sei e mezzo. (18.30)

A A che ora torni a casa?

(14.30)

B A che ora comincia il film?

(21.15)

C A che ora cominci a lavorare?

(8.30)

D A che ora andiamo al cinema?

(18.00)

I verbi 'cominciare' e 'finire' – Die Verben 'cominciare' und 'finire'

Cominciare (beginnen, anfangen) ist ein regelmäßiges Verb auf **-are** und wird wie *parlare* konjugiert. Wenn *cominicare* zusammen mit einem Verb verwendet wird, dann steht dazwischen die Präposition *a*.

Bsp. Comincio a lavorare alle due. (Um zwei Uhr beginne ich zu arbeiten.)

Finire (aufhören) wird wie *preferire* oder *capire* konjugiert, also mit **-isc-** vor einigen Endungen. Im Zusammenhang mit einem weiteren Verb steht nach *finire* die Präposition *di*.

Bsp. A che ora fin**isci di** lavorare?

9 Kino, Disco oder Ballett?

Marco und Maria besprechen ihre Pläne für den Abend. Lesen Sie den Dialog und hören Sie ihn an.

Maria: Allora, cosa facciamo stasera, usciamo?
Marco: Io vorrei andare al cinema. Al San Carlo c'è il nuovo film con Tom Cruise.
Maria: Veramente io preferisco un classico, come 'L'inverno'.
Marco: Oh no, non mi piacciono i film francesi, sono così pesanti!
Maria: Non capisci niente! Ti va di andare a teatro? C'è 'Lo Schiaccianoci'.
Marco: Balletto? La musica è bella, ma gli uomini in calzamaglia, no, proprio non ho voglia.
Maria: Ma quanto sei ignorante! Allora cosa preferisci?
Marco: Andiamo in discoteca o vediamo un bel film con Arnold Schwarzenegger.
Maria: Muoio! Va beh, allora in discoteca. Andiamo prima a mangiare qualcosa?
Marco: Volentieri.

pesanti (pesante)	schwer
ti va di	hast du Lust
lo schiaccianoci	Nussknacker
il balletto	Ballett
la calzamaglia	Strumpfhose
proprio	wirklich
ho voglia (avere voglia)	ich habe Lust
ignorante	ignorant
muoio (morire)	ich sterbe
va beh	in Ordnung
prima	vorher

Uscire – Ausgehen

Wenn man sich verabredet, braucht man oft Zeitadverbien wie:

subito	(sofort)
prima	(vorher, zuerst)
poi	(dann)
dopo	(danach, nachher)
presto	(früh)
tardi	(spät)

Uscire bedeutet 'ausgehen', 'fortgehen', 'hinausgehen'. Die Konjugation ist unregelmäßig:

esco	usciamo
esci	uscite
esce	escono

10 Was machen Marco und Maria heute Abend?

Sehen Sie sich das Freizeitprogramm an. Vergleichen Sie es mit dem Dialog aus Übung 9 und kreuzen Sie dann 'vero' oder 'falso' an.

	vero	falso
Marco e Maria vanno al San Carlo.	☐	☐
Maria non ha voglia di andare al cinema.	☐	☐
Vanno prima al 'Pepe e Sale' poi al 'Ma la notte no'.	☐	☐

CINEMA E TEATRO
San Carlo
Vanilla Sky

Odeon
Rassegna Truffot
L'Inverno

Teatro alla Scala
Lo Schiaccianoci

A CENA E DOPO
Sale e pepe
cucina italiana e internazionale

Cin Cin
Cocktail Bar

BALLARE
Ma la Notte No
festa latina 22.00-04.00

Il viennese
sala da ballo

Ti va? – Hast du Lust?

Wenn man jemanden fragen möchte, ob er auf etwas Lust hat, kann man *avere voglia di* verwenden. Nach dieser Wendung kann sowohl ein Verb als auch ein Substantiv folgen.

Bsp. Hai voglia di andare al cinema? (Hast du Lust, ins Kino zu gehen?)

Umgangssprachlich sagt man auch:

Bsp. Ti va di andare al cinema?

Was Sie jetzt können

Etwas vorschlagen
Hai voglia di uscire stasera? Ti va di andare al cinema?

Auf einen Vorschlag reagieren
Sì, volentieri.

Sich verabreden
A che ora usciamo? Va bene alle sette?

Nach der Uhrzeit fragen
Scusa, che ora è? Che ore sono?
A che ora cominci a lavorare?

Die Uhrzeit angeben
È l'una. È mezzogiorno. È mezzanotte.
Sono le tre. Sono **le** quattro **e** venti.
Sono le cinque **meno** dieci.

Einige Zeitadverbien
Prima prendiamo una caipirinha.
Poi andiamo a cena. Dopo andiamo in discoteca.
Andiamo subito al cinema? È troppo presto.
Usciamo tardi.

Die Steigerungsform von 'bene'
Va bene? Così va già **meglio**!

Die Verben 'cominciare' und 'finire'
Comincio **a** lavorare alle otto. Finisco **di** lavorare alle sei e mezza.

Die Konjugation von 'finire' und 'uscire'
Io **finisco** di lavorare alle tre. A che ora **esci**?

2 Quando e dove? – Wann und wo?

1 Wissen Sie, wie spät es ist?

Man kann auf verschiedene Art und Weise nach der Uhrzeit fragen. Sehen Sie sich die Bilder an und lesen Sie die Sätze.

Scusa, sai che ore sono?
Sono le due e mezza.

Scusi, sa che ore sono?
Mi dispiace, non ho l'orologio.

2 Was haben Sie gehört?

Hören Sie die Ansagen an und kreuzen Sie die richtige Uhrzeit an.

A	14.30		15.30
B	15.20		13.25
C	16.20		17.20
D	19.45		18.25

L'orario ufficiale – Die offizielle Uhrzeit

Bei der offiziellen Zeitangabe werden die Minuten vollständig angegeben.

Bsp.

17.46   Sono le diciassette e quarantasei minuti.

3 Um wie viel Uhr?

Beantworten Sie die Fragen wie im Beispiel.

Esempio: Scusi, a che ora arriva il treno? (13.20)
Alle tredici e venti.

A Scusi, sa a che ora parte il treno per Monaco? (15.30)

B Scusi, sa a che ora c'è un treno per Milano? (14.20)

C Scusi, sa quando arriva il treno da Ravenna? (17.45)

4 Wie lautet die Frage?

Stellen Sie den in Klammern angegeben Personen Fragen mithilfe des Verbs 'sapere'.

Esempio: È domenica. (Lei)
Sa che giorno è?

A _____ (tu)

Sono le cinque e un quarto.

B _____ (tu)

Sergio ha venticinque anni.

C _____ (Lei)

Oggi è il sedici settembre.

D _____ (tu)

Il treno da Bologna arriva alle quattro e mezza.

parte (partire)	fährt ab
da	aus, von

Sapere – Wissen

Sapere (wissen) ist ein unregelmäßiges Verb und wird wie folgt konjugiert:

so	sappiamo
sai	sapete
sa	sanno

5 Wie verabredet man sich geschäftlich?

(CD 1, 82)

Hören Sie das Telefongespräch zwischen Dr. Fumagalli und Frau Mari an und lesen Sie mit.

Dott. Fumagalli: Signora Mari, buongiorno! Fumagalli, della 'italcom'. Senta, il due vengono tutti i rappresentanti a vedere la presentazione del nostro prodotto nuovo. Viene anche Lei?
Signora Mari: Salve dottore! Il due luglio? Guardo nell'agenda … eh no, purtroppo sono a Londra.
Dott. Fumagalli: Allora sposto la presentazione a mercoledì. Va bene?
Signora Mari: Sì, il tre va bene. A che ora comincia?
Dott. Fumagalli: Presto, alle nove.
Signora Mari: Va bene, allora parto mercoledì sera.
Dott. Fumagalli: Viene magari un po' prima, verso le otto e trenta? Così prendiamo il caffè insieme, se ha tempo.
Signora Mari: Volentieri, allora a mercoledì. ArrivederLa.
Dott. Fumagalli: ArrivederLa.

Dott. (Abk. von: dottor)	Dr.
senta (sentire)	hier: hören Sie
vengono (venire)	sie kommen
rappresentanti (il rappresentante)	Vertreter
la presentazione	Präsentation
il prodotto	Produkt
viene (venire)	Sie kommen
il dottore	Doktor
Londra	London
sposto (spostare)	ich verschiebe
parto (partire)	ich fahre ab
se	wenn
il ragionier (Kurzform von: ragioniere)	Buchhalter

6 Private oder geschäftliche Verabredung?

Kreuzen Sie 'appuntamemento privato' an, wenn sich ein Satz auf eine private Verabredung bezieht, und 'appuntamento d'affari' für eine geschäftliche Verabredung.

Appuntamento:

	privato	d'affari
Viene alla presentazione, signora?	☐	☐
Hai voglia di uscire?	☐	☐
Ti va di andare a prendere un caffè?	☐	☐
Bene, arrivo alle quindici e trenta.	☐	☐

7 Davor oder dahinter?

Sehen Sie sich die Bilder an und lesen Sie die Beschreibungen.

Il taxi è davanti alla banca. *Il pane è dietro il signore.*

Dove? – Wo?

Ortsangaben kann man mit *davanti a* (vor), *dietro* (hinter) und *vicino a* (nahe, neben) formulieren. Die Präposition *a* verändert sich abhängig vom Artikel des darauf folgenden Wortes.

Bsp. L'edicola **davanti al** binario, **vicino alla** scala. (Der Kiosk ist vor dem Gleis, neben der Treppe.)

8 Wo treffen sich Ezio und Rosaria?

Ezio möchte mit Rosaria ausgehen. Lesen Sie den Dialog und hören Sie ihn an.

Ezio: Senti Rosaria, hai voglia di andare a teatro mercoledì? C'è la Tosca.
Rosaria: Mi dispiace, ma mercoledì non posso: sono a Monaco per lavoro. Torno tardi.
Ezio: E che ora torni?
Rosaria: Arrivo alle dieci.
Ezio: Vengo a prenderti, se vuoi.
Rosaria: Volentieri! Non voglio prendere la metro così tardi.
Ezio: Dove ci incontriamo?
Rosaria: Al binario … no, c'è sempre tanta gente. Meglio davanti all'edicola.
Ezio: Quale?
Rosaria: Quella piccola, vicino alla scala mobile.
Ezio: Quella dove vendono anche i souvenir?
Rosaria: No, quella con i souvenir è dietro l'ufficio informazioni. Quella dove hanno anche i CD, davanti al binario quindici.
Ezio: Ah, chiaro! Ve bene, allora mercoledì alle dieci davanti all'edicola.
Rosaria: Perfetto. Ciao!

senti (sentire)	hör mal
posso (potere)	ich kann
vengo a prenderti	ich komme, dich abzuholen
vuoi (volere)	du willst
voglio (volere)	ich will
la metro (Kurzform von: metropolitana)	U-Bahn
ci intontriamo (incontrare)	wir treffen uns
al	am
il binario	Gleis
la gente	Leute
l'edicola	Kiosk
scala mobile	Rolltreppe
vendono (vendere)	sie verkaufen
l'ufficio informazioni	Informationsbüro

Volere e potere – Wollen und können

Volere (wollen) und *potere* (können) sind zwei unregelmäßige Verben. Wenn nach *volere*, *potere* sowie *sapere* ein Verb folgt, steht dieses im Infinitiv.

Bsp. Non **voglio** prend**ere** la metro. (Ich will nicht die U-Bahn nehmen.)

Non **posso** usc**ire** domani. (Morgen kann ich nicht ausgehen.)

Volere und *potere* werden wie folgt konjugiert:

	volere	potere
io	voglio	posso
tu	vuoi	puoi
lui, lei, Lei	vuole	può
noi	vogliamo	possiamo
voi	volete	potete
loro	vogliono	possono

9 Richtig oder falsch?

Sehen Sie sich Rosarias Terminplan an und lesen Sie die Sätze. Kreuzen Sie 'vero' oder 'falso' an.

Mercoledì 3 luglio

8.30	Dottor Fumagalli
9.00	presentazione
12.30	pranzo
13.30–15.00	visita 'italcom'
15.30	Intercity
22.00	arrivo stazione Centrale

	vero	falso
Mercoledì non può andare all'opera.	☐	☐
Rosaria può andare al mercato alle 13.30.	☐	☐
Alle 16.00 può dormire un po'.	☐	☐
Può incontrare Ezio mercoledì alle 20.30.	☐	☐

10 Kann Rosaria den ganzen Tag schlafen?

Sehen Sie sich den Fahrplan an und lesen Sie den Satz.

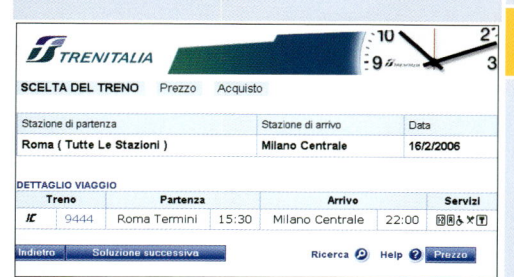

TRENITALIA
SCELTA DEL TRENO — Prezzo — Acquisto

Stazione di partenza	Stazione di arrivo	Data
Roma (Tutte Le Stazioni)	Milano Centrale	16/2/2006

DETTAGLIO VIAGGIO

Treno		Partenza	Arrivo		Servizi
IC	9444	Roma Termini 15:30	Milano Centrale	22:00	

Che bello! Posso dormire dalle tre e mezza alle dieci!

Quando? – Wann?

Will man eine genauere Zeitangabe erfragen, so kann man die Frage stellen:

Da che ora **a** che ora? (Von wie viel Uhr bis wie viel Uhr?)

Die Antwort darauf wird mit *dalle … alle* (von … bis) formuliert.

Bsp. Dalle due **alle** tre. (Von zwei bis drei Uhr.)

Ausnahmen:
Da mezzogiorno alle due. ▶

Dalle dodici **all'una**.

Dall'una alle due.

Da mezzanotte alle quattro.

11 Von wann bis wann?

Sehen Sie sich Rosarias Terminplan aus Übung 9 noch einmal an und beantworten Sie die Fragen wie im Beispiel.

Esempio: Da che ora a che ora è in treno Rosaria?
Dalle quindici e trenta alle ventidue.

A Da che ora a che ora è l'appuntamento con il dottor Fumagalli?

B Da che ora a che ora è la presentazione?

C Da che ora a che ora è a pranzo?

D Da che ora a che ora è la visita alla 'italcom'?

Was Sie jetzt können

Nach der Uhrzeit fragen
Scusa, sai che ore sono?
Scusi, sa che ore sono?
Da che ora a che ora è la presentazione?
Dalle 15.00 alle 16.00.

Sich geschäftlich verabreden
A che ora viene? Vengo alle quindici e trenta.

Die offizielle Uhrzeit
Sono le diciassette e trenta minuti.

'Sapere', 'volere' und 'potere'

sapere	volere	potere
so	voglio	posso
sai	vuoi	puoi
sa	vuole	può
sappiamo	vogliamo	possiamo
sapete	volete	potete
sanno	vogliono	possono

Einige Ortsangaben
L'edicola è **davanti al** binario. Il taxi è **davanti alla** stazione, **dietro** l'edicola. La scala è **vicino al** binario.

Livello 2 | Unità 7

3 Ho un appuntamento – Ich habe einen Termin

1 Frau Mari sucht Herrn Fumagalli.

Frau Mari ist im Bürogebäude und fragt an der Pforte nach Herrn Fumagalli. Lesen Sie den Dialog.

Scusi, ho un appuntamento con il signor Fumagalli. Dove lo trovo?
Al terzo piano.
Grazie.
Prego.

I numeri ordinali – Die Ordinalzahlen

Die Ordinalzahlen verhalten sich wie alle Adjektive und verändern ihre Endung je nach Form des Wortes, das sie begleiten.

Die wichtigsten sind:

primo	(erster)	sesto	(sechster)
secondo	(zweiter)	settimo	(siebter)
terzo	(dritter)	ottavo	(achter)
quarto	(vierter)	nono	(neunter)
quinto	(fünfter)	decimo	(zehnter)

Bsp. L'ufficio è al **primo** piano. (Das Büro ist im ersten Stock.)

l'appuntamento	Termin
trovo (trovare)	ich finde
al terzo piano	im dritten Stock
terzo	dritter, -es
il piano	Stockwerk
cerco (cercare)	ich suche
trovo (trovare)	ich finde
nel	im

2 In welchem Stockwerk?

Lesen Sie das Schild und antworten Sie dann auf die Fragen.

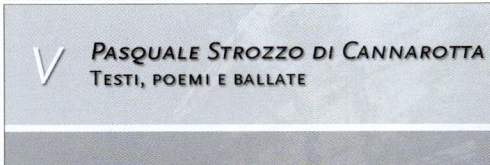

V	**PASQUALE STROZZO DI CANNAROTTA** TESTI, POEMI E BALLATE
IV	**MARCO FILINI** RAGIONIERE
III	**ITALCOM** SOFTWARE, COMUNICAZIONE
II	**STUDIO QUEENS** TRADUZIONI, SERVIZIO FIERE
I	**DOTT. DOMENICO SAVONAROLA** ARCHITETTO

A A che piano è l'ufficio della 'italcom'?
Al _____ piano.

B A che piano lavora l'architetto?
_____ piano.

C A che piano è il ragioniere?
_____ .

3 Wo finde ich ihn?

Lesen Sie die Sätze.

Scusi, cerco il signor Fantozzi, sa dove lo trovo?
Sì, è nel suo ufficio, al terzo piano.

4 Füllen Sie die Lücken mit den passenden Pronomen.

Esempio: Cerco Maria ma non **la** trovo.

A Cerco l'ufficio del signor Fumagalli, ma non _____ trovo.

B Cerco la signora Pozzi, dove _____ trovo?

C Scusi, dove _____ trovo le toilette?

D Gli uffici della 'italcom', dove _____ trovo?

5 Rechts oder links?

Sehen Sie sich die Bilder an und lesen Sie die Beschreibung.

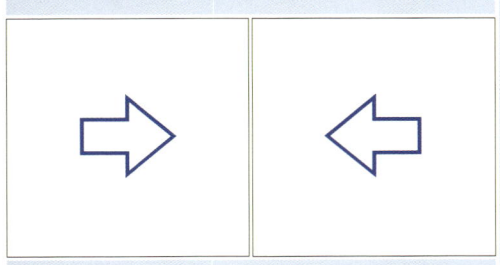

a destra — a sinistra

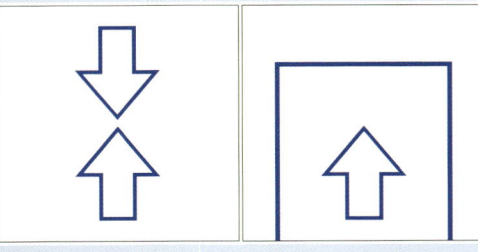

di fronte — in fondo

il direttore	Direktor
la pianta	Pflanze
la, le toilette	Toilette
l'ascensore	Lift
la stampante	Drucker
però	aber
l'armadio	Schrank
documenti (il documento)	Dokumente, Papiere
cassetti (il cassetto)	Schubladen
dischetti (il dischetto)	Disketten
la gente	Leute

6 Wo ist das Büro?

Kreuzen Sie die richtigen Aussagen an.

A L'ufficio del signor Fumagalli è
   ☐ a destra.
   ☐ a sinistra.

B L'ufficio della signora Fantozzi è
   ☐ il primo a sinistra.
   ☐ il primo a destra.

C L'ufficio del direttore è
   ☐ il primo dietro la pianta.
   ☐ il secondo davanti alla pianta.

D L'ufficio della segretaria del signor Filini è
   ☐ in fondo alle toilette.
   ☐ di fronte alle toilette.

E L'ascensore è
   ☐ di fronte, a sinistra.
   ☐ in fondo, a sinistra.

7 Wie sieht das Büro aus?

Lesen Sie den Text.

Il signor Fumagalli è in ufficio. Nel suo ufficio c'è un computer. La stampante però è nella stanza della segretaria. Anche l'armadio con tutti i documenti importanti è nell'ufficio della segretaria. Nei cassetti della scrivania ci sono i dischetti. C'è sempre tanta gente negli uffici della 'italcom'.

In – In

Wenn nach der Präposition *in* ein Wort mit dem bestimmten Artikel folgt, dann verschmelzen Präposition und Artikel:

in + il	nel	in + i	nei
in + lo	nello	in + gli	negli
in + l'	nell'		
in + la	nella	in + le	nelle

Bsp. I documenti sono **nell'**armadio. (Die Papiere sind im Schrank.)

8 'In' oder 'nel'?

Füllen Sie die Lücken mit der richtigen Form von 'in'.

A Il signor Fumagalli è _____ ufficio.

B La segretaria non è _____ suo ufficio.

C I documenti sono _____ cassetti.

D Il calendario è _____ primo cassetto.

E Oggi c'è tanta gente _____ stanza della segretaria.

F _____ uffici della 'italcom' lavora molta gente.

La gente – Die Leute

Das Wort *gente* (Leute) steht immer im Singular.

Bsp. In ufficio **c'è** tant**a** **gente**. (Im Büro sind viele Leute.)

9 Welche Antworten passen zu welchen Fragen?

Ordnen Sie die Fragen der linken Spalte den Antworten der rechten Spalte zu.

1 Scusi, a che piano è la ditta 'italcom'?
2 Dove sono i documenti importanti?
3 Dov'è l'ascensore?
4 Scusa, sai dov'è la signora Mari?
5 Scusi, il direttore è già in ufficio?
6 L'ufficio del ragioniere è quello a destra?

A È in fondo a sinistra.
B È nell'ufficio del direttore.
C Al terzo.
D Sì, è nel suo ufficio.
E No, è a sinistra.
F Sono tutti nell'armadio.

10 Ist Herr Fumagalli schon im Büro?

Frau Mari hat einen Termin mit Herrn Fumagalli. Sie stellt sich bei seiner Sekretärin vor.

Signora Mari: Il signor Fumagalli è già in ufficio?
Segretaria: No, arriva più tardi. Di solito non viene prima delle nove.
Signora Mari: Ma adesso sono già le nove e mezza.
Segretaria: Strano! Non è mai in ritardo. Lo chiamo a casa?
Signora Mari: No no, lo aspetto. Ah, eccolo!
Signor Fumagalli: Signora Mari, scusi tanto il ritardo. Sa com'è, il traffico …
Signora Mari: Non importa, lo so com'è in città. E il signor Fini?
Signor Fumagalli: Arriva verso le undici, prima ha un appuntamento con il contabile. Ma si accomodi nel mio ufficio, prego. Caffè?
Signora Mari: Grazie, lo prendo dopo. Allora … un momento, dov'è la mia agenda … ah, eccola … alle due abbiamo un appuntamento con i rappresentanti, ho abbastanza tempo per visitare anche la ditta? È lontano da qui?
Signor Fumagalli: No, è qui vicino, in fondo al Viale Palmanova.

prima delle nove	vor neun Uhr
strano	seltsam
è in ritardo (essere in ritardo)	er verspätet sich
chiamo (chiamare)	ich rufe an
eccolo	hier ist er
il traffico	Verkehr
non importa	das macht nichts
verso	gegen
eccola	hier ist sie
visitare	besichtigen
la ditta	Firma
vicino	nah

| lontano | fern, weit |
| il viale | Allee |

11 Jetzt, später oder wann sonst?

Tragen Sie die Ausdrücke, die sich auf die Zeit beziehen, aus dem Dialog der Übung 10 in die Tabelle ein.

	spät
	später
	vorher
	nachher
	jetzt
	verspätet sein
	gegen elf Uhr
	vor neun Uhr
	Zeit haben

Ecco – Hier ist

Ecco bedeutet in etwa 'hier ist', 'da ist' sowie 'da kommt'.

Bsp. Ecco il signor Fumagalli! (Da kommt Herr Fumagalli!)

An *ecco* können Pronomen angehängt werden.

Bsp. Dov'è Sergio? Ecco**lo**. (Wo ist Sergio? Da ist er.)

Dov'è Maria? Ecco**la**. (Wo ist Maria? Hier ist sie.)

Dove sono i rappresentanti? Ecco**li**. (Wo sind die Vertreter? Da kommen sie.)

E le segretarie? Ecco**le**. (Und die Sekretärinnen? Da kommen sie.)

12 Hier sind sie!

Beantworten Sie die Fragen wie im Beispiel.

Esempio: Dov'è l'agenda? **Eccola!**

A Dov'è la signora Mari?
_____

B C'è il signor Fumagalli?
Ah, _____

C Sai dove sono le toilette?
_____, in fondo a sinistra.

D Dove sono i documenti nuovi?
_____ qui nell'armadio.

Was Sie jetzt können

Informationen einholen
Scusi, sa dov'è la 'italcom'? Per favore, dove trovo il signor Fumagalli?

Ortsangaben
L'ufficio non è lontano, è qui vicino.
È al secondo piano, in fondo a destra.
È a sinistra, di fronte all'ascensore.

Zeitangaben
Non arriva prima delle otto, ma non dopo le nove.
Sono in ufficio verso le dieci, ma oggi sono in ritardo.
Domani vengo in ufficio più tardi.

Einige Ordinalzahlen
L'uffcio non è al **primo**, è al **quinto** piano.

Die Präposition 'in'
Il dischetto è **nel** cassetto.
Il computer è **nella** stanza del direttore.
Il direttore è **nell'**ufficio.
I documenti sono **nei** cassetti.
C'è gente **nelle** stanze?
Oggi c'è molta gente **negli** uffici della 'italcom'.

Test

1 Elementi di lingua

Leggete le frasi. Decidete quali parole usare. Scegliete tra le parole scritte sotto il testo.

1 Che ore   ?
   è • sono

2   le quattro.
   È • Sono

3 Non   mezzogiorno.
   è • sono

4   che ora usciamo?
   Di • A

5 Maria arriva   tre.
   a • alle

6 Sai a che ora   il film?
   finisce • finisco

7 Domani non posso   .
   esco • uscire

8 La presentazione dura   una alle due.
   da • dall'

2 Comprensione auditiva
CD1 86

Leggete per prima cosa le domande. Ascoltate poi i testi. Segnate la vostra risposta.

1 Situazione:
   Un vostro amico vi telefona e dice:
   Vuole sapere se avete voglia di uscire con lui.
   ☐ vero   ☐ falso

2 Situazione:
   Proponete a un amico di andare al ristorante.
   Il vostro amico non ha voglia.
   ☐ vero   ☐ falso

3 Situazione:
   Vi mettete d'accordo con un amico per un appuntamento. L'amico propone:
   L'appuntamento è alle tre e mezza, dietro l'edicola.
   ☐ vero   ☐ falso

4 Situazione:
   Domandate alla segretaria a che ora arriva il signor Fumagalli.
   Il signor Fumagalli arriva circa alle nove.
   ☐ vero   ☐ falso

3 Comprensione auditiva
CD1 87

Leggete per prima cosa le domande. Ascoltate poi i testi. Segnate la vostra risposta.

1 Dov'è l'ufficio del signor Fumagalli?

   A Al primo piano.
   B Al terzo piano.

2 Dov'è l'ascensore?

   A In fondo a destra.
   B In fondo a sinistra.

3 Sa dove sono le toilette?

   A In fondo, di fronte alla scala.
   B In fondo, dietro la scala.

4 Sa a che ora arriva il direttore?

   A Alle quindici e trenta.
   B Alle sedici e trenta.

5 Scusi, che ore sono?

   A Sono le sei e un quarto.
   B Sono le sette meno un quarto.

▶

Unità 8

Urlaub und Reise
Reservierungen im Hotel und im Restaurant
Städte, Verkehrsmittel, Wegbeschreibungen
Informationen austauschen, um Hilfe bitten
Imperativsätze, Infinitivsätze, Bedingungssätze
Die Verben 'andare' und 'essere' mit Präposition
Das Verb 'scendere'
Das Modalverb 'dovere'

Zeitaufwand: ca. 60 Minuten

1 Prenotiamo – Wir buchen

1 Familie Sassi plant ihren Urlaub.

Sehen Sie sich die Bilder an und lesen Sie die Sätze.

Andiamo in vacanza al mare.

Preferisco andare in montagna, da mia madre.

I bambini vogliono andare in campagna, a vedere le mucche.

Io vorrei andare in Spagna, a Barcellona.

Il verbo 'andare' – Das Verb 'andare'

Nach dem Verb *andare* (gehen, fahren) können verschiedene Präpositionen stehen. Feste Wendungen sind:

andare al mare	(ans Meer fahren)
andare in montagna	(in die Berge fahren)
andare in campagna	(aufs Land fahren)
andare in vacanza	(in Urlaub fahren)

Die Präposition *a* steht, wenn nach *andare* ein weiteres Verb folgt oder wenn man eine Stadt erwähnt.

Bsp. Andiamo **a vedere** le mucche. (Wir gehen Kühe anschauen.)

Andiamo **a Barcellona**. (Wir fahren nach Barcelona.)

Will man dagegen ein Land angeben, so steht *in*.

Bsp. Andiamo **in Spagna**. (Wir fahren nach Spanien.)

Wenn man zu jemandem geht, braucht man *da*.

Bsp. Vado **da mia madre**. (Ich gehe zu meiner Mutter.)

2 In die Berge oder ans Meer?

Füllen Sie die Lücken mit der passenden Präposition.

A Andiamo _____ Merano _____ vacanza?

B No, non voglio andare ancora _____ montagna.

C Allora andiamo _____ mia madre.

D Non voglio andare _____ campagna e fare le ferie _____ tua madre.

E Andiamo _____ vedere Parigi?

F Non ho voglia di andare _____ Francia.

G E allora dove andiamo? Restiamo _____ casa?

La preposizione giusta – Die passende Präposition

Die Präpositionen und ihre Formen ändern sich im Italienischen nicht, wenn man eine Bewegung ausdrücken möchte. Es spielt also keine Rolle, ob man an einem Ort ist oder sich dorthin begibt.

Bsp. Andiamo **a** casa. (Wir gehen nach Hause.)

Restiamo **a** casa. (Wir bleiben zu Hause.)

Vado **al** mare. (Ich fahre ans Meer.)

Mio marito è **al** mare. (Mein Mann ist am Meer.)

3 Wo bucht die Familie Sassi ihren Urlaub?

Vergleichen Sie die Anzeigen mit den Wünschen der Familie Sassi. Kreuzen Sie dann die richtigen Antworten auf die Fragen an.

Hotel San Marco ****
Garda
Camera singola	€ 56,00
Camera doppia	€ 103,00
Mezza pensione	€ 82,00
Pensione completa	€ 93,00

Hotel Santa Elisabetta ***
Merano
Camera doppia, balcone, doccia, WC, SAT-TV, telefono, cassaforte	€ 48,00
Camera singola, balcone, doccia, WC, SAT-TV, telefono Piscina coperta Prezzi a persona, mezza pensione	€ 45,00

Hotel Coralli **
Rimini
Mezza pensione:
Camera doppia	€ 46,00
Camera singola	€ 59,00
Bambini fino a 8 anni: 50 %	

Agriturismo Casa Tranquilla
Siena
prezzi settimanali
2 letti	€ 490,00
4 letti	€ 520,00

La famiglia Sassi vuole:

andare in montagna, in un buon albergo con piscina, una stanza con balcone.

Quale albergo può prenotare?

☐ Hotel San Marco
☐ Hotel Santa Elisabetta
☐ Hotel Coralli
☐ Casa Tranquilla

Che cosa non c'è in questi alberghi?

☐ la doccia
☐ la piscina
☐ il letto per bambini
☐ la sauna

la vacanza	Urlaub
le ferie	Ferien
la piscina	Swimmingpool
il balcone	Balkon
la sauna	Sauna

4 Wie reserviert man einen Tisch und wie bucht man ein Zimmer?

Lesen Sie die beiden Dialoge und hören Sie sie an.

1

Sig. Sartori: Buonasera, vorrei prenotare un tavolo per domani sera.
Cameriere: Per quante persone?
Sig. Sartori: Per due.
Cameriere: Per che ora?
Sig. Sartori: Per le otto.
Cameriere: Il Suo nome?
Sig. Sartori: Sartori Enrico.
Cameriere: Va bene signor Sartori, allora domani sera alle otto.
Sig. Sartori: Grazie, buonasera.

2

Sig. Sartori: Buongiorno, vorrei un'informazione. Avete ancora camere libere in aprile?
Ricezionista: Sì, ma solo dal 15 al 22.
Sig. Sartori: Ah, va benissimo. Prendo una doppia con bagno, dal 16 al 21 aprile.
Ricezionista: Mezza pensione, pensione completa o solo colazione?
Sig. Sartori: La prendo a mezza pensione.
Ricezionista: A che nome?
Sig. Sartori: Sartori, Enrico e Sonia.
Bene, arriverderLa e grazie.

Un periodo di tempo – Ein Zeitraum

Um einen Zeitraum anzugeben, braucht man den Ausdruck *dal ... al* (vom ... bis zum ...).

Bsp. Siamo in vacanza **dal** 16 **al** 21 aprile. (Wir sind vom 16. bis zum 21. April im Urlaub.)

5 Haben Sie alles verstanden?

Sie können die Dialoge aus Übung 4 noch einmal lesen oder hören. Beantworten Sie dann die Fragen.

A Per quante persone prenota Enrico il tavolo?

Per _____ .

B A che ora vuole andare al ristorante?

_____ .

C In quale mese vuole andare in vacanza?

_____ .

D Per quanti giorni?

_____ .

E Prenota una stanza a mezza pensione o pensione completa?

A _____ .

6 Was ist das?

Es gibt verschiedene Arten von Hotelzimmern. Kreuzen Sie die richtigen Beschreibungen an.

Una camera singola è:
- [ ] una camera con un letto.
- [ ] una camera con tre letti.

Una camera doppia è:
- [ ] una camera con un letto e la televisione.
- [ ] una camera con due letti.

Un letto matrimoniale è:
- [ ] un letto solo per persone sposate.
- [ ] un letto per due persone.

La pensione completa è:
- [ ] colazione, pranzo e cena.
- [ ] colazione, pranzo, cena, bagno e televisione.

7 Welche Informationen entnehmen Sie diesem Hotelprospekt?

Beurteilen Sie die unten stehenden Aussagen mit 'vero' oder 'falso'.

Una tenuta risalente almeno al 1277, ristrutturata con cura e trasformata in un elegante hotel. Quel che è bello è che dietro la tranquillità di questa idillica, antica dimora si nasconde la gradevole atmosfera e il comfort di un hotel a quattro stelle. Incluso il servizio benessere: cocktail e buffet di benvenuto, ricco buffet per la colazione con angolo dietetico, bar delle spremute, buffet del tè, torte il pomeriggio, menu a cinque portate con prodotti locali freschi e ricco buffet di insalate del nostro orto, menu dietetico a scelta, serate con musica e danze, programma per i bambini.

	vero	falso
Questo Hotel è a quattro stelle.	☐	☐
A colazione c'è un buffet.	☐	☐
In questo hotel non c'è la cena.	☐	☐
È nel centro di Merano.	☐	☐
Non è ideale per i bambini.	☐	☐
Si può fare body building.	☐	☐
Le camere sono piccole.	☐	☐

8 Milena und Carlo möchten ihren Urlaub buchen.

Füllen Sie das Formular mithilfe folgender Informationen aus.

Milena e Carlo Sassi vogliono una camera a mezza pensione. Hanno una bambina di un anno. Vogliono fare due settimane di vacanza in maggio. Abitano a Milano, in Via Senato 15. Non vogliono portare il letto per la bambina.

Nome:

Cognome:

Via:

Città:

Numero persone:

Bambini:

Oggetto:	◉ Inviare offerta e depliant illustrativi ○ Prenotazione soggiorno
E-Mail:	m.nicotera@yahoo.it
Nome e cognome:	Max Nicotera
Via: *	
Città: *	CAP
Paese: *	
Tel.:	
Fax:	
Numero persone:	Persone, di cui Adulto Bambino Età
	In caso di bambini indicare l'età! Arrivo Partenza

ANSITZ HOTELS

Was Sie jetzt können

Einen Tisch im Restaurant reservieren
Vorrei un tavolo per due persone per domani sera alle otto.

Ein Hotelzimmer reservieren
Vorrei una camera doppia, mezza pensione, dal 15 al 21 aprile.

Einen Zeitraum angeben
Andiamo in montagna dal 15 al 22 aprile.

Das Verb 'andare' und die passende Präposition
Andiamo al mare o in montagna?
Andiamo in vacanza in campagna, da mia madre.

Die Präposition nach 'andare' und 'essere'
Vado a casa. Maria **è a** casa.
Andiamo al mare. **Siamo al** mare.

2 Come ci arrivo? – Wie komme ich dorthin?

1 Wie fragt man nach dem Weg?

Lesen Sie die Dialoge und hören Sie sie an.

Scusi, la Via Puccini per favore?
Deve andare avanti ancora cento metri, poi deve girare a destra.
Grazie.
Di niente.

Scusa, sai dov'è Piazza Verdi?
Sì, devi andare fino al secondo semaforo, poi devi prendere la prima a destra.
Grazie.
Prego.

andare avanti	weiterfahren, weitergehen
girare	abbiegen
fino a	bis zu
il semaforo	Ampel
prendere	nehmen
partire	abfahren
dritto	geradeaus

La prima a destra – Die erste Straße rechts

Bei einer Wegbescheibung lässt man das Wort *strada* (Straße) oft weg.

Bsp. La seconda a sinistra. (Die zweite links.)

Dovere – Müssen

Das Modalverb *dovere* (müssen, sollen) ist unregelmäßig und wird wie folgt konjugiert:

devo	dobbiamo
devi	dovete
deve	devono

2 Welche Sätze haben die gleiche Bedeutung?

Ordnen Sie die Sätze der linken Spalte den Imperativen der rechten Spalte zu.

1 Deve andare avanti ancora cento metri.	A Gira a sinistra.
2 Deve girare a destra.	B Vada avanti ancora cento metri.
3 Deve prendere la seconda a sinistra.	C Giri a destra.
4 Devi andare dritto fino al semaforo.	D Prendi la prima a destra.
5 Devi prendere la prima a destra.	E Prenda la seconda a sinistra.
6 Devi girare a sinistra.	F Vai dritto fino al semaforo.
7 Deve partire presto.	G Parti presto.
8 Devi partire presto.	H Parta presto.

L'imperativo – Die Befehlsform

Sie kennen bereits zwei Imperative: *scusa* (entschuldige) und *scusi* (entschuldigen Sie).

Anweisungen kann man mit der Befehlsform ausdrücken. Die Befehlsform der regelmäßigen Verben lautet:

gir**are**	prend**ere**	part**ire**
gir**a**	prend**i**	part**i**
(biege ab)	(nimm)	(fahre ab)
gir**i**	prend**a**	part**a**
(biegen Sie ab)	(nehmen Sie)	(fahren Sie ab)

Die Befehlsform von *andare* lautet:

tu:	vai/va'	(gehe)
Lei:	vada	(gehen Sie)

3 Wie kommt Paolo in die 'Via Doria'?

Paolo fragt einen Passanten nach dem Weg. Sind die Aussagen richtig oder falsch?

	vero	falso
Paolo deve girare subito a sinistra.	☐	☐
Deve girare a sinistra al semaforo.	☐	☐
Dopo il semaforo deve andare a destra.	☐	☐
Dopo il semaforo deve andare dritto.	☐	☐

4 Nicht alle Wege führen nach Meran!

Carlo und Milena sind in Meran angekommen und haben sich verfahren.

Carlo: Ecco, ci risiamo. Come al solito non troviamo la strada.

Milena: Scusa, ma se non guardi la cartina …

Carlo: Ma guarda tu, io devo guidare.

Milena: Dov'è la cartina giusta? Qui ce ne sono dieci. Aspetta: abbiamo la cartina del nord Italia, quella del centro, quella del sud e quella della Spagna.

Carlo: Brava, la cartina della Spagna è importantissima quando si va nel Trentino Alto Adige.

Milena: Ha ha, che ridere! Tu e le tue montagne del Trentino … io qui non ci volevo venire.

Carlo: Ricominciamo con la storia che preferisci andare in campagna e non in montagna? Adesso siamo a Merano, cerca la strada, se no all'albergo ci arriviamo domani.

Milena: Se vai avanti così in vacanza ci vai da solo, io torno a casa.

Carlo: E dai, scherzo! Allora, dove dobbiamo andare?

Milena: Aspetta. Carlo, non abbiamo la cartina giusta! Abbiamo solo quella del centro e sud Italia. E della Spagna.

Carlo: Se non vogliamo andare a Barcellona, chiedi a quella signora lì …

Milena: Scusi signora! Per l'albergo Ansitz?

ci risiamo	schon wieder
la cartina	Plan, Stadtplan
guidare	(ein Fahrzeug) fahren
il nord	Nord
il centro	Zentrum
il sud	Süd
il Trentino Alto Adige	Südtirol
ridere	lachen
Che ridere!	Wie lustig!
non ci volevo venire	ich wollte nicht hierher kommen
rincominciamo (rincominciare)	wir fangen wieder an
la storia	Geschichte
se no	sonst
scherzo (scherzare)	ich mache Spaß
per l'albergo …	zum Hotel …

I punti cardinali – Die Himmelsrichtungen

Die Himmelsrichtungen sind:

il nord	(Nord)	l'est	(Ost)
il sud	(Süd)	l'ovest	(West)

5 Erklären Sie Carlo, wie er zum Hotel kommt.

Beschreiben Sie den Weg mithilfe der Informationen in Klammern.

Esempio: (andare, destra)/ Vada a destra.

A (andare avanti, due chilometri)

B (girare, sinistra)

C (andare, fino, semaforo)

D (prendere, prima, sinistra)

Ci – Dorthin, hierher

Mit *ci* kann man eine bereits erwähnte Ortsangabe ersetzen. *Ci* steht vor dem Verb.

Bsp. Quando vai **in montagna**? **Ci** vado domani.

Man kann eine Ortsangabe zusätzlich mit *ci* hervorheben, auch wenn man den Ort schon genannt hat.

Bsp. A Merano ci vengo volentieri. (Nach Meran komme ich gern.)

6 Wie kann man nach dem Weg fragen?

Nur jeweils einer dieser Sätze ist richtig, um nach dem Weg zu fragen. Kreuzen Sie diesen an.

☐ Scusi, per l'albergo Bella Vista, per favore?
☐ Scusi, con l'albergo Bella Vista, per favore?
☐ Scusi, sa come si chiamano questi giardini?
☐ Scusi, sa dov'è la Via Mondini?
☐ Scusi, come arrivo in Piazza San Marco, per favore?
☐ Scusi, cosa compro in Piazza San Marco, per favore?

7 Wie erklären Sie den Weg?

Ein Tourist befindet sich an der markierten Stelle. Notieren Sie den jeweils kürzesten Weg unter der entsprechenden Frage.

[Karte: Via Dante, Via Boccaccio, Via Foscolo, supermercato, banca, Via Sforza di Cannarotta, Viale del Tramonto, Via Petrarca, castello, hotel]

A Scusi, per il castello, per favore?
_____
_____

B Scusi, per la Via Dante?
_____
_____

C Scusi, sa dov'è l'hotel Panorama?
_____
_____

D Scusi, sa dov'è una banca?
_____
_____

8 Kennen Sie Meran?

Lesen Sie den Text.

Merano è là dove il nord incontra il sud. Palme e ghiacciai, castelli e natura ... Una città con musica, terme, congressi. I suoi portici antichi invitano a fare passeggiate e i parchi offrono relax. Famosissime le mele del Trentino, ma conoscete anche la cura dell'uva? Il museo della donna? Merano unisce tradizione e vita: fate spese nei negozi eleganti e poi una pausa vicino alla statua di Sissi. Visitate Merano!

9 Welche Informationen über Meran sind richtig?

Kreuzen Sie jeweils 'vero' oder 'falso' an.

	vero	falso
Merano è nel sud dell'Italia.	☐	☐
A Merano ci sono le palme, le mele e l'uva.	☐	☐
A Merano non c'è molta natura.	☐	☐
Il museo della donna è a Bolzano.	☐	☐
La statua di Sissi è a Merano.	☐	☐

Imperativi – Befehlsformen

Die Befehlsform von *fare* (machen, tun) ist:
tu: fai/fa'
Lei: faccia

Die du-Form von *andare* und *fare* hat zwei Varianten, die gleichermaßen verwendet werden können: *vai* oder *va'* und *fai* oder *fa'*.

Die Befehlsform für die zweite Person Plural entspricht der ihr-Form im Indikativ. Diese wird auch als Plural der Höflichkeitsform verwendet.

Bsp. Voi visitate la città. (Ihr besichtigt die Stadt.)

Visitate la città! (Besichtigt/Besichtigen Sie die Stadt!)

10 Ein Freund braucht Tipps für seinen Urlaub.

Bilden Sie Sätze wie im Beispiel.

Esempio: andare a vedere i castelli
Vai a vedere i castelli!

A prenotare un albergo

B fare passeggiate

C mangiare le mele del Trentino

D visitare i musei

11 Das Fremdenverkehrsamt empfiehlt ein Freizeitprogramm.

Kreuzen Sie alle Aktivitäten an, die in der Tonaufnahme vorkommen.

☐ camminare in montagna
☐ fare trekking
☐ scalare
☐ fare una cura
☐ andare al teatro all'aperto
☐ visitare le chiese
☐ passeggiare nei parchi

palme (la palma)	Palmen
mele (la mela)	Äpfel
l'uva	Trauben
la natura	Natur
la statua	Statue
la stazione termale	Kurort
camminare in montagna	wandern
scalare	klettern
la cura	Kur
il teatro all'aperto	Freilufttheater

Was Sie jetzt können

Nach dem Weg fragen

Scusi, sa dov'è la Via Puccini?
Vada avanti dritto, poi giri a sinistra.

Scusa, per la Via Dante?
È la seconda a sinistra.

Die Himmelsrichtungen

Merano è nel nord dell'Italia, non nel sud.

Freizeittipps geben

Vai a vedere il museo! Visita la città!

Die Befehlsform

Gira a destra, **prendi** la prima a sinistra, **parti** presto!
Giri a sinistra, **prenda** la seconda a destra, **parta** presto!

Das Verb 'dovere'

Deve andare a destra.

Der Gebrauch von 'ci'

A Merano **ci** andiamo in estate. Qui **ci** vengo volentieri.

3 Andiamo a piedi? – Gehen wir zu Fuß?

1 Fahren wir mit dem Auto oder mit dem Bus?

Sehen Sie sich die Bilder an und lesen Sie die Beschreibungen.

Andiamo in tram.   Prendiamo il treno.

Andiamo in metropolitana.   Prendiamo il bus.

Andiamo in macchina   Andiamo a piedi.

Andiamo in bicicletta.   Prendiamo l'aereo.

2 Wie kann man sich in der Stadt fortbewegen?

Kreuzen Sie die passenden Verkehrsmittel an.

- [ ] in macchina
- [ ] in aereo
- [ ] in treno
- [ ] in bicicletta
- [ ] in autobus
- [ ] a piedi

In macchina o a piedi – Mit dem Auto oder zu Fuß

Wenn man ausdrücken will, mit welchem Verkehrsmittel man fährt, verwendet man immer *andare in*.

Bsp. Andiamo in bus o in tram? (Fahren wir mit dem Bus oder mit der Trambahn?)

A piedi bedeutet 'zu Fuß'.

Bsp. Andiamo a piedi o prendiamo il bus? (Gehen wir zu Fuß oder nehmen wir den Bus?)

3 Sie möchten mit dem Bus fahren. Was machen Sie zuerst?

Schreiben Sie die Tätigkeiten in der richtigen Reihenfolge auf.

Scendere dall'autobus.   Timbrare il biglietto.
Cambiare.   Guardare l'orario.
Comprare il biglietto.   Salire in autobus.

A
B
C
D
E
F

l'orario	Fahrplan
il biglietto	Fahrkarte
timbrare	stempeln
salire	einsteigen
scendere	aussteigen
cambiare	hier: umsteigen
si	man
il castello	Schloss, Burg

Scendere – Aussteigen

Nach dem Verb *scendere* (aus-, absteigen, hinuntergehen) steht die Präposition *da*. Wie die anderen Präpositionen verschmilzt auch *da* mit dem darauf folgenden Artikel:

da + il	dal	da + i	dai
da + la	dalla	da + le	dalle
da + l'	dall'	da + gli	dagli
da + lo	dallo	da + gli	dagli

Bsp. Devo scendere **dall'autobus**. (Ich muss aus dem Bus aussteigen.)

Scendo **dal treno**. (Ich steige aus dem Zug aus.)

4 Wie kommen Sie nach Vimercate? (CD 2, 6)

Sie sind in Mailand und wollen nach Vimercate. Jemand erklärt Ihnen den Weg. Machen Sie sich Notizen und vervollständigen Sie dann die Sätze.

A Devo andare in _____ fino a Loreto.

B A Loreto devo _____.

C Prendo la due e vado fino a _____.

D Qui _____ il bus per _____.

E _____ alla stazione Nord e prendo il _____ per Vimercate.

Parole corte – Kurze Wörter

Einige Wörter werden umgangssprachlich gern verkürzt:

la bicicletta	la bici	(Fahrrad)
l'autobus	il bus	(Bus)
la metropolitana	la/il metro	(U-Bahn)

5 Und wie kommt Franco zum Schloss? (CD 2, 7)

Eine Wegbeschreibung reicht manchmal nicht und man braucht mehr Informationen. Lesen Sie den Dialog und hören Sie ihn an.

Franco: Scusi, come arrivo in piazza del Duomo?
Signora: Deve prendere la metropolitana.
Franco: E per andare al Castello Sforzesco?
Signora: Ci arriva con il tram.
Franco: E dove si comprano i biglietti?
Signora: I biglietti si possono comprare al bar.
Franco: Si può andare anche a piedi?
Signora: È una passeggiata un po' lunga, ma perché no.

6 Richtig oder falsch?

Lesen Sie den Dialog von Übung 5 noch einmal und beurteilen Sie dann die Sätze.

	vero	falso
Per andare al Duomo si prende la metro.	☐	☐
Si può andare al Castello anche a piedi.	☐	☐
Per andare al Castello si prende il treno.	☐	☐
A Milano non si può andare in bicicletta.	☐	☐

Si può – Man kann

Mit dem Pronomen *si* (man) kann man unpersönliche Sätze formulieren. Das darauf folgende Verb kann, abhängig vom Objekt des Satzes, im Singular oder Plural stehen.

Bsp. Si compr**a il** bigliett**o** al bar. (Man kauft die Fahrkarte in der Bar.)

Si compr**ano i** bigliett**i** al bar. (Man kauft die Fahrkarten in der Bar.)

7 Wie macht man das?

Füllen Sie die Lücken wie im Beispiel.

Esempio: comprare

Il biglietto **si compra** al bar.

A comprare

Prima di salire in metropolitana .... il biglietto.

B prendere

In centro .... il tram.

C timbrare

I biglietti .... prima di salire.

D potere

.... andare anche a piedi.

E cambiare

Per il Castello .... a Loreto.

F mangiare

Dove .... specialità tipiche di Milano?

I mezzi pubblici – Die öffentlichen Verkehrsmittel

Die Fahrpreise der öffentlichen Verkehrsmittel sind in Italien relativ günstig. In den Großstädten gibt es gute Bus- und Straßenbahnverbindungen sowie U-Bahn-Linien in Mailand, Rom, Neapel und Catania. Will man sich aber außerhalb der Stadt fortbewegen, so kann man das oft nur mit dem Auto.

8 Wie kommen Sie zum Dom?

Lesen Sie den Text.

Scusi, per andare al Duomo?
Si prende il bus, ma bisogna cambiare.
Si può comprare il biglietto in autobus?
No, bisogna avere il biglietto prima di salire.

Si deve – Man muss

Man kann anstatt *si deve* (man muss) auch *bisogna* verwenden. Die Bedeutung ist die gleiche. *Bisogna* ist eine feste Wendung, die unverändert bleibt.

Bsp. Si deve comprare il biglietto.
Bisogna comprare il biglietto. (Man muss die Fahrkarte kaufen.)

Si devono timbrare i biglietti.
Bisogna timbrare i biglietti. (Man muss die Fahrkarten stempeln.)

9 Verstehen Sie die Bahnhofsdurchsage?

Sind die Informationen richtig oder falsch?

	vero	falso
L'intercity ferma a Verona.	☐	☐
Il treno per Monaco è in partenza dal binario dieci.	☐	☐
Il treno è in ritardo.	☐	☐
Il rapido per Venezia è in arrivo al binario otto.	☐	☐
Il rapido per Venezia è in ritardo.	☐	☐

ferma (fermare)	er hält
la partenza	Abfahrt
il rapido	Schnellzug
l'arrivo	Ankunft

Per ... – Um ... zu

Mit *per* + Verb im Infinitiv kann man einfache Infinitivsätze bilden.

Bsp. Per arriv**are** al Castello bisogna prendere il tram. (Um zum Schloss zu kommen, muss man die Trambahn nehmen.)

10 Bilden Sie Sätze wie im Beispiel.

Esempio: andare a Verona/prendere il treno
Per andare a Verona **bisogna** prendere il treno.

A andare a Venezia/cambiare a Verona

B andare in treno/avere il biglietto

C comprare i biglietti/andare al bar

D vedere il Castello Sforzesco/andare a Milano

E sapere a che ora c'è il treno/guardare l'orario

F prendere la metropolitana/scendere dalle scale

Was Sie jetzt können

Mit den öffentlichen Verkehrsmitteln fahren

Per andare al Duomo si prende il tram o la metro.
Per Venezia si deve cambiare a Verona.
I biglietti dell'autobus si comprano al bar.
Prima di salire in metropolitana bisogna timbrare il biglietto.

Eine Bahnhofsdurchsage verstehen

È in partenza dal binario undici l'intercity per Monaco.
Al binario otto è in arrivo il rapido per Venezia. Ferma a Verona.
Il treno viaggia con quindici minuti di ritardo

Die Verkehrsmittel

Andiamo in treno, non in macchina.
Prendo l'autobus, non vado in bici.
Vai in metro o a piedi?
Andate in aereo.

Das Verb 'scendere da'

Scendo dal tram.
Scendi dall'autobus.
Scende dalla metropolitana.
Scendiamo dai treni.
Scendete dalle macchine.
Scendono dagli autobus.

Unpersönliche Sätze

Per andare al Castello si prende la metro.
I biglietti si comprano al bar.

Das Verb 'bisogna'

Per andare in autobus si deve avere il biglietto.
Per andare in autobus bisogna avere il biglietto.

Infinitivsätze

Per andare da Milano a Venezia si deve cambiare a Verona.

Test

1 Elementi di lingua

Leggete il testo. Decidete quali parole usare. Scegliete tra le parole scritte sotto il testo.

Non so se andiamo **1** vacanza **2** mare o **3** montagna. Io vorrei andare **4** mia sorella, ma Ezio preferisce stare una settimana **5** montagna. A Merano però **6** andiamo sempre! Vorrei andare **7** vedere una città nuova. Per esempio: andare **8** macchina **9** Olanda, **10** Amsterdam, e poi girare **11** bicicletta. Ma per fare un giro così **12** avere molto tempo.

1	in		per
2	in		al
3	in		alla
4	da		a
5	al		in
6	ci		a
7	in		a
8	a		in
9	in		a
10	in		a
11	in		con
12	bisogno		bisogna

2 Risposte

CD2 9

Leggete per prima cosa le frasi dalla A alla D. Ascoltate poi la registrazione. Sentirete tre frasi. Segnate per ogni frase la vostra risposta: A, B, C o D.

1 _____
2 _____
3 _____

A No, pensione completa.
B Solo per due.
C Vorrei una stanza matrimoniale
D Sì, ma solo dal 5 al 7.

3 Comprensione scritta

Volete prenotare una stanza in albergo. Leggete gli annunci e decidete quali vi interessano.

1 Volete andare al mare, vi interessa
 A l'annuncio 1
 B l'annuncio 3

2 Volete andare al mare con i bambini, vi interessa
 A l'annuncio 3
 B l'annuncio 4

3 Volete andare in montagna, vi interessa
 A l'annuncio 2
 B l'annuncio 4

4 Volete fare una vacanza sportiva, vi interessa
 A l'annuncio 6
 B l'annuncio 5

1 Hotel Santa Monica *
Direttamente sul lago.
Cucina casereccia, specialità di pesce.

2 Hotel ristorante Lo Scugnizzo **
Atmosfera familiare. Prezzi modici, centralissimo.

3 Pensione La Gatta Nera **
Bambini fino a 3 anni gratis.
Spiaggia vicinissima.

4 Hotel Cielo Chiaro ***
Sauna, piscina, vista sulle Alpi.

5 Pensione Garda Antica *
Prezzi speciali per famiglie, parco, piscina, noleggio biciclette.

6 Hotel Principe di Savoia ****
Ambiente esclusivo, sala conferenze, attrezzature multimediali.

Unità 9

Alltag, Tagesablauf, regelmäßige Aktivitäten
Öffentliche Gebäude und Institutionen, Öffnungszeiten
Vorschläge unterbreiten, Zweifel ausdrücken
Die Verben 'dare' und 'dire'
Die reflexiven Verben
Die indirekten Objektpronomen
Zeitadverbien

Zeitaufwand: ca. 60 Minuten

1 Come sempre – Wie immer

1 Was macht man vormittags?

Welches Bild passt zu welcher Tätigkeit?

A Mi metto le scarpe e il cappotto, poi esco.
B Mi alzo alle 6.00.
C Mi lavo e mi vesto.
D Mi lavo i denti.

2 Haben Carlo und Sandro die gleichen Gewohnheiten?

Lesen Sie den Text und hören Sie ihn an.

Carlo si alza quasi sempre alle 7.30, io invece mi alzo alle 6.00 per andare al lavoro. Alle 8.00, mentre lui si lava e si veste, io sono già in ufficio. E quando lui si fa il caffè io faccio la prima pausa, alle 9.00. Io mi metto quasi tutti i giorni jeans e maglietta, Carlo invece si mette la giacca e la cravatta. In ufficio mi faccio il caffè da solo, Carlo ha la segretaria per queste cose. Carlo si alza tardi, ha un ufficio bellissimo, una segretaria che fa tutto per lui, guadagna un sacco di soldi e si lamenta!

3 Vergleichen Sie den Tagesablauf von Carlo und Sandro.

Füllen Sie die Lücken mit den fehlenden Wörtern.

A Sandro si alza presto, Carlo invece _____ .

B Sandro è già in ufficio mentre Carlo _____ .

C Mentre Sandro fa la prima pausa, Carlo _____ .

D Sandro _____ presto, Carlo si alza _____ .

I verbi riflessivi – Die reflexiven Verben

Einige Verben sind reflexiv und brauchen besondere Pronomen, die vor der konjugierten Form stehen. Nicht alle Verben, die im Italienischen reflexiv sind, sind es auch im Deutschen.

Bsp. Mi alzo alle sei poi **mi lavo** e **mi vesto**. (Ich stehe um sechs Uhr auf, dann wasche ich mich und ziehe mich an.)

In der Grundform erkennt man ein reflexives Verb an der Endung **-si**. Es wird ganz normal konjugiert, man darf nur das Pronomen nicht vergessen. Die Konjugation von *lavarsi* ist also dieselbe wie die von *lavare*.

Bsp. lavar**si** (sich waschen)

io	mi	lavo
tu	ti	lavi
lui, lei, Lei	si	lava
noi	ci	laviamo
voi	vi	lavate
loro	si	lavano

4 Wie lautet die Frage?

Formulieren Sie mit folgenden Wörtern Fragen zu den Antworten.

a che ora, che cosa, dove, che cosa

A

Mi alzo alle 7.30.

B

Dopo mi pulisco i denti.

C

Mi vesto in camera da letto.

D

Per uscire mi metto le scarpe e il cappotto.

5 Bilden Sie Sätze wie im Beispiel.

Esempio: Di solito vi alzate alle nove.
noi/oggi/dieci
Oggi invece **ci alziamo** alle dieci.

A Di solito Maria si alza alle sette.
lei/oggi/otto

B Normalmente ti metti i jeans.
io/domani/i pantaloni eleganti

C Tutti i giorni vi fate un caffè.
noi/oggi/il tè

D Ogni domenica i signori si mettono la giacca.
loro/questa domenica/solo la maglietta

si alza (alzarsi)	er steht auf
mi alzo (alzarsi)	ich stehe auf
mentre	während
si lava (lavarsi)	er wäscht sich
si veste (vestirsi)	er zieht sich an
mi metto (mettersi)	ich ziehe ... an
invece	dagegen
la giacca	Jacke
la cravatta	Krawatte
da solo	selbst
un sacco di soldi	ein Haufen Geld
si lamenta (lamentarsi)	er beschwert sich

Abitudini – Gewohnheiten

Um über Gewohnheiten zu sprechen, braucht man oft folgende Ausdrücke:

di solito	(gewöhnlich)
normalmente	(normalerweise)
ogni giorno	(jeden Tag)
ogni volta	(jedes Mal)
tutti i giorni	(jeden Tag)
tutte le volte	(jedes Mal)

Ogni (jede, -r, -s) ist unveränderlich.

Bsp. Ogni giorn**o** vado in ufficio. (Jeden Tag gehe ich ins Büro.)

Ogni settiman**a** compro una rivista. (Jede Woche kaufe ich eine Zeitschrift.)

Tutto dagegen muss dem Bezugswort angeglichen werden.

Bsp. Tutti i giorn**i** vado in ufficio.
Tutte le settiman**e** compro una rivista.

Man kann z.B. wahlweise *ogni mese* oder *tutti i mesi* (jeden Monat) sagen, die Bedeutung ändert sich nicht.

Vestirsi – Sich anziehen

Vestirsi bedeutet 'sich anziehen'. Will man jedoch ausdrücken, was man anzieht, verwendet man *mettere* oder *mettersi qualcosa* (etwas anziehen).

Bsp. Alle otto **mi vesto**. (Um 8.00 Uhr ziehe ich mich an.)

Oggi **mi metto la giacca** nera. (Heute ziehe ich die schwarze Jacke an.)

6 Danke, sehr freundlich!

Wie kann man sich bedanken? Lesen Sie die Sätze.

Silvia, mi aiuti per favore?
Certo, ti aiuto subito.
Molto gentile, ti ringrazio.

Signor Rossi, mi accompagna alla stazione?
Certo, La accompagno volentieri.
La ringrazio.

Ti accompagno – Ich begleite dich

Sie kennen bereits die Objektpronomen für die dritte Person Singular und Plural: *lo*, *la*, *li* und *le*. Die Formen für die restlichen Personen sind Ihnen aber auch bekannt, denn Sie haben sie bei den reflexiven Verben gelernt:

mi	(mich)	ci	(uns)
ti	(dich)	vi	(euch)

Bsp. Mi accompagni? (Begleitest du mich?)

7 Welche Sätze passen zusammen?

Ordnen Sie die Fragen den Antworten zu.

1 Mi aiuti a fare l'esercizio?
2 Ci conosciamo?
3 Vi capite?
4 Ci accompagnate alla stazione?
5 Mi ascolti?

A No, non ci conosciamo.
B Anche se parliamo due lingue diverse ci capiamo.
C Ti aiuto volentieri.
D Chiaro, vi accompagniamo sempre!
E Sì, ti ascolto, parla!

8 Edmondo und Silvio planen einen Einbruch.

Sie observieren den Tagesablauf der Familie Bartoni. Lesen Sie den Dialog und hören Sie ihn an.

Edmondo: Scrivi, sette e trenta, si alzano. I Bartoni vanno in bagno.
Silvio: Cosa fanno?
Edmondo: Indovina un po'? Si lavano, no?
Silvio: Scrivo, si lavano.
Edmondo: Scrivi, alle otto si vestono.
Silvio: Voglio vedere anch'io!
Edmondo: No, tu scrivi e io osservo. Però, carina la signora! Alle otto e mezzo si mettono il cappotto ed escono. Alle nove e mezzo arriva la donna delle pulizie. Si fa un caffè. Adesso dobbiamo aspettare.
Silvio: Cosa facciamo mentre aspettiamo? Ascoltiamo la radio?
Edmondo: Sì, bravo, così ci sentono tutti e ci mettono subito dentro. Altre idee geniali?
Silvio: Eh, ti arrabbi subito! Non ti capisco! Edmondo? Io mi annoio ...
Edmondo: E stai zitto se no ti sente! Allora, adesso sono le due, torna la signora. Domani veniamo alle dodici e lavoriamo fino alla una e mezza.
Silvio: Ma io alla una devo andare dal dottore.
Edmondo: E ci vai più tardi!
Silvio: Più tardi non posso, viene mia madre a bere il caffè. Si offende se arrivo in ritardo.
Edmondo: Con te non si può lavorare! Ogni volta che vogliamo andare a rubare c'è sempre qualcosa che non funziona. Basta, non ti sopporto più, a rubare ci vai da solo ...

Però! – Alle Achtung!

Però bedeutet grundsätzlich 'aber', 'dennoch'. Es wird aber als Ausruf verwendet, wenn man Achtung oder Respekt ausdrücken will.

Bsp. Guadagno 10.000 euro al mese. **Però**!

(Ich verdiene 10.000 Euro im Monat. Alle Achtung!)

scrivi (scrivere)	schreibe, du schreibst	
indovina un po' (indovinare)	rate mal	
scrivo (scrivere)	ich schreibe	
osservo (osservare)	ich beobachte	
la donna delle pulizie	Raumpflegerin, Putzfrau	
sentono (sentire)	sie hören	
ci mettono dentro	sie sperren uns ein	
idee (l'idea)	Ideen	
geniali (geniale)	genial	
ti arrabbi (arrabbiarsi)	du ärgerst dich	
capisco (capire)	ich verstehe	
mi annoio (annoiarsi)	ich langweile mich	
stai zitto (stare zitto)	sei still	
sente (sentire)	er, sie hört	
si offende (offendersi)	er, sie ist beleidigt	
con te	mit dir	
ogni volta	jedes Mal	
rubare	stehlen, rauben	
funziona (funzionare)	es funktioniert	
sopporto (sopportare)	ich ertrage	

9 Wie sieht der Tagesablauf der Familie Bartoni aus?

Bilden Sie Sätze wie im Beispiel.

Esempio: 10.00: si lavano (lavarsi)

A 7.30:

(alzarsi, andare in bagno, lavarsi)

B 8.00 (vestirsi)

C 8.30

(mettersi il cappotto, uscire)

D 9.30

(arrivare la donna delle pulizie, farsi il caffè)

E 14.00

(signora tornare a casa)

Was Sie jetzt können

Einen Tagesablauf beschreiben
Mi alzo alle otto. Poi mi lavo, mi vesto e esco. Torno alle due.

Über Gewohnheiten sprechen
Di solito ci alziamo alle sei. **Normalmente** bevo il caffè. **Ogni giorno** andiamo in ufficio. **Ogni volta** c'è qualcosa che non funziona.

Achtung ausdrücken
Però, carina!

Die Verben 'vestirsi' und 'mettersi qualcosa'
Mi vesto in bagno. Oggi mi metto la giacca nera.

Die reflexiven Verben
Mi alzo, mi lavo e mi vesto.

Pronomen

Pronomi riflessivi:	Pronomi diretti:
mi	mi
ti	ti
si	lo, la, La
ci	ci
vi	vi
si	li, le

2 Chiuso per ferie – Wegen Urlaub geschlossen

1 Welche dieser öffentlichen Orte kennen Sie schon?

Sehen Sie sich die Bilder an, lesen Sie den Dialog und hören Sie ihn an.

la cabina telefonica   il parcheggio

Scusi, sa se c'è una banca qui vicino?
Sì, è in fondo al viale. Vede le cabine telefoniche? Ecco, vada ancora dritto fino alla posta, dopo pochi metri c'è la banca.
Si può andare anche in macchina?
Certo, la banca ha un parcheggio grandissimo. Però di solito a quest'ora è chiusa. Chiudono sempre a mezzogiorno.

qui vicino	hier in der Nähe
ecco	hier: eben
a quest'ora	zu dieser Zeit
chiusa (chiuso)	geschlossen
chiudono (chiudere)	sie schließen
aprire	öffnen, eröffnen
il conto	Konto
spedire	schicken, senden
il pacchetto	Paket
riposarsi	ausruhen
fare benzina	tanken
il distributore di benzina	Tankstelle
l'ufficio postale	Postamt

2 Wohin geht man, wenn man etwas erledigen möchte?

Ordnen Sie die Satzteile einander zu.

Dove si va se si vuole ...

1 telefonare
2 aprire un conto
3 spedire un pacchetto
4 riposarsi
5 nuotare
6 fare benzina
7 fare la spesa

A al supermercato
B in un parco
C in una cabina telefonica
D in piscina
E in banca
F al distributore di benzina
G all'ufficio postale

3 Bilden Sie Sätze wie im Beispiel.

Esempio: io/telefonare/cabina telefonica
Se **voglio** telefonare **devo** andare in una cabina telefonica.

A tu/aprire un conto/banca

B Lei/spedire un pacchetto/ufficio postale

C noi/nuotare/piscina

Avete notato? – Haben Sie das bemerkt?

Die Verben *capire* (verstehen), *pulire* (putzen) und *spedire* (schicken) werden wie *preferire* (bevorzugen) konjugiert, d.h. mit dem Suffix **-isc-**. *Aprire* (öffnen) dagegen wird wie *dormire* (schlafen) konjugiert.

Bsp. Non cap**isc**o.   Ap**r**o la bottiglia.

Se – Wenn, falls, ob

Um eine Bedingung auszudrücken, kann man einen Satz mit *se* (wenn, falls) einleiten.

Bsp. Se vuoi aprire un conto devi andare in banca. (Wenn du ein Konto eröffnen willst, musst du zur Bank gehen.)

Se bedeutet auch 'ob'.

Bsp. Sa **se** c'è una banca qui vicino? (Wissen Sie, ob hier in der Nähe eine Bank ist?)

4 Wann haben die Geschäfte geöffnet?

Beurteilen Sie die unten stehenden Sätze mit 'vero' oder 'falso'.

	vero	falso
Si può andare alla posta dalle 8.15 alle 19.00.	☐	☐
La banca chiude a mezzogiorno.	☐	☐
La banca è aperta anche il sabato.	☐	☐
I grandi magazzini chiudono all'una e aprono alle due.	☐	☐

Orari – Uhrzeiten

Will man die Dauer eines Ereignisses oder Öffnungszeiten angeben, so braucht man *dalle ... alle* (von ... bis).

Bsp. La banca è aperta **dalle** nove **alle** cinque. (Die Bank ist von neun bis fünf geöffnet.)

Ausnahme:

Da mezzogiorno **all'una**. **Dall'una** alle due.

Dalle nove **a mezzogiorno**. Dalle sei **a mezzanotte**.

Um die Dauer zu erfragen, sagt man:

Bsp. Da che ora a che ora è aperta la banca? (Von wann bis wann hat die Bank geöffnet?)

Wenn man von einem Ereignis spricht, das sich immer am selben Tag abspielt, steht der bestimmte Artikel vor dem Wochentag.

Bsp. Il lunedì il negozio è chiuso. (Montags ist das Geschäft geschlossen.)
La domenica gioco a tennis. (Sonntags spiele ich Tennis.)

5 Von wann bis wann?

Vervollständigen Sie die Sätze wie im Beispiel.

Esempio: 9.00-17.00
La banca è aperta **dalle** nove **alle** cinque.

A 8.15-19.00

L'ufficio postale è aperto _____

B 8.15-13.00

Il sabato è aperto _____

C 13.00-16.00

Il negozio è chiuso _____

6 Wann ist das Museum geöffnet?

Ein Tourist bekommt Informationen über die Öffnungszeiten von Museen und anderen Sehenswürdigkeiten. Kreuzen Sie an, welche Sätze richtig und welche falsch sind.

	vero	falso
Il Museo Albani è aperto dalle 9.00 a mezzogiorno e dalle 14.30 alle 18.00.	☐	☐
Il Museo Albani è aperto anche la domenica.	☐	☐
L'orto botanico è chiuso dalle 12.00 alle 15.00.	☐	☐
L'orto botanico è chiuso il sabato pomeriggio.	☐	☐
Il Duomo è aperto nei giorni feriali e chiuso nei giorni festivi.	☐	☐

giorni feriali (giorno feriale)	Werktage
giorni festivi (giorno festivo)	Feiertage
l'orto botanico	botanischer Garten
la fortezza	Festung
stanca (stanco)	müde
l'uscita	Ausgang
di là	drüben
possibile	möglich
tranquilla (tranquillo)	ruhig
dai (dare)	du gibst
la guida	Reiseführer
l'orario di apertura	Öffnungszeiten
gli	hier: ihm
qualcosa	etwas
il cartello	Schild
l'entrata	Eingang
niente	nichts
un paio di occhiali	eine Brille
gli occhiali	Brille
chiedo (chiedere)	ich frage, erbitte
il divorzio	Scheidung

Orari di apertura – Öffnungszeiten

In den Innenstädten und den Ferienorten haben die meisten Geschäfte durchgehend geöffnet, auch samstags, in der Regel von 9.30 Uhr bis 20.00 Uhr. In der Adventszeit haben die Kaufhäuser sogar sonntags geöffnet. In den kleineren Städten sind die Öffnungszeiten recht unterschiedlich. Normalerweise wird eine Mittagspause eingehalten, und zwar im Norden etwa zwischen 12.30 und 15.00 Uhr, im Süden von 14.00 bis 17.00 Uhr.

7 Man sollte die Öffnungszeiten beachten.

Familie Gucci befindet sich in der Fortezza Albornoz in Urbino. Hören Sie den Dialog an und lesen Sie mit.

Signor Gucci: Bella, bella, proprio una bella fortezza.

Signora Gucci: Sì, ma adesso andiamo. I bambini hanno fame e io sono stanca.

Signor Gucci: Certo. Dov'è l'uscita? Ah, di là.

Signora Gucci: Allora? Vuoi aprire la porta o no?

Signor Gucci: Non si apre!

Signora Gucci: Come non si apre? Ma non è possibile, siamo chiusi dentro?

Signor Gucci: Tranquilla! Mi dai la guida, per favore? Ah, ecco! Orario di apertura: dalle nove alle dodici e dall'una alle diciotto. Adesso è mezzogiorno e cinque.

Signora Gucci: Che bello! Dobbiamo aspettare un'ora. Paolino ha fame!

Signor Gucci: E perché non gli dai un biscotto!

Signora Gucci: E perché tu non guardi mai gli orari prima di fare qualcosa?

Signor Gucci: Perché il cartello all'entrata è troppo piccolo: non vedo niente!

Signora Gucci: Quando usciamo di qui ti compro un paio di occhiali nuovi. O domando il divorzio.

Dare qualcosa a qualcuno – Jemandem etwas geben

Das Verb *dare* (geben) wird wie folgt konjugiert:

do	diamo
dai	date
dà	danno

Nach *dare* folgt die Präposition *a*, die mit dem bestimmten Artikel zu einem Wort verschmilzt:

a + il	al	a + i	ai
a + lo	allo	a + gli	agli
a + la	alla	a + le	alle

8 Richtig oder falsch?

Lesen Sie den Dialog aus Übung 7 noch einmal und beurteilen Sie die Sätze.

	vero	falso
La famiglia Gucci è chiusa nella fortezza.	☐	☐
La fortezza è chiusa per ferie.	☐	☐
Il cartello con l'orario di apertura è piccolo.	☐	☐
Il signor Gucci vuole dare al bambino un biscotto.	☐	☐

I pronomi indiretti – Die indirekten Pronomen

Wenn nach einem Verb die Präposition *a* steht, dann handelt es sich um ein Verb mit indirektem Objekt. Man braucht also dazu die indirekten Pronomen. Schwierigkeiten bestehen aber nur bei der dritten Person Singular und Plural, denn für die anderen Personen unterscheiden sich die direkten nicht von den indirekten Pronomen:

direkt		indirekt	
mi	(mich)	mi	(mir)
ti	(dich)	ti	(dir)
lo	(ihn, es)	**gli**	(ihm)
la	(sie)	le	(ihr)
La	(Sie)	**Le**	(Ihnen)
ci	(uns)	ci	(uns)
vi	(euch)	vi	(euch)
li	(sie m.)	**gli**	(ihnen m.)
le	(sie w.)	**gli**	(ihnen w.)

Bsp. A chi **dai** il biscotto? (Wem gibst du den Keks?)

Lo do a Polo. **Gli** do subito il biscotto. (Ich gebe ihn Paolo. Ich gebe ihm gleich den Keks.)

Was Sie jetzt können

Nach den Öffnungszeiten fragen
Da che ora a che ora è aperta la banca?

Die Dauer angeben
La banca è chiusa da mezzogiorno all'una. È aperta dalle due alle tre.

Einen Zweifel ausdrücken
Non so se c'è una banca qui vicino.

Über Gewohnheiten sprechen
Il lunedì il museo è aperto. La domenica i negozi sono chiusi.

Bedingungssätze bilden
Se vuoi fare la spesa devi andare al supermercato.

Das Verb 'dare'
Perché non **dai** un biscotto **ai** bambini?

Die indirekten Pronomen
Perché non **gli** dai un biscotto?

Die Verneinung mit 'niente'
Non vedo **niente**.

3 Solo se c'è il sole! – Nur, wenn die Sonne scheint!

1 Ist das Wetter schön?

Wie beschreibt man das Wetter? Sehen Sie sich die Bilder an und lesen Sie die Sätze.

C'è il sole.    Piove.

Nevica.    C'è vento.

Il tempo – Das Wetter

Das Wetter wird mit unpersönlichen Ausdrücken beschrieben:

fa caldo	(es ist warm)
fa freddo	(es ist kalt)
fa bel tempo	(es ist schönes Wetter)
fa brutto tempo	(es ist schlechtes Wetter)
piove	(es regnet)
nevica	(es schneit)
c'è il sole	(es ist sonnig)
c'è vento	(es ist windig)

Die Temperatur wird mit *gradi* (Grad) angegeben.

Bsp. Oggi ci sono venti **gradi**. (Wir haben heute zwanzig Grad.)

Will man sagen, dass einem warm oder kalt ist, verwendet man *avere* + *caldo* oder *freddo*.

Bsp. Hai **caldo**? Io ho **freddo**. (Ist dir warm? Mir ist kalt.)

2 Wie ist das Wetter heute?

Kreuzen Sie die richtigen Antworten an.

Com'è il tempo?
- ☐ Fa bel tempo, c'è il sole.
- ☐ Fa brutto tempo, c'è il sole.

Fa caldo oggi?
- ☐ No, non fa molto caldo, ci sono solo 35°.
- ☐ Sì, fa caldo, ci sono 35°.

Sai com'è il tempo domani?
- ☐ Sì, fa bello.
- ☐ Sì, sono bello.

3 Ist das Wetter überall schön?

Hören Sie die Wettervorhersage an und beurteilen Sie die Sätze mit 'vero' oder 'falso'.

	vero	falso
È inverno.	☐	☐
In Toscana fa particolarmente caldo.	☐	☐
Nel nord dell'Italia invece piove.	☐	☐
Nel sud dell'Italia nevica.	☐	☐

4 Welche Kleidungsstücke trägt man bei welchem Wetter?

Sehen Sie sich die Bilder an und lesen Sie die Beschreibungen. Entscheiden Sie dann, welche Satzteile zueinander passen.

gli occhiali da sole — il maglione pesante

l'impermeabile — il vestito leggero

1 Se c'è il sole
2 Se fa caldo
3 Se fa freddo
4 Se piove

A mi metto l'impermeabile.
B mi metto gli occhiali da sole.
C mi metto un vestito leggero.
D mi metto un maglione pesante.

Qualcosa e niente – Etwas und nichts

Sie kennen bereits *qualcosa da*:

Bsp. Vorrei qualcosa da bere. (Ich möchte etwas zu trinken.)

Folgt nach *qualcosa* ein Adjektiv, dann braucht man die Präposition *di*.

Bsp. Facciamo **qualcosa di bello**. (Wir machen etwas Schönes.)

Das Gegenteil von *qualcosa di* ist *niente di*.

Bsp. **Non** facciamo **niente di** bello. (Wir machen nichts Schönes.)

5 Antonio und Marcella planen einen Ausflug.

Lesen Sie den Dialog und hören Sie ihn an.

Antonio: Andiamo a sciare domani?
Marcella: Ancora? Ma ci andiamo tutte le domeniche. Facciamo qualcosa di diverso?
Antonio: E perché? Da quando non ti piace sciare?
Marcella: Mi piace, ma tutte le domeniche è sempre lo stesso programma: ci alziamo all'alba, facciamo tre ore di coda in autostrada, poi facciamo due ore di coda allo skilift, quando arriviamo su il sole non c'è più, sciamo per un'ora, poi torniamo a casa: altre tre ore di autostrada … che bella domenica. Non facciamo mai niente di nuovo!
Antonio: E cosa vuoi fare?
Marcella: Che ne dici di andare a vedere un museo? O una chiesa? Qualcosa di bello!
Antonio: Ma io preferisco stare nella natura, con le montagne, gli alberi, la neve …
Marcella: … le code … e va beh, andiamo ancora a sciare. Ma solo se c'è il sole!
Antonio: Accendi la televisione e guarda le previsioni del tempo. Io preparo gli sci.

sciare	Ski fahren
qualcosa di diverso	etwas anderes
da quando	seit wann
lo stesso	dasselbe
il programma	Programm
all'alba	bei Sonnenaufgang
fare la coda	im Stau stehen
l'autostrada	Autobahn
su	hier: oben
sciamo (sciare)	wir fahren Ski
niente di nuovo	nichts Neues
che ne dici	was hältst du davon
qualcosa di bello	etwas Schönes
la natura	Natur
alberi (l'albero)	Bäume
va beh (Kurzform von: va bene)	in Ordnung
accendi (accendere)	schalt ein
previsioni del tempo	Wettervorhersage
preparo (preparare)	ich bereite … vor
gli sci	Ski

6 Was machen Antonio und Marcella jeden Sonntag?

Kreuzen Sie die richtigen Antworten an.

Che cosa fanno Antonio e Marcella tutte le domeniche?

- [ ] Si alzano all'alba.
- [ ] Fanno tre ore di coda in autostrada.
- [ ] Vanno a vedere un museo.
- [ ] Vanno a sciare.
- [ ] Fanno qualcosa di diverso.
- [ ] Non fanno mai niente di nuovo.

7 Haben Sie Lust dazu?

Füllen Sie die Lücken mit 'preferisco', 'ho voglia' oder 'mi va'.

A Che ne dici di andare a vedere un museo?

Veramente _____ andare a sciare.

B Ti va di andare a sciare?

No, oggi non _____ di sciare.

C Hai voglia di andare in montagna?

No, non ne _____ .

D Signora, che ne dice di un caffè?

Grazie ma _____ un tè.

Proposte – Vorschläge

Vorschläge kann man folgendermaßen ausdrücken:

Bsp. Che ne dici/dice **di** andare al cinema? (Was hältst du/halten Sie davon, ins Kino zu gehen?)

Ti/Le **va di** andare al cinema? (Hast du/Haben Sie Lust, ins Kino zu gehen?)

Bei der zweiten Wendung braucht man die indirekten Pronomen.

Bsp. A Paolo va di andare al mare? O non **gli** va? (Hat Paolo Lust, ans Meer zu fahren? Oder hat er keine Lust?)

Auch mit *avere voglia di* (Lust haben) kann man jemandem etwas vorschlagen.

Bsp. Hai/Ha **voglia di** andare al mare? (Hast du/Haben Sie Lust, ans Meer zu fahren?)

Mit *ne* kann man den Vorschlag ersetzen.

Bsp. Ti va di **andare al mare**? O non **ne** hai voglia? (Möchtest du ans Meer? Oder hast du keine Lust dazu?)

8 Welches Wort fehlt?

Vervollständigen Sie die Sätze.

A Signora, _____ va di fare una passeggiata?

Volentieri, ma solo se _____ il sole.

B Carlo, _____ voglia _____ andare al museo?

Sì, ma solo se fa brutto _____ .

C Marcella, _____ va di andare a sciare domani?

Se _____ freddo non _____ va.

D Che ne dici di andare al cinema?

No, non _____ ho voglia, con questo caldo!

Con questo tempo – Bei diesem Wetter

Con bedeutet eigentlich 'mit', kann aber auch mit 'bei' übersetzt werden.

Bsp. Con questo caldo non mi va di stare in casa. (Bei der Hitze möchte ich nicht zu Hause bleiben!)

E allora?	Na und?
l'ombra	Schatten
stare all'ombra	im Schatten bleiben
assaggiare	probieren, kosten
il gelato al limone	Zitroneneis
Siberia	Sibirien
singnifica (significare)	es bedeutet
la ragione	Recht
dare ragione	Recht geben

9 Friert Maria?

Milena trifft Maria auf der Straße. Lesen Sie den Dialog, hören Sie ihn an und beurteilen Sie die unten stehenden Sätze mit 'vero' oder 'falso'.

Milena: Maria, ma cosa fai con quel maglione pesante? Ci sono venti gradi!
Maria: E allora? Io ho freddo. Lo sai che ho sempre freddo. Se ci sono meno di venticinque gradi io mi metto il maglione.
Milena: Sì, va bene, ma con questo sole è un po' strano, sai …
Maria: Lo so che c'è il sole, ma io sono all'ombra e all'ombra fa freddo.
Milena: Scusa eh, hai freddo, stai all'ombra e mangi il gelato?
Maria: E se ho voglia di mangiare un gelato? Vuoi assaggiare?
Milena: No, grazie, ma il gelato al limone non mi piace. Vieni con me al parco?
Maria: Con questo freddo?
Milena: Ma c'è il sole!
Maria: E allora? Anche in Siberia c'è il sole, ma non significa che fa caldo.
Milena: Mi dai ragione una volta, solo una volta?

	vero	falso
È inverno.	☐	☐
Maria ha caldo.	☐	☐
Maria deve avere almeno 25°.	☐	☐
Maria ha un vestito leggero.	☐	☐
Maria non dà mai ragione a Milena.	☐	☐

I verbi 'dire' e 'dare' – Die Verben 'dire' und 'dare'

Hier sehen Sie die Konjugation von *dire a* (sagen) und *dare a* (geben).

	dire	dare
io	dico	do
tu	dici	dai
lui, lei, Lei	dice	**dà**
noi	diciamo	diamo
voi	**dite**	date
loro	dicono	danno

Was Sie jetzt können

Über das Wetter sprechen
Com'è il tempo? **C'è** il sole, c'è vento.
Fa caldo, fa bel tempo. **Ci sono** trenta gradi.
Io **ho** caldo e lei ha freddo.

Etwas vorschlagen und darauf reagieren
Che ne dici di andare a sciare?
Ti va di andare al cinema?
Le va di andare in montagna?
Hai voglia di fare una passeggiata?
Ha voglia di uscire?

Oggi non mi va, non ne ho voglia.
Preferisco stare a casa.
Vado al parco solo se c'è il sole.

Jemandem Recht geben
Sì, hai ragione.

'Qualcosa' und 'niente'
Facciamo **qualcosa di** bello? Non facciamo mai **niente di** nuovo.

Die Verben 'dire' und 'dare'
Che ne **dici**? Mi **dai** ragione una volta?

Test

1 Elementi di lingua

Leggete il testo. Decidete quali parole usare. Scegliete tra le parole scritte sotto il testo.

Di solito io **1** alzo alle sette. Poi vado **2** bagno e mi **3**. Dopo mi **4**. Non mi **5** mai la giacca, preferisco una maglietta e un pullover. Faccio il caffè e **6** bevo in cucina. Vado a lavorare. **7** solito lavoro **8** nove **9** cinque. Ma naturalmente **10** domenica non lavoro.

1	mi		me
2	a		in
3	lavo		lavarmi
4	metto		vesto
5	metto		vesto
6	il		lo
7	al		di
8	dalle		da
9	alle		a
10	per		la

2 Comprensione auditiva

Leggete per prima cosa le domande. Ascoltate poi i testi. Segnate la vostra risposta. Ascoltate i testi due volte.

1 A che ora apre il supermercato?

A alle nove e un quarto.
B alle dieci e un quarto.

2 Da che ora a che ora è aperta la posta?

A Dalle otto alle diciannove.
B Dalle nove alle diciotto.

3 A che ora chiudono i negozi?

A Alle otto e mezza.
B Alle nove e mezza.

4 Quanti gradi ci sono oggi?

A Ci sono 23 gradi.
B Ci sono 22 gradi.

5 Com'è il tempo?

A Brutto, piove e c'è vento.
B Brutto, piove e fa freddo.

3 Comprensione scritta

È il 15 agosto, siete a Milano e volete comprare una cartolina. Trovate questo biglietto sulla porta del negozio. Leggete il testo. Leggete le fasi dal numero 1 al numero 3. Decidete se sono giuste o sbagliate.

ORARI:
9.00-13.30, 15.30-20.30
Chiuso la domenica.

Si avvisa la gentile clientela che l'esercizio resta chiuso per ferie dal 10 al 30 agosto.

1 Il negozio è chiuso perché è tempo di vacanza.

A giusto   B sbagliato

2 Il negozio resta chiuso per tutto il mese di agosto.

A giusto   B sbagliato

3 Il negozio di solito è aperto fino alle otto e mezzo.

A giusto   B sbagliato

Unità 10

Erlebnisse und Ereignisse in der Vergangenheit

Museen und andere Sehenswürdigkeiten

Bewunderung ausdrücken, Smalltalk

Kleine Pannen im Alltagsleben

Aufforderung, Entschuldigung, Begründung

Die Vergangenheit ('passato prossimo')

Die Modalverben 'sapere' und 'potere'

Zeitaufwand: ca. 60 Minuten

1 Che cosa hai fatto ieri? – Was hast du gestern gemacht?

1 Lesen Sie, was diese Personen gemacht haben.

Che cosa hai mangiato? Ho mangiato una pizza.
Che cosa hai bevuto? Ho bevuto una birra.
Hai sentito Maria? No, perché?

Il passato – Die Vergangenheit

Wenn man über ein Ereignis berichten will, das sich einmalig in der Vergangenheit abgespielt hat, so braucht man das *passato prossimo*. Das *passato prossimo* wird mit den konjugierten Formen von *avere* oder *essere* und dem Partizip Perfekt des Verbs gebildet. Um das Partizip Perfekt zu bilden, muss man an den Stamm der Verben die Endungen **-ato** (für Verben auf **-are**), **-uto** (für Verben auf **-ere**), **-ito** (für Verben auf **-ire**) anhängen.

Bsp.	mangi**are**	b**ere**	sent**ire**
io ho	mangi**ato**	bev**uto**	sent**ito**
(ich habe	gegessen	getrunken	gehört)

Einige Verben haben ein unregelmäßiges Partizip Perfekt:

fare	fatto	(gemacht)
accendere	acceso	(eingeschaltet)
leggere	letto	(gelesen)
mettere	messo	(gestellt, gesetzt, angezogen)
scrivere	scritto	(geschrieben)
succedere	successo	(passiert)
vedere	visto	(gesehen)

2 Wer hat was gemacht?

Bilden Sie Sätze wie im Beispiel.

Esempio: (io/imparare/italiano/Roma)
Ho imparato l'italiano a Roma. ▶

A tu/studiare/lingue straniere?

B signora Sassi/comprare/biglietto per il museo

C loro/non capire/le previsioni del tempo

D io/non/avere tempo di visitare il Duomo

3 Zeit für eine kleine Plauderei?

Sabrina und Milena unterhalten sich. Lesen Sie, was Milena über sich erzählt.

Milena: Oggi Carlo e io festeggiamo il nostro anniversario di matrimonio.
Sabrina: Ah, auguri! Senti, ma quando hai conosciuto tuo marito?
Milena: Dieci anni fa.
Sabrina: Cosa? Siete già sposati da dieci anni?
Milena: No no, ho sposato Carlo l'anno scorso. Ma lo conosco da dieci anni.
Sabrina: Però, non avete avuto molta fretta. E come avete festeggiato le nozze?
Milena: Abbiamo fatto una piccola cena con la famiglia e pochi amici in un ristorante molto bello, all'aperto. Abbiamo mangiato benissimo.
Sabrina: Avete fatto anche un bel viaggio di nozze?
Milena: Sì, ma l'anno prima.
Sabrina: Come scusa, di solito prima ci sono le nozze e poi il viaggio.
Milena: E noi invece abbiamo fatto il contrario.
Sabrina: Ho capito ...

festeggiamo (festeggiare)	wir feiern
l'anniversario di matrimonio	Hochzeitstag
conosciuto (conoscere)	kennen gelernt
dieci anni fa	vor zehn Jahren
sposati (sposato)	verheiratet, geheiratet
l'anno scorso	letztes Jahr
da	seit
avere fretta	es eilig haben
festeggiato (festeggiare)	gefeiert
il viaggio di nozze	Hochzeitsreise
l'anno prima	das Jahr davor
il contrario	Gegenteil
capito (capire)	verstanden

Parlare del passato – Über vergangene Ereignisse sprechen

Um über die Vergangenheit zu sprechen, verwendet man oft die Ausdrücke *scorso* (vergangen, vorig) und *fa* (vor). *Scorso* muss dem Substantiv angeglichen werden, *fa* bleibt unverändert und steht am Ende des Satzes.

Bsp. Ho fatto un viaggio il **mese scorso**. (Letzten Monat habe ich eine Reise gemacht.)

La settimana scorsa ho incontrato Luisa. (Letzte Woche habe ich Luisa getroffen.)

Ho conosciuto Carlo **dieci anni fa**. (Ich habe Carlo vor zehn Jahren kennen gelernt.)

Prima bedeutet sowohl 'zuerst' als auch 'davor'.

Bsp. Ho fatto un viaggio **l'anno prima**. (Das Jahr davor habe ich eine Reise gemacht.)

4 Was hat Milena erzählt?

Kreuzen Sie 'vero' oder 'falso' an.

	vero	falso
Milena è sposata da dieci anni.	☐	☐
Milena ha conosciuto suo marito dieci anni fa.	☐	☐
Hanno avuto fretta di festeggiare le nozze.	☐	☐
Hanno festeggiato le nozze in inverno.	☐	☐

5 Welche Sätze passen zu welchen Bildern?

Schreiben Sie die Lösungen unter die Bilder.

A Siamo andati a fare il viaggio di nozze in Toscana. Ci sono stata per la prima volta.
B Siamo andati a cena in un ristorante all'aperto.
C Siamo arrivati tardi.
D Siamo partiti presto.

Il passato con 'essere' – Die Vergangenheit mit 'essere'

Für die Bildung des *passato prossimo* braucht man bei einigen Verben das Hilfsverb *essere*. Meistens verwendet man *essere* im Italienischen, wenn im Deutschen 'sein' steht.

Bsp. Sono and**ato** a Firenze. (Ich bin nach Florenz gefahren.)

Bei solchen Verben wird die Endung des Partizips dem Subjekt angeglichen, d.h. die Partizipien können in der männlichen oder weiblichen Form sowie in der Singular- oder Pluralform stehen.

Bsp. Paol**o** è andat**o** a Roma.
Mari**a** è andat**a** a Firenze.
Paol**o** e Marc**o** sono andat**i** a Milano.
Mari**a** e Milen**a** sono andat**e** a Pisa.

Wenn in einem Satz ein männliches und ein weibliches Subjekt vorkommen, dann verwendet man die männliche Form.

Bsp. Carlo e **Maria** sono andat**i** a Milano.

6 Was hat Sabrina gestern gemacht?

Beurteilen Sie die Sätze mit 'vero' oder 'falso'.

	vero	falso
Ieri Sabrina ha fatto la spesa.	☐	☐
Sua sorella è contenta perché ha comprato una macchina nuova.	☐	☐
Sabrina e Daniela sono andate a cena insieme.	☐	☐
Il marito di Daniela è andato al cinema.	☐	☐

7 Sandra ist um sieben Uhr aufgestanden. Und Antonio?

Lesen Sie die Beschreibung von Sandras Tagesablauf. Vervollständigen Sie dann den Text über Antonio mit den fehlenden Verben.

Sandra si è alzata alle sette. Si è lavata, si è vestita e poi è uscita di casa. È andata in ufficio in bici. È arrivata alle otto. Prima ha bevuto un caffè poi ha cominciato a lavorare.

Antonio _____ alle sette.
_____ , _____ e poi è _____ di casa. È _____ in ufficio.
È _____ alle otto. Prima _____ un caffè poi _____ a lavorare.

I verbi riflessivi – Die reflexiven Verben

Das *passato prossimo* der reflexiven Verben bildet man mit dem Hilfsverb *essere*. Die Endungen des Partizips werden dann dem Subjekt angeglichen.

Bsp. Marc**o** si **è** alzat**o** presto. (Marco ist früh aufgestanden.)

Mar**ia** si **è** lavat**a**. (Maria hat sich gewaschen.)

Mar**ia** e Silv**ia** si **sono** lavat**e**. (Maria und Silvia haben sich gewaschen.)

Marc**o** e Carl**o** si **sono** lavat**i** i denti. (Marco und Carlo haben sich die Zähne geputzt.)

8 Was hat Milena gemacht?

Carlo kommt nach Hause und findet den Notizzettel, den seine Frau Milena hinterlassen hat. Lesen Sie ihn und kreuzen Sie die passenden Sätze an.

> Caro Carlo,
> sono da Sabrina.
> L'arrosto di ieri è in frigo.
> Accendi la lavatrice (30° delicati).
> Torno verso le otto. Baci
> Milena

☐ È andata dalla sua amica Sabrina.
☐ Ha messo l'arrosto nel forno.
☐ Ha messo l'arrosto nel frigo.
☐ Non ha acceso la lavatrice.
☐ Ha spiegato come funziona la lavatrice.

ieri	gestern
l'arrosto	Braten
il forno	Backofen
il frigo	Kühlschrank
la lavatrice	Waschmaschine
spiegato (spiegare)	erklärt
funziona (funzionare)	(sie) funktioniert

9. Wie kommt Carlo zurecht?

Carlo ist im Stress, als sein Freund Giuseppe anruft. Lesen Sie das Gespräch und hören Sie es an. Kreuzen Sie dann die zutreffenden Sätze an.

Carlo: Pronto?

Giuseppe: Ciao Carlo sono Giuseppe. Che fai di bello?

Carlo: Guarda, sono sotto stress. Milena è andata da Sabrina. Ha scritto su un biglietto che l'arrosto è in frigo, ma io non ho trovato niente in frigo! Così non ho pranzato. Poi ha scritto che devo accendere la lavatrice. Ho sbagliato programma e ho rovinato il suo maglione preferito.

Giuseppe: Ma non hai letto le istruzioni? Non c'è il programma per i delicati?

Carlo: Sì, ma non lo so cosa è successo. Sono disperato! Il maglione adesso è piccolo come un francobollo. Mi uccide!

Giuseppe: Senti, facciamo così: vieni da me, andiamo in centro, compriamo un maglione nuovo e un mazzo di rose. Quando Sabrina torna le dai i fiori, un bacio, il maglione, le dici quanto è bella e poi le dici che è successo un piccolo guaio, piccolissimo, irrilevante.

Carlo: Hai ragione. Vengo subito. Ciao.

☐ Non ha letto bene il biglietto.
☐ Non ha lavato con il programma per delicati.
☐ Ha mangiato l'arrosto.

sotto stress	im Stress
il biglietto	Zettel
trovato (trovare)	gefunden
pranzato (pranzare)	zu Mittag gegessen
sbagliato (sbagliare)	verwechselt, falsch gemacht
rovinato (rovinare)	ruiniert, zugrunde gerichtet
preferito	bevorzugt, Lieblings-
le istruzioni	Anweisungen
delicati (delicato)	empfindlich
successo (succedere)	passiert, geschehen
disperato	verzweifelt
il francobollo	Briefmarke
mi uccide (uccidere)	sie bringt mich um
il mazzo di rose	Rosenstrauß
il bacio	Kuss
il guaio	Malheur
irrilevante	irrelevant, unbedeutend

Was Sie jetzt können

Über die Vergangenheit sprechen

Che cosa hai fatto ieri?
Non ho fatto niente di bello.
Il mese **scorso** sono stato a Milano.

Das Partizip Perfekt

Ho mangi**ato** e bev**uto** bene, ho sent**ito** la radio.

Das 'passato prossimo'

Ho mangi**ato** l'arrosto. **Ho** bev**uto** un bicchiere di vino. **Ho** sent**ito** Maria.
Lorenz**o è** andat**o** al mare. Milen**a è** andat**a** da Sabrina.

2 Com'è andata la vacanza? – Wie war der Urlaub?

1 Wo waren Sandras Freunde im Urlaub?

Lesen Sie die Postkarten und kreuzen Sie die richtigen Sätze an.

Porto Paglia - Costa Smeralda (SS)

Cara Sandra,
qui il tempo è meraviglioso,
le spiaggie sono bianchissime,
si mangia benissimo.
Ci riposiamo davvero!
Tanti cari saluti
Paolo e Fancesca

Sandra Viscardi
Via Scarlatti 5
20124 Milano

Cara Sandra,
anche se la cucina del posto non è la migliore, c'è tanto da vedere e ci divertiamo moltissimo. Ti porto un autografo della regina Elisabetta? Ciao!
Renzo e Lucia

Sandra Viscardi
Via Scarlatti 5
20124 Milano

Paolo e Francesca
☐ sono stati al mare.
☐ hanno fatto molto sport.
☐ sono stati in montagna.
☐ si sono riposati molto.

Renzo e Lucia
☐ sono stati a Londra.
☐ sono stati a Roma.
☐ non hanno mangiato molto bene.
☐ si sono divertiti molto.

2 Wie hat es ihnen gefallen?

Lesen Sie die Sätze und hören Sie sie an.

Allora Francesca, ti è piaciuta la Grecia?
Sì, molto. Solo l'hotel non mi è piaciuto molto.

Signora, Le è piaciuta l'Inghilterra?
Certo. La cucina non mi è piaciuta molto, ma il paese mi è piaciuto moltissimo.

Mi è piaciuto – Es hat mir gefallen

Das *passato prossimo* von *piacere* bildet man mit dem Hilfsverb *essere*. Man muss also darauf achten, ob das, was einem gefallen hat, männlich oder weiblich ist, im Singular oder Plural steht. Das Partizip Perfekt von *piacere* ist *piaciuto*.

Bsp. La Greci**a** mi **è** piaciut**a**. (Griechenland hat mir gut gefallen.)

L'alberg**o** non mi **è** piaciut**o**. (Das Hotel hat mir nicht gefallen.)

I monument**i** mi **sono** piaciut**i**. (Die Denkmäler haben mir gut gefallen.)

Ti **sono** piaciut**e le** spiagg**e**? (Haben dir die Strände gefallen?)

3 Setzen Sie die richtige Form von 'piacere' ein.

A La città mi è _____ molto.

B Ti è _____ il film?

C Le è _____ Londra?

D Gli autobus a due piani mi sono _____ tanto!

E Mi sono _____ le piazze.

F La cucina non mi è _____.

4 Sandra fragt Carlo, wie es im Urlaub war.

Hören Sie den Dialog an und beurteilen Sie die Sätze mit 'vero' oder 'falso'.

	vero	falso
Milena preferisce andare al mare.	☐	☐
La cucina non le è piaciuta.	☐	☐
A Carlo è piaciuta anche la gente.	☐	☐
Gli è piaciuto molto l'albergo.	☐	☐
Ai bambini la vacanza è piaciuta.	☐	☐

5 Zufrieden oder unzufrieden?

Welche Ausdrücke bekunden Zufriedenheit (linke Spalte), Unzufriedenheit (mittlere Spalte) oder Gleichgültigkeit (rechte Spalte)? Tragen Sie die unten stehenden Sätze in die Tabelle ein.

Ti è piaciuto?

😊	☹️	😐

Insomma!
Così così.
Non mi è piaciuto per niente.
È stato un sogno.
Abbastanza.
Non mi è piaciuto affatto.
È stato meraviglioso.
Non mi sono mai divertito tanto.
È stato un incubo!

insomma	es geht
così così	so lala
per niente	überhaupt nicht
non ... affatto	gar nicht
meraviglioso	wunderbar
il sogno	Traum
divertito (divertirsi)	amüsiert
l'incubo	Alptraum
la spiaggia	Strand

Il significato di 'insomma' – Die Bedeutung von 'insomma'

Das Wort *insomma* kann je nach Kontext verschiedene Bedeutungen haben, nämlich: 'kurz', 'schließlich', 'nun', 'also', 'es geht'.

Bsp. Insomma non vi è piaciuto. (Kurz, es hat euch nicht gefallen.)

Insomma, ti è piaciuto o no? (Hat es dir nun gefallen oder nicht?)

Insomma, basta! (Also, es reicht!)

È stata bella la vacanza? Insomma. (War der Urlaub schön? Es geht/ging.)

6 Füllen Sie die Lücken mit den passenden Pronomen.

A Ai bambini è piaciuta la vacanza?

Per loro è stato un sogno, _____ è piaciuto tutto.

B Signor Rossi, Le è piaciuto il paesaggio?

Sì, _____ è piaciuto molto.

C Vi è piaciuto l'albergo?

Insomma, non _____ è piaciuto molto.

D E a Maria è piaciuta la spiaggia?

Sì, _____ è piaciuta molto.

E A Carlo sono piaciuti i musei?

No, non _____ sono piaciuti per niente.

Livello 2 | Unità 10

7 Wer hatte den schöneren Urlaub?

Giorgio Sartori ist aus dem Urlaub zurück und trifft seine Nachbarin im Treppenhaus.

Signora Verdi: Ah, siete tornati. Come sono andate le vacanze?
Signor Sartori: Guardi, non ne parliamo che è meglio.
Signora Verdi: Perché? Cos'è successo?
Signor Sartori: Niente, è stato solo un incubo. Ci siamo svegliati tutti i giorni alle cinque, perché i vicini hanno litigato e urlato ogni giorno. Il tempo è stato bruttissimo: ha piovuto e ha fatto freddo per tutta la settimana. Poi io mi sono anche ammalato. Ho preso il raffreddore.
Signora Verdi: Ma insomma, Le è piaciuto almeno qualcosa?
Signor Sartori: Sì, la cameriera. Ma a mia moglie meno. E la spiaggia.

Milena ist ebenfalls aus ihrem Urlaub zurück und unterhält sich mit Sandra.

Sandra: Allora Milena, com'è andata?
Milena: Benissimo, è stata una vacanza da sogno. Il paesaggio, il tempo, l'albergo, la gente, insomma tutto.
Sandra: E cosa ti è piaciuto di più?
Milena: A parte le montagne? La piscina. Un giorno ha fatto brutto tempo e abbiamo passato il pomeriggio in acqua. La piccola si è divertita un mondo. E poi la sauna! Ha fatto così bene!
Sandra: E la camera?
Milena: Mi sono sentita come una regina: meravigliosa.
Sandra: È piaciuto anche a Carlo?
Milena: Sì, soprattutto la cucina.

8 Wer war in diesem Hotel?

Sehen Sie sich das Bild an und beantworten Sie die unten stehende Frage.

Chi ha passato le vacanze in questo albergo?

non ne parliamo	reden wir nicht darüber
cos'è (cosa è)	was ist
urlato (urlare)	geschrien
piovuto (piovere)	geregnet
ammalato (ammalarsi)	krank geworden
ho preso il raffreddore (prendere)	ich habe mich erkältet
almeno	wenigstens
la cameriera	Zimmermädchen
Com'è andata?	Wie war's?
la vacanza da sogno	Traumurlaub
il paesaggio	Landschaft
di più	am meisten
a parte	abgesehen von
passato (passare)	verbracht
divertirsi un mondo	sich köstlich amüsieren
la regina	Königin
soprattutto	vor allen Dingen

9 Wie war Giorgios Urlaub? Und der von Milena?

Beantworten Sie die Fragen. Sie können vorher die Dialoge aus Übung 7 noch einmal lesen.

A Che cosa è piaciuto al signor Sartori?

B Com'è stato il tempo al mare?

C Cosa dice il signor Sartori della sua vacanza – con una parola?

D Cosa dice invece Milena della sua vacanza – con una sola parola?

E Che cosa è piaciuto di più a Milena?

F E a Carlo?

con	mit
la parola	Wort

Di più – Am meisten

Di più bedeutet 'mehr'.

Bsp. Che vuoi **di più**? (Was willst du mehr?)

Man verwendet aber auch *piacere di più* statt *preferire* (vorziehen). Der Ausdruck bedeutet 'lieber mögen'.

Bsp. Ti piace **di più** il mare o la montagna? (Magst du lieber das Meer oder die Berge?)

Schließlich bedeutet *di più* auch 'am meisten'.

Bsp. Che cosa ti è piaciuto **di più**? (Was hat dir am meisten gefallen?)

Was Sie jetzt können

Über Erlebnisse berichten

La mia vacanza è stata un incubo, ma l'hotel mi è piaciuto molto.

Zufriedenheit ausdrücken

È stato un sogno. È stato meraviglioso.
Mi è piaciuto molto. Mi sono sentita come una regina. Non mi sono mai divertito tanto.

Unzufriedenheit ausdrücken

Non mi è piaciuto molto.
Insomma, abbastanza.
Non mi è piaciuta per niente.
Non mi è piaciuto affatto. Non ne parliamo.

Die Bedeutung von 'insomma'

Insomma non vi è piaciuto.
Insomma, ti è piaciuto o no?
Insomma, adesso basta!
È stato bello? Insomma.

Die Bedeutung von 'di più'

Che vuoi di più?
Ti piace di più il mare o la montagna?
Che cosa ti è piaciuto di più?

Das 'passato prossimo' von 'piacere'

L'albergo non mi **è** piaciut**o**, ma **la** Grecia mi è piaciut**a**.
I monumenti mi **sono** piaciut**i** e anche **le** spiagge mi sono piaciut**e**.

3 Che cosa è successo? – Was ist passiert?

1 Wen soll Alessandra anrufen?

Alessandra hat ihren Schlüsselbund verloren. Sie steht vor dem schwarzen Brett im Supermarkt. Wer hat ihn gefunden?

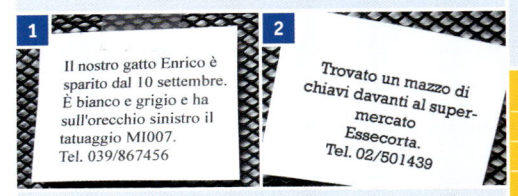

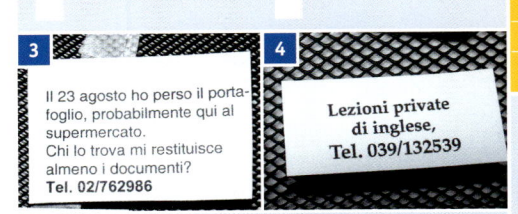

1 Il nostro gatto Enrico è sparito dal 10 settembre. È bianco e grigio e ha sull'orecchio sinistro il tatuaggio MI007. Tel. 039/867456

2 Trovato un mazzo di chiavi davanti al supermercato Essecorta. Tel. 02/501439

3 Il 23 agosto ho perso il portafoglio, probabilmente qui al supermercato. Chi lo trova mi restituisce almeno i documenti? Tel. 02/762986

4 Lezioni private di inglese, Tel. 039/132539

	vero	falso
Alessandra ha perso le chiavi.	☐	☐
Federico ha trovato le chiavi.	☐	☐
Alessandra ha un portachiavi di plastica.	☐	☐
Federico è andato da Alessandra a portare le chiavi.	☐	☐

chiavi (la chiave)	Schlüssel
il mazzo di chiavi	Schlüsselbund
Come faccio a sapere se …	Woher soll ich wissen, ob …
il portachiavi	Schlüsselanhänger
d'argento	aus Silber
il regalo	Geschenk
la nonna	Oma, Großmutter

Le maiuscole – Die Großschreibung

Wie Sie bereits wissen, entspricht die Höflichkeitsform der dritten Person Singular. Die Pronomen werden dann jedoch großgeschrieben, damit man sie nicht mit einer 'echten' dritten Person verwechselt.

Bsp. Questa è la **Sua** chiave? (Ist das Ihr Schlüssel?)

2 Was ist passiert?

CD2 25

Alessandra ruft Federico an. Beurteilen Sie die Sätze mit 'vero' oder 'falso'.

Alessandra: Pronto, buongiorno, mi chiamo Alessandra Larghi. Ho letto il suo biglietto al supermercato. Lei ha trovato le mie chiavi, no?
Federico: Sì, ho trovato un mazzo di chiavi. Ma come faccio a sapere se sono le Sue?
Alessandra: Ha ragione! Non si sa mai … ecco io ho un portachiavi d'argento con il mio nome scritto in blu. Sa, è un regalo della mia nonna.
Federico: Va bene, è il Suo! Vuole venire da me a prendere le chiavi? Facciamo oggi alle tre? Abito in via Leopardi 15.
Alessandra: Va bene, allora a più tardi e mille grazie! Ah, e come Si chiama?
Federico: Federico Antonelli.

3 Wie kann sich Alessandra entschuldigen, wenn sie sich verspätet hat?

Vervollständigen Sie die Sätze mit der passenden Form des Verbs in Klammern.

A Mi dispiace, ma ho _____ l'autobus. (perdere)
B Purtroppo non ho _____ la sveglia. (sentire)
C Scusi tanto, ma mi sono _____ tardi. (svegliarsi)
D Scusi il ritardo, ma non sono di qui e _____. (perdersi)

4 Welcher Satz passt zu welcher Situation?

Tragen Sie die unten stehenden Sätze in die Tabelle ein.

stazione ferroviaria	bar

Vorrei prenotare un posto per non fumatori.
Un biglietto di andata e ritorno per Milano.
Un biglietto di prima classe per Milano.
Vorrei un biglietto per Milano e tre francobolli per cartolina.
C'è un posto vicino alla finestra?

andata e ritorno	hin und zurück
classe	Klasse
il posto	Platz
fumatori (il fumatore)	Raucher
la stazione ferroviaria	Bahnhof

5 Warum hat sich Alessandra verspätet?

(CD2 26)

Alessandra ist bei Federico. Hören Sie, was sie erzählt, und beurteilen Sie die Sätze mit 'vero' oder 'falso'.

	vero	falso
Alessandra ha perso il tram.	☐	☐
È in ritardo perché ha sbagliato strada.	☐	☐
È arrivata con un'ora di ritardo perché ha dormito.	☐	☐
Alessandra ha comprato il biglietto alla stazione.	☐	☐

6 Was erfährt man über Federico und Alessandra?

(CD2 27)

Lesen Sie den Dialog und kreuzen Sie bei den unten stehenden Sätzen 'vero' oder 'falso' an.

Federico: Prende un caffè?
Alessandra: Non vorrei disturbare!
Federico: Ma si figuri! Lei non è di qui, vero?
Alessandra: No, sono qui in vacanza.
Federico: E di dov'è?
Alessandra: Sono nata a Roma ma abito a Berlino.
Federico: E come mai a Berlino?
Alessandra: Sono andata Berlino dieci anni fa per studiare, poi ho trovato un buon posto di lavoro e ci sono rimasta.
Federico: Ma non ha nostalgia dell'Italia?
Alessandra: Qualche volta sì. E Lei, cosa fa?
Federico: Sono pianista.
Alessandra: Davvero? Che bello! Io so suonare solo un po' la chitarra. Da quando suona il piano?
Federico: Ho cominciato da piccolo. Poi ho studiato al conservatorio e … oh mi scusi, mamma mia che guaio, mi dispiace tanto, ma quanto sono stupido, aspetti, faccio io, no, scusi tanto, naturalmente Le pago la tintoria e …
Alessandra: Ma no, non importa, può capitare!
Federico: Senti … scusi … senta!
Alessandra: Dica! Ma no, dai, ci possiamo anche dare del tu. Dimmi!
Federico: Ti posso almeno invitare a cena stasera?

	vero	falso
Alessandra è nata a Berlino.	☐	☐
Alessandra sa suonare la chitarra.	☐	☐
Federico suona il piano.	☐	☐
Federico ha cominciato a suonare da piccolo.	☐	☐
Federico ha rovesciato il caffè sul vestito di Alessandra.	☐	☐
Federico ha perso le chiavi di Alessandra.	☐	☐
Federico e Alessandra diventano quasi amici.	☐	☐

Livello 3 | Unità 10

ma si figuri	ich bitte Sie
nata (nato)	geboren
come mai	wieso
rimasta (rimanere)	geblieben
la nostalgia	Sehnsucht
il pianista	Pianist
davvero	wirklich
suonare	(Instrumente) spielen
la chitarra	Gitarre
il piano, pianoforte	Klavier
da piccolo	als kleines Kind
il conservatorio	Konservatorium
stupido	dumm
la tintoria	Reinigung
non importa	das macht nichts
capitare	passieren
dai (dare)	hier: komm
dare del tu	duzen

Espressioni utili – Nützliche Ausdrücke

Bewunderung, aber auch Erstaunen oder Zweifel, kann man mit *davvero?* (wirklich?) ausdrücken.

Wenn man jemanden zu etwas auffordern möchte, sagt man oft *dai!* (komm!, los!)

Bsp. Dai, andiamo al mare! (Komm, fahren wir ans Meer!)

Eine freundliche Art zu signalisieren, dass einem etwas nichts ausmacht bzw. keine Umstände bereitet, stellt der Ausdruck *Figurati!* bzw. *Si figuri!* (Ich bitte dich/Sie!) dar.

Bsp. Non vorrei disturbare! (Ich möchte nicht stören.)

Ma **figurati**! (Aber ich bitte dich!)

Rivolgersi a qualcuno – Sich an jemanden wenden

Wenn man sich an jemanden wendet bzw. die Aufmerksamkeit auf sich ziehen möchte, beginnt man einen Satz oft mit *Senta!* bzw. *Senti!* (wörtlich: 'Hören Sie!' bzw. 'Hör mal!'). Wenn man selbst Aufmerksamkeit signalisieren möchte, sagt man *Dica!* oder *Dimmi!* (wörtlich: 'Sagen Sie!'/'Sag mir!'). Diese Wendungen werden häufig auch am Telefon benutzt.

Bsp. Senti, ho una domanda. (Entschuldige, ich habe eine Frage.)

Dimmi! (Ja, bitte!)

7 Er kann, darf aber nicht!

Kennen Sie den Unterschied zwischen 'können' und 'dürfen'? Lesen Sie den Text.

Sai suonare il piano?
Sì.
Dai, suona!
No, adesso non posso, è troppo tardi.

Sapere e potere – Wissen und können

Sapere bedeutet nicht nur 'wissen', sondern auch 'können', 'beherrschen'. *Potere* heißt übersetzt 'können' und 'dürfen'.

Bsp. So suonare il piano, ma adesso non **posso** perché è già tardi. (Ich kann Klavier spielen, aber jetzt kann/darf ich nicht, weil es schon spät ist.)

Wenn in einem Satz mit *sapere*, *potere*, *dovere* oder *volere* ein Pronomen vorkommt, muss dieses vor dem Verb stehen.

Bsp. Ti posso invitare a cena? (Darf ich dich zum Abendessen einladen?)

Ci possiamo dare del tu. (Wir können uns duzen.)

8 'Sapere' oder 'potere'?

Füllen Sie die Lücken mit dem passenden Verb.

A Maria non _____ suonare la chitarra.

B I miei figli _____ suonare il piano molto bene.

C Sergio, _____ nuotare?

D Sì, _____ nuotare, ma oggi non _____ perché ho il raffreddore.

E Voi _____ dov'è andata Maria?

La polizia – Die Polizei

Falls Sie einmal Ihre Brieftasche in Italien verlieren sollten, dann brauchen Sie die *polizia* oder die *carabinieri*. Die Zuständigkeiten von *polizia* und *carabinieri* unterscheiden sich lediglich dadurch, dass letztere dem Militär angehören. Die *vigili urbani* kümmern sich um Verkehrsangelegenheiten.

Was Sie jetzt können

Sich entschuldigen und etwas begründen
Scusa il ritardo, ma purtroppo ho avuto un incidente.
Mi dispiace, ma purtroppo mi sono persa.

Jemanden entschuldigen
Si figuri, non importa!   Figurati, può capitare!

Bewunderung ausdrücken
Davvero? Che bello!

Aufmerksamkeit auf sich lenken
Scusi, senta!   Dica!
Scusa, senti!   Dimmi!

Jemanden zu etwas auffordern
Dai, ci possiamo dare del tu!

Nach dem Geschehen fragen
Che cosa è successo?

Die Höflichkeitsform
Scusi, è la **S**ua chiave?

'Sapere' und 'potere'
So suonare il piano ma adesso non posso perché è tardi.
Ti posso invitare a cena?

Test

1 Elementi di lingua

Leggete il testo. Decidete quali parole usare. Scegliete tra le parole scritte sotto il testo.

Ieri Claudio è **1** al cinema con Maria. Si sono **2** e il film **3** è **4** molto. Dopo il cinema sono **5** al ristorante e hanno **6** una pizza. Poi **7** tornati a casa in autobus perché non **8** trovato più la macchina: Claudio ha dimenticato dove **9** ha **10**.

1	andato		va
2	divertite		divertiti
3	gli		li
4	piaciuto		piace
5	stato		stati
6	mangiata		mangiato
7	sono		hanno
8	hanno		sono
9	l'		le
10	parcheggiata		parcheggiato

2 Comprensione auditiva

Leggete per prima cosa le domande. Ascoltate poi i testi. Segnate la vostra risposta.

1 Situazione:
Avete un appuntamento con un amico. Arriva con un'ora di ritardo.
È arrivato in ritardo perché ha perso il treno.
☐ sì ☐ no

2 Situazione:
Sabrina racconta a Milena com'è stata la vacanza.
È stata una bella vacanza, ma l'albergo non le è piaciuto.
☐ sì ☐ no

3 Situazione:
Una signora al supermercato vi domanda qualcosa.
La signora ha perso le chiavi e vuole sapere se voi le avete trovate.
☐ sì ☐ no

4 Situazione:
Enzo racconta la sua vita.
Enzo è pianista.
☐ sì ☐ no

3 Risposte

Leggete per prima cosa le frasi dalla A alla D. Ascoltate poi la registrazione. Sentirete tre frasi. Segnate per ogni frase la vostra risposta: A, B, C o D.

1 _____
2 _____
3 _____

A Ma dai, non importa, può capitare.
B Tre anni fa.
C Sì, l'ho accesa tre minuti fa.
D L'ho spenta cinque minuti fa.

Unità 11

Körperteile, Krankheit und Gesundheit

Wünsche, Anliegen, Ratschläge und Tipps

Medikamente kaufen, Geschenke kaufen

Der verneinte Imperativ und die Stellung der Pronomen

Der Ausdruck 'avere bisogno di'

Die Steigerung von 'bene' und 'male'

Der Superlativ von 'buono'

Das Konditional

Zeitaufwand: ca. 60 Minuten

1 Che cos'ha? – Was fehlt Ihnen?

1 Wie heißen die Körperteile?

Schreiben Sie die Wörter in die passenden Lücken.

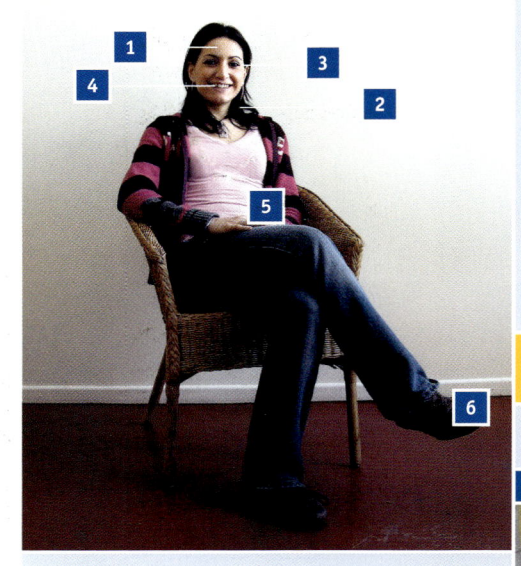

il piede • l'occhio • la testa • la mano • i denti • i capelli

1
2
3
4
5
6

2 Wie sagt man das?

Ergänzen Sie die Körperteile, die in diesen Redewendungen fehlen.

A Mi dai una _____ in cucina?

B Non ho più voglia di lavorare: ne ho fin sopra _____ !

C La nuova macchina di Antonio è carissima, è costata un _____ della testa.

D Anna disturba, è sempre in mezzo ai _____ .

E La pasta deve essere al _____ .

3 Welches Bild passt zu welchem Satz?

Schreiben Sie die Lösung unter die Bilder.

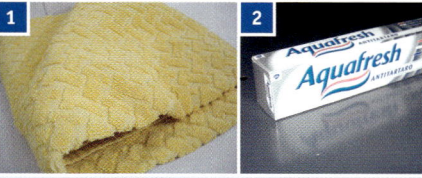

A Mi lavo le mani con il sapone.
B Mi lavo i capelli con lo shampoo.
C Mi lavo i denti con il dentifricio.
D Mi asciugo con l'asciugamano.

Modi di dire – Redewendungen

Sie kennen bestimmt die Bedeutung von *al dente* (bissfest). Andere Redewendungen sind Ihnen vielleicht nicht so geläufig:

Bsp. Ti **do una mano**. (Ich helfe dir.)

Sei sempre **in mezzo ai piedi**! (Du bist mir ständig im Weg!)

Costa **un occhio della testa**! (Das kostet ein Vermögen!)

Ne ho **fin sopra i capelli**. (Ich habe die Nase voll.)

4 Krankheiten sind die besten Ausreden!

Im Büro soll eine Besprechung stattfinden, auf die niemand Lust hat. Beurteilen Sie die unten stehenden Sätze mit 'vero' oder 'falso'.

Mara: Sentite, io non ho voglia di andare alla riunione, e voi?

Enrico: Nemmeno io. Sai una cosa? Io dico che non posso venire perché ho il mal di denti.

Giorgio: Buona idea, e io ho il mal di testa.

Mara: Ah, bene, io allora ho il mal di stomaco. E tu, Antonio?

Antonio: Io ho l'influenza. No, aspetta, mi fa male un piede perché ho giocato a calcio.

	vero	falso
Nessuno ha voglia di andare alla riunione.	☐	☐
Enrico dice che ha il mal di denti.	☐	☐
Mara dice che le fa male un piede.	☐	☐
Giorgio dice che ha l'influenza.	☐	☐
Antonio dice che ha giocato a calcio.	☐	☐

la riunione	Sitzung, Besprechung
nemmeno io	ich auch nicht
avere mal di ...	-schmerzen haben
lo stomaco	Magen
l'influenza	Grippe
fa male	tut weh

Qualcosa fa male – Etwas tut weh

Will man ausdrücken, dass man Schmerzen hat, braucht man ein indirektes Pronomen und *fare male* (wehtun).

Bsp. Gli fa male un piede. (Ihm tut der Fuß weh.)

Mi **fanno** male **i piedi**. (Mir tun die Füße weh.)

Eine andere Möglichkeit besteht darin, die Wendung *avere mal di ...* (Schmerzen haben) zu verwenden.

Bsp. Ho mal di testa. (Ich habe Kopfschmerzen.)

5 Welcher Ratschlag passt zu welcher Krankheit?

Ordnen Sie die passenden Satzteile einander zu.

1 Se ti fanno male i piedi
2 Se hai mal di stomaco
3 Se hai l'influenza
4 Se ti fanno male i denti

A non mangiare il cioccolato!
B non fare una passeggiata troppo lunga!
C non bere troppo caffè!
D non andare in piscina!

L'imperativo negativo – Der verneinte Imperativ

Den verneinten Imperativ in der 2. Person Singular bildet man mit *non* + Grundform.

Bsp. Non mang**iare** il gelato! (Iss kein Eis!)

6 Wie geht es Franco?

Daniela trifft Claudia und erzählt von ihrem Mann. Kreuzen Sie die richtigen Antworten an.

Claudia: Ciao Daniela, come va? Come sta adesso Franco?
Daniela: Grazie, sta meglio. Ieri ha avuto ancora un po' di febbre, ma oggi sta abbastanza bene.
Claudia: È stato dal dottore?
Daniela: Figurati se Franco va dal dottore! Piuttosto muore. Odia i medici e le medicine.
Claudia: Ma ha preso almeno un'aspirina?
Daniela: No, ha preso solo un tè e non ha mangiato niente. E naturalmente si è lamentato tutto il giorno. Lo sai com'è lui quando è ammalato: insopportabile!
Claudia: La prossima volta che Franco si ammala non stare in casa, non cucinare e non perdere tempo: vieni da me e torna a casa quando sta meglio.
Daniela: Hai ragione! Vengo subito!

	sì	no
Franco è molto ammalato?		
Ha preso una medicina?		
Si è lamentato molto?		
Daniela ha cucinato per Franco?		
Franco è andato in farmacia		

la febbre	Fieber
figurati	stell dir vor
piuttosto	lieber
muore (morire)	er stirbt
odia (odiare)	er hasst
medici (il medico)	Ärzte
medicine (la medicina)	Medikamente
prendere una medicina	ein Medikament einnehmen
l'aspirina	Aspirin
lamentato (lamentarsi)	beschwert
ammalato	krank
insopportabile	unerträglich
si ammala (ammalarsi)	er wird krank

7 Was raten Sie einem kranken Freund?

Bilden Sie Sätze mit dem passenden Imperativ.

Esempio: andare/piscina
Non and**are in** piscina!

A non mangiare/cioccolato

B bere/caffè forte

C andare/nuotare

D dormire/all'aperto

8 Was fehlt Franco?

Franco fühlt sich nicht gut und geht in die Apotheke. Lesen Sie den Dialog und hören Sie ihn an.

Franco: Buongiorno, senta, ha qualcosa contro i dolori?
Farmacista: Sì, certo, ma che dolori? Che cos'ha? Che cosa Le fa male?
Franco: Ma, un po' tutto. Ho mal di testa, mal di stomaco, mi fanno male gli occhi, non ho appetito e mi sento stanco.
Farmacista: Guardi, può essere un virus. Forse è meglio se va dal dottore se si sente così male.
Franco: No no, per carità, ci sono già stato e sto peggio di prima. Ne ho fin sopra ai capelli dei medici!
Farmacista: Va bene, Le do queste pastiglie. Sono molto leggere. Le prenda prima dei pasti con molta acqua. Fanno 20 euro.
Franco: Cosa? Costano un occhio della testa! Va beh, le prendo lo stesso.

contro	gegen
dolori (il dolore)	Schmerzen
che cos'ha (cosa ha)?	was fehlt Ihnen?
l'appetito	Appetit
il virus	Virus
forse	vielleicht
è meglio se	es ist besser, wenn
si sente (sentirsi)	Sie fühlen sich
per carità	um Himmels willen
peggio	schlechter
pastiglie (la pastiglia)	Tabletten
pasti (il pasto)	Mahlzeiten

Meglio e peggio – Besser und schlechter

Die Steigerungsform von *bene* ist *meglio*. Die Steigerungsform von *male* ist *peggio*.

Bsp. Oggi mi sento **meglio**. (Heute fühle ich mich besser.)

Sto **peggio**. (Es geht mir schlechter.)

9 Jetzt sind Sie an der Reihe!

Übernehmen Sie Francos Rolle und vervollständigen Sie den Dialog.

Che cosa Le fa male?

Ha mangiato qualcosa?

Non vuole andare dal dottore?

Prenda queste pastiglie.

10 Was ist mit Carla los?

Silvia hat Carla zu ihrem Fest eingeladen. Carla ruft sie an, aber sie ist nicht zu Hause. Hören Sie ihre Nachricht auf dem Anrufbeantworter an und beurteilen Sie die Sätze mit 'vero' oder 'falso'.

	vero	falso
Carla ha l'influenza.	☐	☐
Le fa male lo stomaco.	☐	☐
Se domani non sta meglio va dal dottore.	☐	☐

Was Sie jetzt können

Nach dem Befinden fragen
Come sta? Come stai?
Che cos'ha? Che cos'hai?

Über Gesundheit und Krankheit sprechen
Sto bene. Franco sta meglio.
Non mi sento bene. Mi sento male.
Ho mal di testa.

Ratschläge erteilen
Vai dal dottore! Non mangiare il cioccolato!

Medikamente kaufen
Ha qualcosa contro l'influenza?

Der verneinte Imperativ
Non and**are** in piscina!

'Meglio' und 'peggio'
Forse è meglio andare dal medico se stai peggio.

Die Verneinung mit 'nemmeno'
Nemmeno io ho voglia di andare alla riunione.

2 Mi può dare un consiglio? – Können Sie mir einen Tipp geben?

1 Wie kann man höflich nach einer Information fragen?

Lesen Sie die Sätze.

Scusi, sa dirmi dov'è una farmacia?

Scusa, puoi darmi un'informazione per favore?

2 Füllen Sie die Lücken wie im Beispiel.

Esempio: Mi sai dire dov'è la stazione?
Sai **dirmi** dov'è la stazione?

A Mi puoi aiutare?

Puoi _____ ?

B Mi sa dire che ore sono?

Sa _____ che ore sono?

C Devi spedire l'invito anche a Maria.

Devi _____ l'invito.

D Devo telefonare a Luigi.

Devo _____ .

E Vuoi invitare a cena i genitori di Carla?

Vuoi _____ a cena?

F Posso accendere la televisione?

Posso _____ ?

La posizione dei pronomi – Die Position der Pronomen

Wie Sie bereits wissen, stehen die Pronomen vor den Verben. Bei *sapere*, *potere*, *volere*, *dovere* + Grundform können die Pronomen auch an den Infinitiv angehängt werden.

Bsp. Mi sai dire dov'è la farmacia?/**Sai dirmi** dov'è la farmacia? (Kannst du mir sagen, wo die Apotheke ist?)

Per favore – Bitte

Wenn man jemanden um etwas bitten möchte, dann sagt man *per favore* oder *per piacere* (bitte). *Prego* heißt auch 'bitte', wird aber als Aufforderung und als Antwort auf *grazie* verwendet.

Bsp. Mi aiuti **per favore**? (Hilfst du mir, bitte?)

Entri, **prego**! (Kommen Sie bitte herein!)

Grazie! **Prego**! (Danke! Bitte!)

3 Was kann man Marco und Maria zu ihrem Geburtstag schenken?

Lesen Sie den Dialog.

Che cosa posso regalare a Maria per il suo compleanno?
Mah, regalale un libro di cucina!
E a Marco?
Regalagli un libro di giardinaggio!
Grazie per il consiglio così fantasioso! Comprali tu i regali!

regalare	schenken
il giardinaggio	Gartenbau
il consiglio	Rat, Tipp
fantasioso	fantasievoll
regali (il regalo)	Geschenke

L'imperativo con i pronomi – Der Imperativ mit Pronomen

Wenn mit einem Imperativ in der zweiten Person Pronomen gebraucht werden, dann werden Verb und Pronomen zusammengeschrieben.

Bsp. Il regalo, **compralo** tu! (Das Geschenk, kauf du es!)
Regalale un libro! (Schenk ihr ein Buch!)
Regalagli un libro! (Schenk ihm ein Buch!)

Einige Imperative mit Pronomen sind jedoch unregelmäßig, wie *dimmi* (sag mir), *dammi* (gib mir).

4 Füllen Sie die Lücken mit dem passenden Imperativ und Pronomen.

Esempio: Cosa posso regalare alla mia mamma per il suo compleanno?
Regalale un mazzo di fiori!

A Cosa posso regalare a Carlo?

_____ una cravatta!

B Cosa posso regalare ai bambini?

_____ una palla!

C Dove lo compro il regalo?

_____ al mercato!

D Dove le compro le rose?

_____ al mercato dei fiori!

5 Was braucht die Dame?

Lesen Sie die Sätze.

Dica, signora!
Ho bisogno di un bel mazzo di rose.

6 Wer braucht was?

Ordnen Sie die passenden Satzteile einander zu.

1	Se vuoi fare un regalo	**A**	avete bisogno di tanti soldi.
2	Se volete comprare una casa	**B**	hai bisogno di un'aspirina.
3	Se vuole cucinare la pasta	**C**	hai bisogno di idee.
4	Se hai il mal di testa	**D**	ha bisogno dell'acqua
5	Se sono ammalato	**E**	avete bisogno di qualcosa da mangiare.
6	Se avete fame	**F**	ho bisogno del dottore.

Avere bisogno di qualcosa – Etwas brauchen

Avere bisogno di bedeutet 'brauchen'. Das Wort *bisogno* bleibt unverändert, das Verb *avere* muss konjugiert werden. Die Präposition *di* ändert sich abhängig vom Artikel des darauf folgenden Wortes.

Bsp. Maria **ha** bisogno **del** tuo aiuto. (Maria braucht deine Hilfe.)

Noi non **abbiamo** bisogno **della** macchina. (Wir brauchen kein Auto.)

7 Gina braucht einen Rat.

Gina und Sofia sind im Kaufhaus. Gina sucht ein Geschenk für ihren Mann.

Gina: Io i compleanni li odio. Dammi un consiglio! Dimmi, cosa posso regalargli?
Sofia: Mah, non so, prendigli un maglione.
Gina: E di che colore?
Sofia: Prendilo blu.
Gina: Ne ha già tre. Dammi un'altra idea.
Sofia: Compragli un profumo o un dopobarba.
Gina: Sì, ma ce ne sono tanti.
Sofia: Chiedi consiglio alla commessa!
Gina: Hai ragione. Signorina, scusi, può aiutarmi?
Commessa: Dica, signora!
Gina: Ecco, ho bisogno di un regalo per un uomo. Secondo Lei quale profumo è adatto?
Commessa: Che tipo è il signore? Giovane? Elegante? Sportivo?
Gina: No, guardi, compie 45 anni, porta solo jeans e non si muove dal divano.
Commessa: Ho capito. Io Le consiglio questo. È nuovo, si chiama 'Movimento'. Forse aiuta …
Gina: Tu che ne pensi, Sofia?
Sofia: Secondo me è ideale! Prendilo.
Gina: Signorina, ne prendo due litri.

di che colore	welche Farbe
il profumo	Parfüm
il dopobarba	Rasierwasser
la commessa	Verkäuferin
la signorina	Fräulein
secondo Lei	Ihrer Meinung nach
adatto	passend, geeignet
elegante	elegant
sportivo	sportlich
compie 45 anni (compiere)	er wird 45
si muove (muoversi)	er bewegt sich
il divano	Couch
consiglio (consigliare)	ich empfehle
il movimento	Bewegung
secondo me	meiner Meinung nach
litri (il litro)	Liter

Opinioni – Meinungen

Will man eine Meinung äußern oder nach einer Meinung fragen, so kann man mit *secondo* + Pronomen beginnen.

Bsp. Secondo Lei è una buona idea? (Ist das Ihrer Meinung nach eine gute Idee?)

Dabei braucht man die betonten Objektpronomen. Mit Ausnahme der ersten und zweiten Person entsprechen diese den Subjektpronomen.

Bsp.
secondo **me**	(meiner Meinung nach)
secondo **te**	(deiner Meinung nach)
secondo **lui**	(seiner Meinung nach)
secondo **lei/Lei**	(ihrer/Ihrer Meinung nach)
secondo **noi**	(unserer Meinung nach)
secondo **voi**	(eurer Meinung nach)
secondo **loro**	(ihrer Meinung nach)

8 Was hat sich im Kaufhaus abgespielt?

Lesen Sie den Dialog noch einmal und beurteilen Sie die Sätze mit 'vero' oder 'falso'.

	vero	falso
Gina ha bisogno di consigli.	☐	☐
Il marito di Gina è un tipo sportivo.	☐	☐
Sofia le consiglia un maglione.	☐	☐
La commessa le consiglia un profumo.	☐	☐
Secondo Sofia il profumo è una buona idea.	☐	☐
Gina accetta il consiglio.	☐	☐

Signora e signorina – Frau und Fräulein

Es ist durchaus üblich, junge Frauen mit *signorina* anzusprechen, ohne dass sie sich beleidigt fühlen. Im Gegenteil: Mit dieser Anrede signalisiert man, dass man die Frau für jung hält, was als Kompliment verstanden wird.

9 Nimmt Paola Silvias Ratschlag an?

Hören Sie, was Paola und Silvia besprechen, und kreuzen Sie die richtigen Antworten an.

	sì	no
Paola ha bisogno di un regalo di compleanno?		
Silvia le consiglia un profumo?		
Paola accetta il consiglio di Silvia?		
Paola compra un libro?		

Was Sie jetzt können

Um Ratschläge bitten
Puoi darmi un consiglio?
Dammi un consiglio!
Mi può dare un consiglio?
Ho bisogno di un consiglio.
Può aiutarmi?
Mi dai un'idea?

Jemanden um etwas bitten
Mi aiuti per favore? Grazie!
Prego!

Tipps geben
Ti consiglio un mazzo di fiori.
Signora, Le consiglio questo profumo.

Nach einer Meinung fragen
Che ne dici di un libro?
Che ne pensi di un profumo?
Secondo te cosa posso regalare a Maria?
Secondo Lei è una buona idea?

Die Position der Pronomen
Che cosa **gli** posso regalare?
Cosa posso regalar**gli**?

Der Imperativ mit Pronomen
Compra**lo**!
Prendi**gli** un maglione!
Dimmi!
Dammi un'idea!

Das Verb 'avere bisogno di'
Ho bisogno **di** un regalo.
Ho bisogno **del** tuo consiglio.

3 Tu cosa faresti? – Was würdest du tun?

1 Was würden Sie tun? Lesen Sie den Dialog.

Che cosa mi consigli?
Io prenderei quello rosso.
Non è meglio quello verde?
No, al tuo posto non comprerei quello verde.

Il condizionale – Das Konditional

Mit dem *condizionale* (Bedingungsform) kann man Wünsche, Fragen, Anliegen und Vorschläge ausdrücken. Außerdem wirken Aufforderungen und Ratschläge im *condizionale* viel höflicher.

Bsp. Io **comprerei** un mazzo di fiori. (Ich würde einen Blumenstrauß kaufen.)

Die Endungen des *condizionale* sind für alle Verben der drei Konjugationen gleich. Bei den Verben auf **-are** wird aber das **-a-** in der Infinitivendung zu **-e-**.

parl**are**	mett**ere**	usc**ire**
parl**erei**	mett**erei**	usc**irei**
parl**eresti**	mett**eresti**	usc**iresti**
parl**erebbe**	mett**erebbe**	usc**irebbe**
parl**eremmo**	mett**eremmo**	usc**iremmo**
parl**ereste**	mett**ereste**	usc**ireste**
parl**erebbero**	mett**erebbero**	usc**irebbero**

2 Ratschläge kann man auch höflicher formulieren!

Formulieren Sie die Sätze wie im Beispiel um.

Esempio: Comprale un mazzo di fiori.

Io **le comprerei** un mazzo di fiori.

A Prendi un profumo.

Io _____ un profumo.

B Regalale un buon libro.

Io _____ un buon libro.

C Portagli una bottiglia di vino.

Io _____ una bottiglia di vino.

D Consigliagli di andare dal dottore.

Io _____ di andare dal dottore.

E Aiutala a fare la spesa

Io _____ a fare la spesa.

3 Alessio möchte sich äußerlich verändern.

Hören Sie den Dialog zwischen Alessio und Lino an und beurteilen Sie die Sätze mit 'vero' oder 'falso'.

	vero	falso
Alessio dovrebbe essere più moderno.	☐	☐
Alessio dovrebbe mettere la cravatta.	☐	☐
Alessio dovrebbe cambiare il colore dei capelli.	☐	☐
Alessio dovrebbe comprare la marca migliore.	☐	☐

Il migliore – Der Beste

Das Adjektiv *buono* (gut) hat eine besondere Superlativform: *migliore* (der, die, das Beste). Der Plural ist *migliori*.

Bsp. Questo vino è **il migliore**. (Dieser Wein ist der beste).

Questa è **la** marca **migliore**. (Das ist die beste Marke.)

Sono **i** miei **migliori** amici. (Sie sind meine besten Freunde.)

Sono **le** mie **migliori** amiche. (Sie sind meine besten Freundinnen.)

4 Welche Verben passen zu welchen Personen?

1	Alessio	A	dovrebbero essere più moderne.
2	Chiara e Luisa	B	non saprei cosa consigliare.
3	Io	C	sapresti cosa fare?
4	Tu	D	vorremmo aiutarti.
5	Noi	E	potrebbe comprare una giacca nuova.
6	Voi	F	dovreste prendere la marca migliore.

Condizionali particolari – Besondere Bedingungsformen

Bei einigen Verben wird im *condizionale* der Stamm verkürzt.

avere:	avr-	**avrei**
andare:	andr-	**andrei**
venire:	verr-	**verrei**
sapere:	sapr-	**saprei**
volere:	vorr-	**vorrei**
dovere:	dovr-	**dovrei**
potere:	potr-	**potrei**

5 Sagen Sie es höflicher!

Vervollständigen Sie die Sätze mit dem passenden Verb.

Esempio: Vieni anche tu? **Verresti** anche tu?

A Posso comprarmi una giacca nuova.

_____ comprarmi una giacca nuova.

B Devi andare dal parrucchiere.

_____ andare dal parrucchiere.

C Non so cosa dirti.

Non _____ cosa dirti.

D Maria può darti un consiglio.

Maria _____ darti un consiglio.

E Veniamo anche noi alla festa.

_____ anche noi alla festa.

F Avete tempo per un caffè?

_____ tempo per un caffè?

G Potete aiutarmi?

_____ aiutarmi?

H Ho un desiderio: desidero tanto un buon parrucchiere.

_____ un desiderio: _____ tanto un buon parrucchiere.

il parrucchiere	*Friseur*
il desiderio	*Wunsch*
desidero (desiderare)	*ich wünsche*

6 Welcher Ratschlag passt zu welchem Bild?

Schreiben Sie unter jedes Bild den richtigen Ratschlag.

A Dovresti fare più sport.
B Non dovresti fumare troppo.
C Potrebbe fare un po' d'ordine.
D Dovresti comprarti un telefonino.

racconta (raccontare)	erzähle
brizzolati (brizzolato)	grau meliert
grigio	grau
ossigenare	bleichen
storto	schief
il fuoco	Feuer
la catastrofe	Katastrophe
usare	verwenden, benutzen
si vergogna (vergognarsi)	er schämt sich
al suo posto	an seiner Stelle
il berretto	Mütze
non ce l'ha	er hat keine (-en, -es)
la soluzione	Lösung

7 Da ist guter Rat teuer!

Hören und lesen Sie, was Alessio passiert ist.

Cristina: Venite anche voi domani alla festa di Marco e Maria?
Sandra: Io verrei volentieri, ma Alessio non vuole uscire di casa.
Cristina: E perché? È successo qualcosa?
Sandra: Beh, ecco, non dovrei dirlo a nessuno, ma tu sei la mia migliore amica.
Cristina: Dai, racconta!
Sandra: Allora, Alessio ha sentito dire che alle ragazze piacciono gli uomini brizzolati, tipo George Clooney. Così ha voluto tingere un po' i capelli davanti.
Cristina: E allora?
Sandra: Il problema è che prima di tingere di grigio bisogna ossigenare i capelli. Qualcosa è andato storto e adesso ha i capelli rossi come il fuoco. Una catastrofe!
Cristina: Alessio non dovrebbe ascoltare sempre i consigli dei suoi amici del bar ...
Sandra: E dovrebbe usare solo le marche migliori. Ma adesso non vuole più uscire di casa perché si vergogna.
Cristina: Ma potrebbe andare dal parrucchiere, no?
Sandra: Sì, ma non vorrebbe incontrare per strada qualcuno che lo conosce.
Cristina: Io al suo posto mi metterei un berretto e andrei subito dal parrucchiere.
Sandra: Ma lui un berretto non ce l'ha! Che cosa si può fare?
Cristina: Non saprei ... potrei venire da te e portarti un berretto di Filippo.
Sandra: Sarebbe una buona soluzione! Grazie!

Avere – Haben

Wenn *avere* zusammen mit einem direkten Pronomen verwendet wird, setzt man davor *ce*.

Bsp. Il berretto con **ce l'ho**. (Ich habe keine Mütze.)

8 Was hat Alessio falsch gemacht?

Beurteilen Sie die Sätze mit 'vero' oder 'falso'.

	vero	falso
Ha ascoltato i consigli degli amici.	☐	☐
Ha usato la marca migliore.	☐	☐
Ha voluto avere i capelli grigi.	☐	☐
È andato subito dal parrucchiere.	☐	☐

9 Sagen Sie es anders!

Vervollständigen Sie die Sätze wie im Beispiel.

Esempio: Non dovresti dirlo a nessuno.

Al tuo posto io non **lo direi** a nessuno.

A Non dovresti ascoltare sempre i consigli dei tuoi amici.

Al tuo posto io non _____ sempre i consigli dei tuoi amici.

B Potrebbe andare dal parrucchiere.

Al suo posto io _____ dal parrucchiere.

C Dovrebbe mettersi un berretto.

Al suo posto io _____ un berretto.

D Potrebbe cercare una soluzione migliore.

Al suo posto io _____ una soluzione migliore.

10 Wünsche oder Ratschläge? (CD2 40)

Paolo und Sergio unterhalten sich über ihre Urlaubspläne. Hören Sie den Dialog an und beurteilen Sie die Sätze mit 'vero' oder 'falso'.

	vero	falso
Luisa desidera andare al mare.	☐	☐
Sergio vorrebbe andare in montagna.	☐	☐
Paolo consiglia la montagna.	☐	☐
Anche Paolo desidera andare al mare.	☐	☐
Sergio desidera andare al mare con Paolo.	☐	☐

Was Sie jetzt können

Wünsche äußern
Io prenderei un caffè.
Andrei volentieri al mare.

Vorschläge und Ratschläge formulieren
Al tuo posto prenderei un profumo.
Io le regalerei dei fiori.

Der Superlativ von 'buono'
Questo vino è **il migliore**.
Prendi solo **la** marca **migliore**.
Sono **i** miei **migliori** amici.
Ha sempre **le** idee **migliori**.

Das Verb 'avere' mit den Objektpronomen
Il berretto non **ce l'ho**.
Un'idea migliore non **ce l'ho**.

Die Bedingungsform
Verrei volentieri, ma non ho tempo.
Andrei volentieri al mare.
Non saprei cosa comprare.

Test

1 Elementi di lingua

Leggete il testo. Decidete quali parole usare. Scegliete tra le parole scritte sotto il testo.

Signora, per la stazione **1** a destra e al semaforo **2** a sinistra. Poi **3** la seconda a destra e vada sempre **4** fino **5** posta. Forse però è **6** se domanda ancora, perché non sono sicuro. Guardi, **7** consiglio di comprare una guida.

1	☐ vada	☐ vai
2	☐ girate	☐ giri
3	☐ prenda	☐ prendi
4	☐ a destra	☐ dritto
5	☐ a	☐ alla
6	☐ migliore	☐ meglio
7	☐ Le	☐ ti

2 Comprensione auditiva

CD 2 41

Leggete per prima cosa le domande. Ascoltate poi i testi. Segnate la vostra risposta.

1 Come devo prendere queste pastiglie?

A Ne prenda due dopo i pasti
B Ne prenda due prima dei pasti.

2 Quanti anni compie tuo marito?

A Ne compie 45.
B Ne compie 54.

3 Cosa posso regalargli per il suo compleanno?

A Regalale un dopobarba.
B Regalagli un dopobarba.

4 Qual è la marca migliore?

A Per me la migliore è la Chiarobuoni.
B Per me la migliore è la Ciarobuoni.

5 Scusa, ho il mal di testa, avresti un'aspirina?

A Ce l'ho.
B Non ce l'ho.

3 Comprensione scritta

Leggete i testi e i titoli. Decidete che titolo va bene per i testi. Segnate le vostre risposte.

1 Famoso pianista si ammala: concerto annullato.

2 Gli italiani vorrebbero sempre andare all'estero!

3 Oggi in farmacia
nuova medicina contro tutti i dolori!

4 I medici consigliano:
non prendere troppo sole!

A Un medico italiano ha lanciato sul mercato una nuova medicina contro i dolori di testa, di denti e di stomaco. Grazie ad un nuovo metodo di ricerca e di produzione il preparato non ha costi elevati. Probabilmente le farmacie vendono già oggi la nuova medicina.
titolo _____

B Il famoso musicista Tiziano Bemolle è gravemente malato. Il pianista è stato colpito da febbre alta e dolori muscolari. Il suo concerto previsto per oggi è annullato.
titolo _____

Unità 12

Urlaubsplanung, Reiseroute, Landschaft

Unterwegs mit Auto und Bahn

Feste und Feiertage

Gebrauchsanweisungen, das Pesto-Rezept

Die Präpositionen 'di' und 'da'

Modalverben mit Pronomen, doppelte Pronomen

Das Verb 'stare' mit Gerundium und die Zukunft

Das Verb 'servire'

Zeitaufwand: ca. 60 Minuten

1 Progetti per le vacanze – Urlaubspläne

1 Was macht sie gerade?

Lesen Sie die Sätze.

Che cosa stai facendo?
Sto telefonando a Sergio.

'Stare' e il gerundio – 'Stare' und das Gerundium

Um ein Geschehen, das gerade abläuft, zu beschreiben, benötigen Sie das Verb *stare* und das Gerundium. *Stare* wird konjugiert, das Gerundium bleibt unverändert. Die Formen des Gerundiums lauten:

Verben auf **-are**	Verben auf **-ere**	Verben auf **-ire**
parl**ando**	prend**endo**	dorm**endo**

Das Gerundium von *fare* lautet *facendo*.

Bsp. Che cosa **stai facendo**? (Was machst du gerade?)

Gli **sto** telefon**ando**. (Ich telefoniere gerade mit ihm.)

2 Was machen diese Menschen im Moment?

Sehen Sie sich die Bilder an und vervollständigen Sie die Sätze mit der passenden Form der Verben in Klammern.

Io _____
(mangiare)

Paola _____ un bicchiere di vino.
(bere)

I bambini _____
(giocare)

Il gatto _____
(dormire)

Noi _____ una passeggiata.
(fare)

_____ una lettera.
(scrivere)

3 Warum haben diese Menschen keine Zeit?

Lesen Sie die Texte und tragen Sie dann in die Tabelle ein, was diese Menschen gerade tun.

Maurizio, vieni con me a fare un giro in bici?
Guarda, adesso non posso: sto studiando.

Carla, andiamo a fare una passeggiata?
Più tardi, adesso sto mettendo in ordine la casa.

Silvia, mi aiuti?
Dopo: adesso sto mangiando.

Venite anche voi al bar?
Forse più tardi, adesso stiamo guardando un film interessante.

A Maurizio
B Carla
C Silvia
D Noi

4 Worüber reden Giuliana und Emilio?

Hören Sie den Dialog an und beurteilen Sie die Sätze mit 'vero' oder 'falso'.

	vero	falso
Emilio e Giuliana stanno litigando.	☐	☐
Stanno parlando delle ferie.	☐	☐
Emilio vuole andare in campagna.	☐	☐
Emilio vuole vedere una città nuova.	☐	☐

5 Chiara und Luca planen ihren Urlaub.

Lesen Sie den Dialog und hören Sie ihn an. Beurteilen Sie, ob die Sätze richtig oder falsch sind.

Chiara: Cosa stai facendo?
Luca: Sto guardando il catalogo 'Vacanze felici'.
Chiara: Ah, hai già trovato qualcosa per quest'anno?
Luca: Ci sarebbe un bel campeggio a Vada. Grande, direttamente sulla spiaggia, con il supermercato, vicino al centro, con tanti bar.
Chiara: Ma stai scherzando? Io il campeggio lo odio! Non ho nessuna voglia di usare il bagno insieme a mille persone. E poi io in vacanza voglio dormire su un letto, non su un materasso. E magari vedere delle città interessanti, non solo i bar del posto.
Luca: Ma i bambini si divertirebbero tanto!
Chiara: Sì, tutti si divertono e io non mi riposo.
Luca: Prendiamo un appartamento in affitto?
Chiara: Ecco, bravo, così facciamo le stesse cose che facciamo a casa: tu ti diverti, io devo fare la spesa, cucinare, pulire ...
Luca: Senti, decidi tu dove andare.
Chiara: In una pensione in montagna. Così non devo lavare ogni giorno il costume dei bambini e togliere la sabbia dappertutto.
Luca: Va bene, dai, non litighiamo per così poco. Andiamo in montagna. ▶

il catalogo	*Katalog*
il campeggio	*Campingplatz*
scherzando (scherzare)	*scherzend*
il materasso	*Matratze*
in affitto	*zur Miete*
prendere in affitto	*mieten*
decidi (decidere)	*entscheide*
la pensione	*Pension*
il costume	*Badeanzug, Badehose*
togliere	*entfernen*
dappertutto	*überall*

	vero	falso
Luca e Chiara stanno decidendo dove andare in vacanza.	☐	☐
Luca vorrebbe andare in campeggio al mare.	☐	☐
Anche a Chiara piacciono le vacanze in campeggio.	☐	☐
Chiara in vacanza vuole dormire su un letto.	☐	☐

6 Luca und Chiara haben sich auf ein Urlaubsziel geeinigt.

Lesen Sie noch einmal den Dialog aus Übung 5 und kreuzen Sie das Bild an, das dieser Entscheidung entspricht.

il viaggio	Reise
in viaggio	unterwegs
sul posto	an Ort und Stelle
prendere a noleggio	(Fahrzeug) mieten
indipendenti (indipendente)	unabhängig
siccome	da, weil
portiamo via (portare via)	wir nehmen mit
scarpe da tennis	Tennisschuhe
lo zainetto	kleiner Rucksack
gite (la gita)	Ausflüge

7 Was planen Matteo und seine Frau?

Lesen Sie den Text und kreuzen Sie dann die richtigen Antworten an.

Quest'anno non abbiamo voglia di turisti, caos e spiagge piene a Ferragosto. Vogliamo solo stare tranquilli, riposarci, mangiare bene, forse vedere qualche città interessante. Stiamo pensando di partire in treno, così in viaggio possiamo dormire, poi, sul posto, prendere a noleggio una macchina per essere più indipendenti. Siccome Matteo vuole fare un po' di sport, ci portiamo anche scarpe da tennis, costume da bagno e uno zainetto di plastica per le gite. L'ideale per noi sarebbero due settimane di agriturismo.

A Matteo e sua moglie stanno progettando
☐ le vacanze invernali.
☐ le vacanze estive.

B Vogliono partire
☐ in treno.
☐ in macchina.

D In vacanza vogliono
☐ solo riposarsi.
☐ fare anche un po' di sport.

C Ideale per loro sarebbe
☐ l'agriturismo.
☐ un albergo di lusso.

Feste e vacanze – Feiertage und Urlaub

Der 1. und der 6. Januar (*capodanno* und *Epifania*) sind in Italien offizielle Feiertage. Ostersonntag und -montag (*Pasqua* und *Pasquetta*) sind ebenfalls frei, der Karfreitag jedoch nicht. Italiens Nationalfeiertag ist der 25. April. Der 1. Mai ist selbstverständlich auch kein Werktag, ebenso *Tutti i Santi* (1. November), *Natale* und *Santo Stefano* (25. und 26. Dezember). Gern wird auch am *Ferragosto* (15. August, Mariä Himmelfahrt) gefeiert.

8 Wann sind diese Feiertage?

Ordnen Sie die Feiertage den Jahreszeiten zu.

1 Primavera
2 Estate
3 Autunno
4 Inverno

A Natale
B Pasqua
C Ferragosto
D Tutti i Santi

Le preposizioni 'di' e 'da' – Die Präpositionen 'di' und 'da'

Mit der Präposition *di* kann man das Material eines Gegenstandes angeben.

Bsp. Hai una borsa **di plastica**? (Hast du eine Plastiktüte?)

Mithilfe der Präposition *da* kann man die Funktion von etwas beschreiben.

Bsp. Prendi le scarpe **da tennis**. (Nimm die Tennisschuhe mit.)

9 Was haben Patrizia und Pino vergessen?

Patrizia und Pino stehen vor der Abreise. Bei der Urlaubsplanung ist aber etwas schief gegangen. Kreuzen Sie die zutreffenden Sätze an.

☐ Hanno dimenticato di prenotare i biglietti del treno.
☐ Hanno dimenticato di spegnere la luce.
☐ Hanno dimenticato di prenotare l'albergo.

vacanze invernali	Winterferien
vacanze estive	Sommerferien
stanno progettando (progettare)	sie planen gerade
albergo di lusso	Luxushotel

Was Sie jetzt können

Einen Vorgang beschreiben, der gerade abläuft

Cosa stai facendo?
Sto mangiando e sto bevendo un bicchiere di vino.

Den Urlaub planen

Stiamo progettando le vacanze estive.
Dobbiamo prenotare l'albergo.
Bisogna prenotare i biglietti del treno.
Non mi piace il campeggio, preferisco l'agriturismo.
Possiamo prendere un appartamento in affitto.
Vogliamo noleggiare una macchina.

Die italienischen Feiertage

Il Capodanno e l'Epifania sono in gennaio.
Pasqua e Pasquetta sono in primavera.
Il primo maggio è festa.
Ferragosto è il 15 agosto.
Tutti i Santi è il primo novembre.
Natale e Santo Stefano sono in dicembre.

Die Präpositionen 'di' und 'da'

Portiamo anche uno zainetto **di plastica**.
Non dimentichiamo le scarpe **da tennis**.

Das Verb 'stare' mit dem Gerundium

Che cosa stai **facendo**?
Sto mangi**ando**.
Sto prend**endo** un caffè.
I bambini stanno dorm**endo**.

2 In treno o in macchina? – Mit der Bahn oder mit dem Auto?

1 Was bedeuten diese Symbole?

Schreiben Sie die passenden Bezeichnungen unter die Bilder.

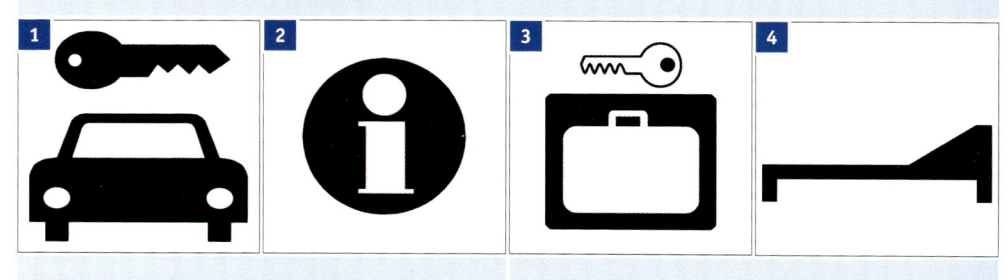

A Biglietteria	**B** Deposito bagagli
C Prenotazioni cuccette	**D** Noleggio auto
E Ufficio informazioni	**F** Voli nazionali
G Collegamenti bus	**H** Crociere

2 Was bedeutet das?

Finden Sie die passenden Definitionen.

1 Un viaggio in aereo si chiama
2 Un cuccetta è
3 Una crociera è
4 In biglietteria

A un posto per dormire in treno.
B un viaggio sul mare, in nave.
C si comprano i biglietti.
D volo.

Viaggiare in treno – Mit der Bahn fahren

In Italien fährt man am günstigsten mit der Bahn. Man kann z.B. mit einem *rapido* (IC), einem *Espresso* (Eilzug), einem *interregionale* oder einem ICE fahren. Man darf nicht vergessen, einen eventuellen *supplemento* (Zuschlag) vor der Fahrt zu bezahlen: Man kann zwar auch im Zug bezahlen, der Preis ist allerdings wesentlich höher. Die Fahrkarte muss vor dem Einsteigen am *l'obliteratrice* (Automaten) entwertet werden.

3 In Italien fährt man am besten mit der Bahn.

Sara befindet sich am Bahnhof, um eine Fahrkarte nach Marina di Pisa zu kaufen.

Sara: Buongiorno, vorrei prenotare due posti di seconda classe per Marina di Pisa.
Impiegato: Andata e ritorno o solo andata?
Sara: Andata e ritorno.
Impiegato: Per quando?
Sara: Per il 14 agosto.
Impiegato: Per Marina deve cambiare a Livorno. A che ora vuole partire?
Sara: Mah, verso le dieci.
Impiegato: Allora, c'è un Eurostar proprio alle dieci da Milano Centrale. Arriva a Livorno alle 14.26.
Sara: A che ora c'è la coincidenza?
Impiegato: Alle 15.00 dal binario due.
Sara: Benissimo.
Impiegato: Fumatori o non fumatori?
Sara: Non fumatori.
Impiegato: Paga in contanti?
Sara: No, con la carta di credito.

4 Jetzt kaufen Sie selbst eine Fahrkarte.

Sie besorgen eine Fahrkarte für einen Freund, der Ihnen folgende Stichwörter aufgeschrieben hat. Vervollständigen Sie den Dialog am Schalter.

> Milano-Chiavari andata e ritorno
> prenotare posto prima classe non fumatori,
> 27 agosto verso le otto
> cambiare
> coincidenza
> binario

Prima o seconda classe?

Fumatori?

Per quando?

A che ora desidera partire?

Sì, deve cambiare a Genova. Ha la coincidenza alle due dal binario quattro.

5 Was muss man beim Autofahren in Italien beachten?

Kreuzen Sie die richtigen Sätze an.

- [ ] L'autostrada non si paga.
- [ ] Si deve pagare il pedaggio.
- [ ] Il pedaggio si paga alla posta.
- [ ] Il pedaggio si paga al casello di uscita.
- [ ] Al casello di entrata si ritira il biglietto.
- [ ] Si può pagare solo in contanti.
- [ ] È possibile pagare anche con una carta prepagata.
- [ ] Si può fare una pausa in un autogrill.
- [ ] Si fa benzina alla stazione di servizio.

la nave	Schiff
l'autostrada	Autobahn
il pedaggio	Maut
il casello	Mautstelle
si ritira (ritirare)	man zieht ... ein
necessario	notwendig
in contanti	bar
la carta prepagata	Prepaid-Karte
l'autogrill	Raststätte
la stazione di servizio	Tankstelle

6 Was sind Viacard und Telepass?

Lesen Sie die Texte und beurteilen Sie dann die unten stehenden Sätze mit 'vero' oder 'falso'.

La Viacard è una carta magnetica per il pagamento dei pedaggi legata al conto corrente bancario. Non ha scadenza né limite di spesa. Consente di usare il servizio Telepass. È un comodo metodo di pagamento per chi viaggia spesso in autostrada.

Il Telepass è il sistema telematico per pagare il pedaggio senza fermarsi al casello. Un piccolo apparato di bordo applicato all'interno del parabrezza dell'auto dialoga direttamente con apparecchiature situate al casello di entrata e di uscita. Si può avere il Telepass se si ha la Viacard.

	vero	falso
Con Viacard si può pagare il pedaggio senza contanti.	☐	☐
Per avere il Telepass bisogna prima avere la Viacard.	☐	☐
Viacard è importante se si va solo una volta in Italia.	☐	☐
Il Telepass è una guida turistica per l'Italia.	☐	☐

7 Welches Verkehrsmittel benutzt ihr?

Welches Verkehrsmittel gibt es noch außer Bahn und Auto? Lesen Sie die Sätze.

Partite in treno o in macchina?
Non partiamo né in treno né in macchina: andiamo in aereo.

Negare – Verneinen

Mit *né … né* (weder … noch) kennen Sie jetzt eine weitere Form der Verneinung. Auch bei dieser Form steht *non* vor dem Verb. Dadurch entsteht eine 'dreifache' Verneinung.

Bsp. Non vado né in macchina né in treno. (Ich fahre weder mit dem Auto noch mit dem Zug.)

8 Sara und Mauro haben Geld gespart.

Was erzählt Sara ihrer Freundin Carla? Beantworten Sie die unten stehenden Fragen.

Carla: Senti Sara, ma quanto avete pagato di autostrada da Milano a Marina?
Sara: Niente.
Carla: Come niente? Avete pagato con la Viacard o avete il Telepass?
Sara: Non abbiamo né Viacard né Telepass. Ti spiego: siamo passati per sbaglio per la corsia del Telepass, che era aperta perché l'apparecchio era rotto. Così non abbiamo pagato niente.
Carla: Vi arriverà la multa, magari fra una settimana!
Sara: Vedremo. Ma non sarà così cara!

A Hanno pagato il pedaggio in contanti o con la Viacard?

B Che cosa arriverà a Sara e Mauro la settimana prossima?

spiego (spiegare)	ich erkläre
passati (passato)	durchgefahren
la corsia	Fahrspur
l'apparecchio	Gerät
era (essere)	es war
rotto	defekt
arriverà (arrivare)	wird kommen
la multa	Strafzettel
vedremo (vedere)	wir werden sehen
sarà (essere)	wird sein

Il futuro – Die Zukunftsform

Mi dem *futuro* kann man Vorgänge oder Zustände beschreiben, die in der Zukunft liegen.

Bsp. Fra una settimana **arriverà** la multa. (In einer Woche wird ein Strafzettel kommen.)

In der gesprochenen Sprache wird das *futuro* nicht sehr oft verwendet. Wenn man über Vorgänge sprechen möchte, die in der nahen Zukunft liegen, benutzt man meistens die Gegenwartsform.

Bsp. Fra una settimana arriva la multa. (In einer Woche kommt der Strafzettel an.)

Das *futuro* braucht man eher, wenn man Vermutungen äußern will.

Bsp. Non so quanti anni ha, ne **avrà** 36. (Ich weiß nicht, wie alt er ist, er wird 36 sein.)

Hier das *futuro* von *essere* und *avere*:

	essere	avere
io	sarò	avrò
tu	sarai	avrai
lui, lei, Lei	sarà	avrà
noi	saremo	avremo
voi	sarete	avrete
loro	saranno	avranno

9 Was vermuten Sie?

Beantworten Sie die Fragen wie im Beispiel.

Esempio: Sai che ore sono? (essere/cinque)
Saranno le cinque.

A Quanti anni ha Maria? (25)

B Cos'ha Francesco? (avere/raffreddore)

C Perché non vengono Marco e Maria? (non avere tempo)

Il futuro: coniugazioni – Das Futur: Konjugationen

Hier sehen Sie die Konjugation des *futuro* für die Verben auf **-are**, **-ere** und **-ire**.

arriv**are**	prend**ere**	part**ire**
arriv**erò**	prend**erò**	part**irò**
arriv**erai**	prend**erai**	part**irai**
arriv**erà**	prend**erà**	part**irà**
arriv**eremo**	prend**eremo**	part**iremo**
arriv**erete**	prend**erete**	part**irete**
arriv**eranno**	prend**eranno**	part**iranno**

Livello 2 | Unità 12

Was Sie jetzt können

Eine Bahnfahrt planen und durchführen

Vorrei prenotare due posti di andata e ritorno per Marina. Prendo un biglietto di seconda classe.

Auf der Autobahn fahren

Si deve ritirare il biglietto al casello di entrata.
Si paga il pedaggio al casello di uscita.
Si fa benzina alla stazione di servizio.

Vermutungen äußern

Non so quanti anni ha, ne **avrà** 35.

Das Futur

Io **partirò** la settimana prossima. **Prenderò** il treno e **arriverò** presto.

Die Verneinung mit 'né … né'

Non parto **né** in treno **né** in macchina.

3 Come si fa? – Wie macht man das?

1 Erklären Sie mir das?

Lesen Sie die Dialoge.

Mi dici come funziona?
Te lo dico subito.

Scusi, mi spiega questa frase?
Gliela spiego volentieri.

Ci spieghi per favore questi esercizi?
Ve li spiego dopo.

I pronomi doppi – Die doppelten Pronomen

Wenn man sowohl das direkte als auch das indirekte Objekt durch Pronomen ersetzt, dann stehen beide Pronomen wie immer vor dem Verb.

Wenn zwei Pronomen zusammen gebraucht werden, dann ändern sie sich wie folgt:

mi + lo	**me** lo
ti + lo	**te** lo
gli, le, Le + lo	**glielo**
ci + lo	**ce** lo
vi + lo	**ve** lo
gli + lo	**glielo**

Die Kombination mit *la*, *le* und *li* funktioniert ebenfalls nach diesem Muster.

Bsp. Te la spiego dopo. (Ich erkläre sie dir später.)

Ve li spiego subito. (Ich erkläre sie dir sofort.)

2 Beantworten Sie die Fragen wie im Beispiel.

Achten Sie dabei auf die doppelten Pronomen.

Esempio: Mi spieghi la regola?
Sì, **te la** spiego subito.

A Mi compri il gelato?
No, oggi non _____ compro.

B Porti a Maria un mazzo di fiori?
Certo, _____ porto!

C Ci regali un computer nuovo?
Sì, _____ regalo per Natale.

D Signora, mi presta il suo ombrello?
Sì, _____ presto.

E Mi presti la tua macchina domani?
No, non _____ presto.

presta (prestare)	er, sie leiht
l'ombrello	Regenschirm
la caffettiera	Kaffeemaschine
svitare	abschrauben
la parte	Teil
superiore	obere, -r, -s
il filtro	Filter
buttare via	wegwerfen
la caldaietta	kleiner Kessel
riempila (riempire)	fülle sie auf
fino a	bis
la valvola	Ventil
la polvere	Pulver
avvita (avvitare)	schraube ... an
il fornello	Herd
bolle (bollire)	es kocht
attraverso	durch
servo (servire)	ich serviere

3 Wie funktioniert das?

Klaus sieht zum ersten Mal eine italienische Kaffeemaschine und weiß nicht, wie man sie bedient. Fabio erklärt es ihm.

Fabio: Klaus, lo fai tu il caffè per favore? La caffettiera è nell'armadio in cucina.
Klaus: Scusa, ma non la trovo.
Fabio: Aspetta, te la do subito.
Klaus: Ah, questa è una caffettiera. E come funziona? Spiegamelo, per favore!
Fabio: Allora, prima devi svitare la parte superiore, togliere il filtro, buttare via il caffè vecchio e pulire un po' il filtro. Prendi la caldaietta e riempila di acqua fino alla valvola. Poi prendi il filtro e mettilo nella caldaietta. Metti la polvere nel filtro, avvita la parte superiore e metti la caffettiera sul fornello e accendilo. Quando l'acqua bolle passa attraverso il filtro e il caffè viene su. È chiaro o te lo devo spiegare ancora?
Klaus: Ho capito, non devi spiegarmelo un'altra volta. Adesso ti faccio il caffè e te lo servo in soggiorno, va bene?

La posizione dei pronomi doppi – Die Stellung der doppelten Pronomen

Bei der Befehlsform der zweiten Person Singular und Plural werden die doppelten Pronomen an den Imperativ angehängt.

Bsp. Spiega**melo**! (Erkläre es mir!)

Bei den Modalverben (also *volere*, *potere*, *sapere* und *dovere*) können die Pronomen entweder vor dem konjugierten Verb stehen oder an den Infinitiv angehängt werden.

Bsp. Me lo puoi spiegare?
Puoi **spiegarmelo**? (Kannst du es mir erklären?)

4 Richtig oder falsch?

Beurteilen Sie die Sätze mit 'vero' oder 'falso'.

	vero	falso
Klaus sa come funziona la caffettiera.	☐	☐
Fabio glielo spiega due volte.	☐	☐
Bisogna mettere il filtro nella caldaietta.	☐	☐
La caldaietta bisogna riempirla di caffè.	☐	☐
La polvere si mette nell'acqua.	☐	☐
Il caffè esce quando l'acqua bolle.	☐	☐

5 Formulieren Sie Anweisungen in der Höflichkeitsform.

Füllen Sie die Lücken mit den passenden Pronomen.

A Come funziona? _____ spiego subito!
B Prenda la caldaietta e _____ riempia di acqua.
C Prenda il filtro e _____ metta nella caldaietta.
D Prenda la polvere e _____ metta nel filtro.
E Prenda la parte superiore della caffettiera e _____ avviti alla caldaietta.
F Prenda la caffettiera e _____ metta sul fornello.
G Il caffè, _____ serva in soggiorno!

6 Schreiben Sie die Sätze wie im Beispiel um.

Esempio: La riempia di acqua!
Deve **riempirla** di acqua.

A Lo metta nella caldaietta!
Deve _____ nella caldaietta.
B La metta nel filtro!
Deve _____ nel filtro.
C Li metta sul tavolo!
Deve _____ sul tavolo.
D Le porti in cucina!
Deve _____ in cucina. ▶

E Me lo spieghi!
   Deve _____.

F Che cosa significa questa parola? Me la spieghi!
   Deve _____.

significa (significare)	bedeutet
pinoli (il pinolo)	Pinienkerne
condire	abschmecken, anrichten
il mortaio	Mörser
il frullatore	Mixer
l'acqua di cottura	Kochwasser
diluire	verdünnen
schiacciare	zerdrücken

Servire – Brauchen

Servire bedeutet u.a. 'servieren' und 'dienen'. Dieses Verb wird aber umgangsprachlich anstelle von *avere bisogno di* (brauchen) verwendet.

Bsp. Ho bisogno di aiuto.

Mi serve aiuto. (Ich brauche Hilfe.)

7 Was man so alles braucht!

Entscheiden Sie, welche Sätze zu welchen Bildern passen.

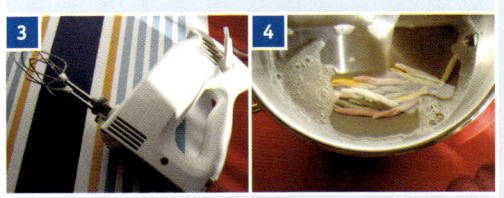

A Per fare il pesto servono i pinoli. Il pesto serve per condire la pasta.

B Se non ho un mortaio posso usare anche il frullatore.

C L'acqua di cottura della pasta mi serve per diluire la salsa.

D Per schiacciare i pinoli mi serve il mortaio.

8 Manchmal sind einfache Anweisungen nicht so leicht!

Piero möchte Pesto zubereiten und liest das Rezept. Da er aber nicht alles versteht, bittet er Gianni um Hilfe. Beurteilen Sie die Sätze mit 'vero' oder 'falso'.

	vero	falso
I pinoli bisogna schiacciarli solo con il mortaio.	☐	☐
Q.b. significa 'questa bottiglia'.	☐	☐
Per fare il pesto serve l'olio.	☐	☐
Piero ha capito tutto e prepara il pesto.	☐	☐

9 Und hier das Originalrezept von 'pesto alla genovese'.

Vervollständigen Sie die Sätze mit den fehlenden Wörtern.

Ingredienti:

basilico	600 g
aglio	1 spicchio
pinoli	2 cucchiai
pecorino	2 cucchiai
parmigiano grattugiato	1 cucchiaio
olio extravergine d'oliva	q.b.
sale	q.b.

Preparazione:

Lavate le foglie di basilico, asciugatele e schiacciatele in un mortaio di pietra insieme con l'aglio e i pinoli. Unite poi i formaggi e il sale. Quando la massa è omogenea diluitela con un po' di olio. Al momento di condire allungate il pesto con qualche cucchiaio d'acqua di cottura della pasta. Si può preparare la salsa anche con un frullatore. Non usate mai né latte né panna: la ricetta originale è questa.

A Che cosa faccio con le foglie di basilico?
Devi _____ e _____.

B A che cosa serve il mortaio?
Il mortaio serve a _____
gli ingredienti.

C Quanto aglio serve per il pesto?
Ne serve solo _____

D Quali formaggi mi servono?
Ti servono il _____ e il _____

E Quanto sale serve?

F Devo mettere anche la panna nel pesto?
No! Non _____ mai! Non serve.

10 Was hat Klaus vor?

Hören Sie, was Klaus seinem Freund erzählt und beurteilen Sie dann die Sätze mit 'vero' oder 'falso'.

	vero	falso
Klaus andrà in Italia in macchina.	☐	☐
A Klaus serve la prenotazione dell'albergo.	☐	☐
Klaus farà un corso di italiano.	☐	☐
Klaus farà un corso di cucina.	☐	☐

Was Sie jetzt können

Gebrauchsanweisungen erfragen
Come funziona? Me lo spiega?

Gebrauchsanweisungen verstehen
Metti l'acqua poi il filtro nella caldaietta, metti la polvere nel filtro e avvita la parte superiore.

Ein Rezept verstehen
Lavate il basilico e asciugatelo. Mettete sale q.b.

Die doppelten Pronomen
Me lo spieghi? No, non **te lo** spiego.

Die Modalverben mit den Pronomen
Me lo puoi spiegare? **Puoi** dar**melo**?

Der Imperativ mit den Pronomen
Spiega**melo** subito!

Das Verb 'servire'
Il caffè te **lo servo** in soggiorno.
Per fare il pesto non **serve** la panna.

Livello 3 | Unità 12

Test

1 Elementi di lingua

Leggete le frasi. Decidete quali parole usare. Scegliete tra le parole scritte sotto il testo.

1 Che cosa stai   ?
   facendo • fatto

2 Maria   telefonando.
   sta • è

3 I signori stanno   il caffè.
   devono • bevendo

4 Le ragazze adesso stanno   .
   dormendo • dormito

5 Siena e Firenze sono due bellissime

   .
   città • paesi

6 Ho comprato delle tazzine   caffè molto carine.
   di • da

7 Hai dimenticato le scarpe   tennis?
   di • da

8 Non ci vado   in macchina né in treno.
   mai • né

9 Il maglione   regalo per il suo compleanno.
   me lo • glielo

10 Scusa, questa regola,   puoi spiegare?
   te la • me la

11 Il caffè devi   nel filtro.
   mettilo • metterlo

2 Comprensione auditiva

Leggete per prima cosa le domande. Ascoltate poi i testi. Segnate la vostra risposta.

1 Situazione:
   Volete prenotare una stanza in albergo. Al telefono vi dicono:
   L'albergo ha stanze libere solo in maggio.
   ☐ sì   ☐ no

2 Chiedete a una persona se la tabaccheria è aperta e la persona risponde:
   La tabaccheria è aperta.
   ☐ sì   ☐ no

3 Volete andare in treno da Milano a Rapallo. Alla biglietteria vi dicono:
   Il treno per Rapallo parte da Genova alle tredici e venti.
   ☐ sì   ☐ no

4 Volete andare a Firenze in macchina e chiedete a un amico come si paga l'autostrada. L'amico risponde:
   Si può pagare al casello o con la Viacard.
   ☐ sì   ☐ no

3 Risposte

Leggete per prima cosa le frasi dalla A alla D. Ascoltate poi la registrazione. Sentirete tre frasi. Segnate per ogni frase la vostra risposta: A, B, C o D.

1
2
3

A Per schiacciare i pinoli.
B Ma io non ho né la macchina né la bicicletta.
C Saranno le tre e mezzo, penso.
D Per fare la salsa al pomodoro.

Unità 13

Erzählen, berichten, kommentieren

Medien: Radio, Fernsehen, Zeitung

Beschreibungen in der Vergangenheit

Erlaubnis und Verbot

'Imperfetto' und 'passato prossimo'

Indirekte Rede, Relativsätze

Fragepronomen

Zeitaufwand: ca. 60 Minuten

1 Ai miei tempi ... – Zu meiner Zeit ...

1 Was war gestern?

Sehen Sie sich die Bilder an und lesen Sie die Beschreibungen.

Oggi è martedì. Ieri era lunedì.

La settimana scorsa ero ancora in vacanza.

Andavo in spiaggia tutti i giorni.

La spiaggia era bella, anche se c'erano tanti turisti.

L'imperfetto – Das 'imperfetto'

Das *imperfetto* ist eine Zeit der Vergangenheit, mit der man Gewohnheiten beschreiben kann.

Bsp. Quando **ero** in vacanza **andavo** in spiaggia. (Als ich im Urlaub war, ging ich zum Strand.)

Mit dem *imperfetto* beschreibt man auch Eigenschaften von Personen oder Gegenständen sowie Gegebenheiten in der Vergangenheit.

Bsp. La spiaggia **era** bella, ma **c'era** tanta gente. (Der Strand war schön, aber da waren viele Leute.)

2 Wie waren diese Menschen früher?

Welches Verb passt zu welcher Person?

1 Io da bambino
2 Tu da piccolo
3 Maria prima
4 Noi nella casa vecchia
5 Voi a scuola
6 Loro da piccoli

A era spesso malata.
B eravamo tanto felici.
C ero biondo.
D erano così carini.
E eri molto simpatico.
F eravate bravi.

La coniugazione dell'imperfetto – Die Konjugation des 'imperfetto'

andare	avere	finire
and**avo**	av**evo**	fin**ivo**
and**avi**	av**evi**	fin**ivi**
and**ava**	av**eva**	fin**iva**
and**avamo**	av**evamo**	fin**ivamo**
and**avate**	av**evate**	fin**ivate**
and**avano**	av**evano**	fin**ivano**

Nur wenige Verben werden im *imperfetto* unregelmäßig konjugiert, wie z.B. *fare*, *dire* und *bere*. Die Endungen entsprechen zwar der Konjugation auf **-ere**, aber der Stamm ändert sich.

fare:	**fac-**	io fac**evo**
dire:	**dic-**	tu dic**evi**
bere:	**bev-**	lui bev**eva**

3 Füllen Sie die Lücken mit dem richtigen 'imperfetto'.

Esempio: Vai sempre in spiaggia?
Andavi sempre in spiaggia?

A Luigi mangia sempre alle otto?

Luigi _____ sempre alle otto?

B Tu lo sai che Lucia è malata?

Tu lo _____ che Lucia è malata?

C Noi non abbiamo tempo di andare al cinema.

Noi non _____ tempo di andare al cinema.

D Finite anche voi sempre alle cinque?

_____ anche voi sempre alle cinque?

finché	so lange (bis)
la carne	Fleisch
viziati (viziato)	verwöhnt, verzogen
alla vostra età	in eurem Alter
contento	froh, zufrieden
il pezzo	Stück
per la centesima volta	zum hundertsten Mal
povera (povero)	arm
bene educata (educato)	gut erzogen
ci permettevamo (permettersi)	wir erlaubten uns
rispondere	antworten
adulti (l'adulto)	Erwachsene
mica	doch nicht
facevate la fame (fare la fame)	ihr hungertet
beati voi	ihr Glücklichen
la lezione di piano	Klavierunterricht
credo (credere)	ich glaube
ai miei tempi	zu meiner Zeit
il rispetto	Respekt
rispettiamo (rispettare)	wir respektieren
da piccolo	als Kind
neanche	auch nicht, nicht einmal
la palla	Ball

4 Simona hat Piero zum Einkaufen geschickt.

Piero ist jetzt wieder zu Hause. Hören Sie das Gespräch an und beurteilen Sie, ob die Sätze richtig oder falsch sind.

	vero	falso
Piero ha comprato tutto quello che Simona voleva.	☐	☐
Piero non era sicuro di prendere l'insalata giusta.	☐	☐
Piero non sapeva qual era l'olio che voleva Simona.	☐	☐
Piero ha trovato due pomodori molto belli.	☐	☐

5 Früher war alles anders!

Die Familie Ricci ist beim Mittagessen. Die Kinder möchten aufstehen und spielen gehen. Lesen und hören Sie, worüber der Vater und der kleine Michele diskutieren.

Papà: Non vi alzate finché non avete finito di mangiare!
Michele: Io la carne non la mangio.
Papà: Quanto siete viziati! Io alla vostra età ero contento se avevo un pezzo di pane.
Michele: Ci risiamo! Adesso ci racconta per la centesima volta quanto era povera la sua famiglia e quanto stiamo bene noi.
Papà: Sì, povera, ma bene educata! Noi non ci permettevamo di rispondere così agli adulti! E non avevamo quello che avete voi oggi.
Michele: E dai! Mica facevate la fame!
Papà: Da noi la carne si mangiava una volta all'anno.
Michele: Beati voi! Io la carne la odio!
Papà: Noi non andavamo a giocare a tennis, a lezione di piano, al cinema tutte le settimane.
Michele: E ti credo! Il tennis non ti piaceva, di musica capisci poco e il cinema non c'era ancora.
Papà: Ai miei tempi nessuno rispondeva così ai genitori. Noi avevamo rispetto.
Michele: Papà, ma noi ti rispettiamo tanto. Possiamo rispettarti però più tardi? Adesso dobbiamo andare a giocare a calcio. O da piccolo non giocavi mai neanche a calcio perché eravate troppo poveri per comprare una palla?
Papà: Andate, andate!

Mica – Doch nicht

Umgangssprachlich verwendet man oft *non … mica* oder auch nur *mica*, um einen Satz ausdrucksvoll zu verneinen.

Bsp. Mica facevate la fame! (Ihr habt doch nicht gehungert!)

Non gridare, **non** sono **mica** sordo! (Schreie nicht, ich bin doch nicht taub!)

6 Was war Herrn Riccis Meinung nach früher anders?

Beurteilen Sie die Sätze mit 'vero' oder 'falso'.

	vero	falso
Non si mangiava spesso la carne.	☐	☐
Non c'erano molte possibilità per il tempo libero.	☐	☐
I bambini avevano più rispetto per i genitori.	☐	☐
Avevano un pianoforte.	☐	☐
La sua famiglia era ricca e bene educata.	☐	☐

7 Heute ist alles anders!

Schreiben Sie die Sätze wie im Beispiel um.

Esempio: I bambini sono viziati.
Il signor Ricci **non era** viziato.

A I bambini oggi non sono bene educati.

Il signor Ricci

B I bambini rispondono male agli adulti.

Il signor Ricci

C I bambini giocano a tennis e vanno a lezione di piano

Il signor Ricci

D I bambini non rispettano gli adulti.

Il signor Ricci   gli adulti.

8 'Imperfetto' oder 'passato prossimo'?

Kreuzen Sie die richtigen Satzteile an.

Da piccolo
☐ andavo tutte le settimane al cinema.
☐ sono andato tutte le settimane al cinema.

Mia sorella quando era piccola
☐ suonava bene il piano.
☐ ha suonato bene il piano.

Sono in ritardo perché
☐ ho perso l'autobus.
☐ perdevo l'autobus.

Non ho fatto la spesa perché
☐ non avevo tempo.
☐ non ho avuto soldi.

Mentre leggevo il giornale
☐ Sabrina giocava con il gatto.
☐ Sabrina ha giocato con il gatto.

L'uso dell'imperfetto – Der Gebrauch des 'imperfetto'

Man braucht das *imperfetto*, um eine Handlung zu beschreiben, die keine bestimmte Dauer hat.

Bsp. Quando **ero** in vacanza **uscivo** tutte le sere. (Als ich im Urlaub war, bin ich jeden Abend ausgegangen.)

Wenn man von einer Handlung spricht, die in der Vergangenheit begonnen hat, aber noch nicht abgeschlossen ist, verwendet man das *imperfetto*. Ist die Handlung bereits abgeschlossen, braucht man das *passato prossimo*.

Bsp. Quando **ero** in vacanza **ho conosciuto** gente simpatica. (Als ich im Urlaub war, habe ich nette Leute kennen gelernt.)

Mentre **dormivo ha telefonato** Maria. (Während ich schlief, hat Maria angerufen.)

Will man von zwei Handlungen berichten, die gleichzeitig abliefen und nicht abgeschlossen waren, verwendet man das *imperfetto*.

Bsp. Mentre **leggevo** Pino **suonava** il piano. (Während ich las, spielte Pino Klavier.)

9 Warum haben Sie das nicht getan? Was ist passiert?

Bilden Sie Sätze und achten Sie dabei auf die Verwendung des 'imperfetto' und des 'passato prossimo'.

Esempio: io/non mangiare/non avere fame
Non **ho mangiato** perché non **avevo** fame.

A io/non venire alla festa/stare male

B Maria arrivare in ritardo/perdere la metro

C Sergio/arrivare alle otto/il treno essere in ritardo

D noi/non comprare la frutta/non sapere quale prendere

▶

Was Sie jetzt können

Über Gewohnheiten in der Vergangenheit sprechen
Da piccolo giocavo a calcio. Ai miei tempi tutto era diverso.

Personen, Gegenstände und Ereignisse der Vergangenheit beschreiben
La mia famiglia era bene educata.
I pomodori erano così belli.
Al mare c'era tanta gente.

Etwas begründen
Non ho comprato l'olio perché non sapevo quale volevi.

Die Verneinung mit 'mica'
Non facevate **mica** la fame!

Das 'imperfetto'
Da bambino and**avo** spesso al cinema.
Non avev**amo** tempo per giocare tutto il giorno.
Quando **ero** in vacanza uscivo tutte le sere.

Der Gebrauch von 'imperfetto' und 'passato prossimo'
Mentre mangi**avo ha telefonato** Sabrina.

2 Davvero? – Wirklich?

1 Darf man das?

Lesen Sie den Dialog.

Guardi che è vietato toccare.
È permesso almeno guardare?
Certo, è permesso guardare ma non toccare.

2 Was bedeuten diese Schilder?

Schreiben Sie das entsprechende Verbot unter jedes Bild.

Divieto di accesso • Vietato toccare • Vietato fumare • Divieto di sosta

3 Was ist verboten?

Kreuzen Sie nur die Verbote an.

È vietato:

☐ Fumare a tavola.
☐ Togliersi le scarpe quando si è a casa di qualcuno.
☐ Parcheggiare dove c'è il cartello 'Divieto di sosta'.
☐ Fumare nei posti pubblici.
☐ Toccare oggetti nei musei.
☐ Giocare a palla in spiaggia.
☐ Regalare rose rosse a una signora sposata.

L'abbigliamento – Bekleidung

Wenn man in Italien Kirchen und Klöster besucht, sollte man diese nie schulter- oder kniefrei betreten, denn dies wird als Respektlosigkeit empfunden. Es kann durchaus passieren, dass man deswegen keinen Einlass erhält. Manchmal verweist ein Schild darauf, dass *abbigliamento decoroso* (anständige Bekleidung) erwartet wird.

si è presentato	hier: er ist erschienen
maleducato	schlecht erzogen
il permesso	Erlaubnis
il cafone	Rüpel
tolto (togliersi)	ausgezogen
cartelli (il cartello)	Schilder
beh	nun
colpa sua	seine Schuld
ospiti (l'ospite)	Gäste
la pazienza	Geduld
perdonare	verzeihen

4 Andere Länder, andere Sitten.

Lidia erzählt Giusi, wie sich ihr ausländischer Gast benommen hat. Lesen Sie den Dialog und beurteilen Sie dann, ob die Sätze richtig oder falsch sind.

Lidia: Ma lo sai cos'ha fatto? Prima di tutto si è presentato con un mazzo di rose rosse che non avevano nemmeno la carta.
Giusi: Oh Dio che maleducato!
Lidia: Ma aspetta! Poi ha acceso una sigaretta senza domandare il permesso e ha dato del tu alla mamma di Stefano. Pensa che l'ha salutata dicendo: 'Ciao signora Bonfanti!'.
Giusi: Ma che cafone!
Lidia: E poi prima di andare in soggiorno si è tolto le scarpe. E sai cosa voleva dopo pranzo? Voleva un cappuccino! Figurati, ho fatto naturalmente il caffè.
Giusi: Ma questo qui da dove viene?
Lidia: È straniero. Da loro forse ci sono dappertutto cartelli che spiegano cosa si fa e cosa non si fa.
Giusi: Beh, allora forse non è colpa sua, magari nel suo paese gli ospiti fanno così. Dovresti avere un po' di pazienza con le persone che non sono di qui.
Lidia: Sì, va bene, hai ragione. Gli posso perdonare tutto, ma che si è tolto le scarpe, no, quello no!

	vero	falso
In Italia si regalano i fiori con la carta.	☐	☐
A una signora sposata non si regalano rose rosse.	☐	☐
È vietato fumare in casa.	☐	☐
Non è gentile fumare senza chiedere il permesso.	☐	☐
Normalmente dopo pranzo si beve un caffè.	☐	☐
È normale togliersi le scarpe, anche per gli ospiti.	☐	☐

Togliersi qualcosa – Etwas ausziehen

Sie haben bereits den Unterschied zwischen *vestirsi* und *mettersi qualcosa* (sich anziehen und etwas anziehen) gelernt.

Bsp. Mi **vesto**. Mi **metto** la giacca. (Ich ziehe mich an. Ich ziehe die Jacke an.)

Entsprechend sagt man *spogliarsi* und *togliersi qualcosa* (sich ausziehen und sich etwas ausziehen).

Bsp. Mi **spoglio**. Mi **tolgo** la giacca. (Ich ziehe mich aus. Ich ziehe die Jacke aus.)

Togliersi ist im Präsens unregelmäßig:

io mi	to**lg**o
tu ti	togli
lui, lei, Lei si	toglie
noi ci	togliamo
voi vi	togliete
loro si	to**lg**ono

Das Partizip Perfekt von *togliersi* ist *tolto* (ausgezogen).

5 'Imperfetto' oder 'passato prossimo'?

Füllen Sie die Lücken mit der passenden Form der Verben in Klammern.

Esempio: Non **è venuto**: non **aveva** tempo. (venire/avere)

A _____ un mazzo di fiori ma non _____ la carta. (portare/avere)

B _____ una sigaretta ma non _____ il permesso. (accendere/ domandare)

C _____ un cappuccino, ma Giusi _____ il caffè. (volere/fare)

6 Wie groß ist dieser Garten?

Lesen Sie die Sätze.

Hai un giardino così grande come un parco! Ha tanti fiori come un giardino botanico.
Sì, ma curarlo è tanto bello quanto faticoso!

Confrontare – Vergleichen

Sie wissen bereits, wie man Vergleichssätze formuliert, wenn zwei Personen, Gegenstände oder Ereignisse unterschiedlich sind.

Bsp. Maria è **più** intelligente **di** Anna. (Maria ist intelligenter als Anna.)

Anna è **meno** intelligente **di** Maria. (Anna ist weniger intelligent als Maria.)

Wenn es dagegen um Gleichheit geht, verwendet man *(così) ... come* (so ... wie).

Bsp. Il giardino è (così) grande **come** un parco. (Der Garten ist so groß wie ein Park.)

Ha (così) tanti fiori **come** un giardino botanico. (Er hat so viele Blumen wie ein botanischer Garten.)

Will man zwei Eigenschaften gleichsetzen, so sagt man *(così) (tanto) ... quanto*.

Bsp. Curarlo è **tanto** bello **quanto** faticoso. (Ihn zu pflegen ist so schön wie mühsam.)

7 War es Silkes Schuld?

Paola erzählt, was Gabriella mit Silke im Park erlebt hat. Hören Sie zu und beurteilen Sie die Sätze dann mit 'vero' oder 'falso'.

	vero	falso
Silke non ha visto il cartello.	☐	☐
Non c'era un cartello.	☐	☐
Silke si è tolta le scarpe.	☐	☐
Pensava che non è vietato.	☐	☐
Non era colpa sua, non sapeva che in Italia non si fa come nel suo paese.	☐	☐

8 Maddalena und Corrado haben ihr Leben verändert.

Pia und Mara sind beim Kaffeeklatsch. Lesen Sie, was Pia über Maddalena und Corrado erzählt.

Pia: Hai sentito di Maddalena e Corrado? Lei si è licenziata, hanno venduto l'appartamento, hanno comprato una casa vecchia in campagna, se ne sono andati a vivere lontano dal mondo.

Mara: Davvero? Proprio Maddalena che viveva solo per il suo lavoro! E cosa fa adesso?

Pia: È a casa, fa più o meno la casalinga, cura il giardino, dipinge, suona il piano, insomma gode la vita.

Mara: Mica male! Ma non ha sempre detto che non le piace la campagna?

Pia: Ha cambiato idea. Mi ha detto che già da tanto voleva vivere nel verde, il lavoro non le piaceva più e l'appartamento in città, che era tanto carino, era troppo piccolo.

Mara: E Corrado?

Pia: Corrado era contento così come vivevano, ma siccome Maddalena era tanto infelice, ha fatto come ha voluto lei.

Mara: Che strani quei due! E adesso sono contenti?

Pia: Figurati! Hanno un giardino che è grande come un parco, una casa grandissima, l'aria pulita e le mucche dietro l'angolo.

Mara: Le mucche? Che schifo! E poi così lontani da tutto, senza nessuno per chiacchierare.

Pia: È quello che ho detto anch'io. Ma loro sono contenti. Dopo tutti questi cambiamenti però adesso sono tanto felici quanto poveri.

Mara: Che peccato! Ma non si può avere tutto ...

Il pronome 'che' – Das Pronomen 'che'

Che bedeutet 'dass'.

Bsp. Ha detto **che** non lo sapeva. (Er hat gesagt, dass er es nicht wusste.)

Che ist aber auch ein unveränderliches Relativpronomen, das sich sowohl auf ein Subjekt als auch auf ein direktes Objekt beziehen kann.

Bsp. L'appartamento, **che** era così carino, era piccolo. (Die Wohnung, die so hübsch war, war zu klein.)

▶

Hanno un giardino **che** è grande come un parco. (Sie haben einen Garten, der so groß wie ein Park ist.)

Außerdem verwendet man *che* auch in Ausrufen.

Bsp. Che peccato! (Wie schade!)
Che catastrofe! (Was für eine Katastrophe!)

9 Was haben Maddalena und Corrado verändert?

Füllen Sie die Lücken mit den Informationen aus dem Dialog der Übung 8.

Esempio: Prima vivevano in città.
Adesso **vivono in campagna.**

A Maddalena prima aveva un lavoro.
Adesso si è _____ e fa
la _____ .

B Prima non le piaceva la campagna.
Adesso ha _____ .

C Prima avevano un piccolo appartamento.
Adesso hanno una casa _____
e un giardino _____ un parco.

D Prima erano felici.
Adesso sono _____ felici
_____ .

licenziata (licenziarsi)	gekündigt
venduto (vendere)	verkauft
se ne sono andati	sie sind fortgegangen
lontano	fern
il mondo	Welt
viveva (vivere)	er, sie lebte
cura (curare)	er, sie pflegt
dipinge (dipingere)	er, sie malt
gode (godere)	er, sie genießt
la vita	Leben
ha cambiato idea	er, sie hat seine/ihre Meinung geändert
nel verde	im Grünen
infelice	unglücklich
l'aria	Luft
pulita (pulito)	sauber
mucche (la mucca)	Kühe
dietro l'angolo	um die Ecke
Che schifo!	Igitt!/Wie eklig!
chiacchierare	klatschen, quatschen
cambiamenti (il cambiamento)	Veränderungen
poveri (povero)	arm

185

Livello 2 | Unità 13

Was Sie jetzt können

Um Erlaubnis bitten
È permesso guardare?

Verbote verstehen
È vietato toccare. Qui c'è il divieto di sosta.

Etwas berichten
Mi ha detto che non le piaceva più.

Über Dritte sprechen
Hanno venduto l'appartamento perché era troppo piccolo.

Ereignisse bzw. Zustände kommentieren
Davvero? Che bello!
Che schifo! Che maleducato!

Vergleichen
Questo giardino è **così** grande **come** un parco.

Relativsätze
L'appartamento, **che** era tanto carino, era troppo piccolo. Hanno un giardino **che** è come un parco.

3 Notizie – Nachrichten

1 Haben Sie schon gehört?

Lesen Sie den Dialog.

Hai già letto il giornale oggi?
No, non l'ho ancora comprato.
Hai sentito l'ultima notizia? Volevano rubare la Monna Lisa!
No, non l'ho sentita.

2 Wie heißt die richtige Form?

Füllen Sie die Lücken mit dem fehlenden Verb wie im Beispiel.

Esempio: La notizia non l'ho **sentita**. (sentire)

A Il giornale l'ho _____ a colazione. (leggere)

B La radio l'ho _____ ieri sera. (sentire)

C Le lettere non le ho ancora _____. (scrivere)

D I documenti li hai già _____? (vedere)

E Queste notizie non le avevo ancora _____. (sentire)

3 Erinnern Sie sich an die Fragewörter?

Füllen Sie die Lücken mit dem passenden Fragewort.

A _____ ha già letto il giornale oggi?

B Sai _____ è il tempo domani?

C _____ cosa'hai letto?

D Lo sai _____ costa un giornale?

E _____ è la rivista più interessante?

F _____ si compra il giornale? Al supermercato?

Il 'passato prossimo' con i pronomi – Das 'passato prossimo' mit Pronomen

Wenn in einem Satz im *passato prossimo* die direkten Objektpronomen verwendet werden, dann muss man die Endung des Partizips den Pronomen anpassen.

Bsp. Il libro nuovo, **l'**hai lett**o**? (Das neue Buch, hast du es gelesen?)

La Monna Lisa, **l'**hanno rubat**a**? (Die Mona Lisa, haben sie sie gestohlen?)

I giornali, **li** hai lett**i**? (Die Zeitungen, hast du sie gelesen?)

Le riviste, **le** hai comprat**e**? (Die Zeitschriften, hast du sie gekauft?)

Das Partizip bleibt dagegen unverändert, wenn man die indirekten Pronomen verwendet.

Bsp. Hai telefonato a Maria?
Sì, **le** ho telefonat**o** ieri.

L'apostrofo – Der Apostroph

Wenn zwei Vokale aufeinander treffen, fällt einer davon weg und an seine Stelle tritt ein Apostroph.

Bsp. la **a**mica   **l'a**mica

In der geschriebenen Sprache neigt man jedoch eher dazu, beide Vokale auszuschreiben, insbesondere, wenn es sich um zwei verschiedene handelt.

Bsp. Voleva un bicchiere **di acqua**.

Hier zur Erinnerung die wichtigsten Fragewörter, die meistens verkürzt werden:

Che cos'è?   (Was ist das?)
Com'è?   (Wie ist das?)
Dov'è?   (Wo ist das?)
Quant'è?   (Wie viel ist das?)
Quand'è?   (Wann ist das?)

4 Verstehen Sie die Nachrichten?

Hören Sie die Radiomeldungen an und kreuzen Sie die richtigen Antworten an. Die Aufgabe ist einfacher, wenn Sie die Fragen und Antworten vor dem Anhören lesen.

Dov'è aperta la nuova mostra?
- [ ] A Roma.
- [ ] A Milano.

Chi hanno arrestato in Piazza del Duomo?
- [ ] Un vecchio signore.
- [ ] Due vecchie signore.

Perché le hanno arrestate?
- [ ] Volevano rubare la Monna Lisa.
- [ ] Volevano rubare una borsa.

Dove ha nevicato?
- [ ] Al nord dell'Italia.
- [ ] Al sud dell'Italia.

5 'Und der Oscar geht an …'

Lesen Sie den Text und entscheiden Sie, ob die unten stehenden Sätze richtig oder falsch sind.

Il premio Oscar edizione 2002 per il film migliore è stato dato a 'A beatuiful mind' del regista Ron Howard che ha vinto anche l'Oscar per la migliore regia. Pietro Scalia ha vinto l'Oscar per il migliore montaggio per il film 'Black Hawk Down'. Scalia ha ringraziato i suoi compagni di lavoro, per primo il regista, Ridley Scott. Scalia ha già vinto l'Oscar dieci anni fa per 'JFK'.

	vero	falso
L'Oscar per il migliore film l'ha vinto un italiano.		
L'Oscar per il migliore attore l'ha vinto Scalia.		
Scalia ha già vinto un Oscar dieci anni fa.		
I compagni di lavoro Scalia non li ha ringraziati.		

6 Wo findet man welche Informationen?

Lesen Sie den Text und ordnen Sie dann die passenden Sätze einander zu.

Le notizie di cronaca ci sono in tutti i giornali, con i titoli più o meno grossi. La terza pagina è la pagina della cultura. Gli annunci hanno uno stile molto telegrafico e non sono sempre facili da capire. Le notizie di economia e politica, come anche tutte le altre notizie, si trovano anche nel sito internet del giornale. Il telegiornale e il giornale radio informano tanto bene quanto i giornali.

1 Mi informo sulle nuove mostre

2 Gli annunci sono difficili

3 Nel sito internet

4 Il telegiornale è più facile da capire:

A si trovano le stesse notizie come nel giornale.

B le notizie si sentono e si vedono.

C se leggo la terza pagina.

D perché sono scritti in stile telegrafico.

arrestato (arrestare)	festgenommen, verhaftet
notizie (la notizia)	Nachrichten
la cronaca	Meldung
titoli (il titolo)	Titel
grossi (grosso)	groß, dick
la cultura	Kultur
lo stile telegrafico	Telegrammstil
l'economia	Wirtschaft
la politica	Politik
il sito internet	Internetseite
il telegiornale	Fernsehnachrichten
informano (informare)	sie informieren

7 Worum geht es?

Lesen Sie die Zeitungsüberschriften und ordnen Sie sie den Themen zu.

1 **Gravi incidenti a causa della neve: quattro morti e dieci feriti.**

2 **Il ministro degli esteri in visita ufficiale in Australia.**

3 **Inflazione in Italia ferma: a gennaio resta al 2,4 %**

4 **Un Oscar anche per l'Italia!**

5 Affittasi appartamento lussuoso centro Padova.

A politica
Titolo numero

B annunci
Titolo numero

C economia
Titolo numero

D terza pagina
Titolo numero

E cronaca
Titolo numero

rapinato (rapinare)	geraubt, überfallen
l'incidente	Unfall
tremendo	schrecklich
morti (morto)	Tote
feriti (ferito)	Verletzte
l'inflazione	Inflation
il montaggio	(Film-)Schnitt
vinto (vincere)	gewonnen
a causa di	wegen, aufgrund von

8 Was hat Mario in der Zeitung gelesen?

Mario erzählt Luca, was passiert ist. Übernehmen Sie die Rolle von Luca und vervollständigen Sie seine Kommentare bzw. Fragen.

Mario: Hai sentito l'ultima? Hanno rapinato la Banca Centrale.
Luca: Davvero? E si sa _____ è stato?
Mario: No, non si sa. Ieri c'è stato un incidente tremendo: alcuni morti e sei feriti.
Luca: Cosa? _____ morti ci sono stati?
Mario: Dieci. E poi ho letto che l'inflazione quest'anno si è fermata.
Luca: A sì? E _____ l'hai letta questa bella notizia?
Mario: Sul 'Corriere dell'economia'. Quest'anno l'Oscar per il montaggio l'ha vinto un italiano.
Luca: Sono contento. E chi è, _____ si chiama?
Mario: Pietro Scalia.

9 Welche Sätze passen zu diesen Bildern?

Schreiben Sie die Lösungen auf die Linien unter den Bildern.

A Non leggo mai le notizie sportive, solo quelle di cronaca.

B Invece di comprare il giornale io leggo le notizie in internet.

C Mentre faccio colazione di solito ascolto il giornale radio.
D Le notizie adesso si possono anche leggere con il telefonino.

Mentre e durante – Während

'Während' übersetzt man mit *durante* oder *mentre*. *Durante* braucht man, wenn ein Substantiv folgt, *mentre* steht vor Verben.

Bsp. Durante il **pranzo** leggo. (Während des Mittagessens lese ich.)

Mentre **mangio** leggo. (Während ich esse, lese ich.)

10 Welche Meldung ist für Sie wichtig?

Sie sind mit dem Auto auf dem Weg nach Bologna und hören Nachrichten. Kreuzen Sie die Meldungen an, die für Sie relevant sind.

☐ L'autostrada tra Cattolica e Rimini sud è chiusa.

☐ Chi vuole andare a Bologna deve uscire a Cattolica.

☐ Questa sera alla televisione si può vedere la premiazione degli Oscar.

Was Sie jetzt können

Nachrichten nach Themen unterscheiden
Leggo notizie di economia, sport e cultura.
Alla radio ascolto la cronaca, al telegiornale vedo e sento informazioni di politica.

Informationsquellen aussuchen
Il telegiornale è più facile.
Alla radio si sente il giornale radio.
Si può leggere una notizia sul giornale o sul sito internet. Anche le riviste informano.

Nachrichten verstehen
Chiuso il tratto autostradale tra Cattolica e Rimini sud.

Verständnisfragen stellen
Chi è stato? Perché?

Das 'passato prossimo' mit den Pronomen
Il libro **l'**ho lett**o**. La rivista non **l'**ho lett**a**.
I giornali **li** ho comprat**i** ieri.
Le riviste non **le** ho ancora comprat**e**.

Fragewörter
Che cos'è?   Cos'è?
Com'è?   Dov'è?
Chi è   Perché?
Quant'è?   Quand'è?

Der Gebrauch von 'durante' und 'mentre'
Durante il pranzo leggo il giornale.
Mentre mangio leggo il giornale.

Test

1 Elementi di lingua

Leggete la storia. Decidete quali parole usare. Scegliete tra le parole scritte sotto il testo.

Giuseppe Verdi **1** nato a Busseto **2** 1813 e morto a Milano a 88 anni. I **3** genitori **4** abbastanza poveri. Quando **5** ancora **6** giovane ha **7** il Nabucco. Nella sua vita ci sono **8** anche **9** scandali, ma resta uno dei musicisti più **10** in Italia e all'estero.

1	è		ha
2	il		nel
3	sua		suoi
4	erano		avevano
5	è stato		era
6	molto		molta
7	scritto		scriveva
8	stato		stati
9	molti		molto
10	amati		amato

2 Comprensione auditiva

Leggete per prima cosa le domande. Ascoltate poi i testi. Segnate la vostra risposta.

1 Situazione:
Domandate a una persona se è possibile parcheggiare davanti al museo. Vi risponde:

Non si può.

☐ sì   ☐ no

2 Situazione:
Un amico si scusa per il ritardo. È in ritardo perché:

Ha preso una multa per avere parcheggiato in divieto di sosta.

☐ sì   ☐ no

3 Situazione:
Dite a un amico che non potete andare alla sua festa. Vi risponde:

Non è importante, perché c'è già tanta gente.

☐ sì   ☐ no

4 Situazione:
Sergio è andato da Mario. Mario vi racconta:

Mario è arrabbiato con Sergio perché è arrivato mentre mangiavano.

☐ sì   ☐ no

3 Comprensione scritta

Ecco le previsioni del tempo:

> **Nuvoloso** al nord con piogge locali.
> **Piove** anche in Toscana e in tutto il centro Italia.
> **Sereno** al sud con temperature sopra i trenta gradi.

Leggete il testo. Leggete le fasi dal numero 1 al numero 3. Decidete se sono giuste o sbagliate.

1 Piove al nord e al centro.
  A ☐ giusto
  B ☐ sbagliato

2 In Toscana fa bel tempo.
  A ☐ giusto
  B ☐ sbagliato

3 Al sud fa caldo, ma piove.
  A ☐ giusto
  B ☐ sbagliato

Unità 14

Diskussion und Konsensfindung
Nachrichten, Kurzmeldungen, Wetterbericht
Schule, Aus- und Weiterbildung
Private und geschäftliche Korrespondenz
Abkürzungen und Kurzantworten
Der Konjunktiv von 'essere' und 'avere'
Die betonten Objektpronomen

Zeitaufwand: ca. 60 Minuten

1 Pazienza! – Da kann man nichts machen!

1 Überrascht oder enttäuscht? Hören Sie den Unterschied.

Sehen Sie sich die Bilder an und lesen Sie die Sätze.

Maria ha lasciato Marco!
Ma dai, non ci credo! Possibile?
Purtroppo!

È morto Ennio Morricone.
Mamma mia, davvero? Ci vai al funerale?
Figurati! Non ci penso neanche!

L'uso di 'ci' – Der Gebrauch von 'ci'

Wie Sie schon wissen, bedeutet *ci* 'dorthin' und 'hierher'.

Bsp. Ci vai? (Gehst du dorthin?)

In Zusammenhang mit den Verben *pensare* (denken) und *credere* (glauben) bedeutet *ci* so viel wie 'daran'.

Bsp. Non **ci** penso neanche! (Ich denke nicht daran!)

Non **ci** credo! (Das glaube ich nicht!)

2 Wie reagiert man, wenn man überrascht ist?

Kreuzen Sie die Sätze an, die Überraschung ausdrücken.

Danilo ha vinto al lotto!

☐ Davvero?
☐ Ma dai!
☐ Che bello!
☐ Che peccato!
☐ Non ci credo!
☐ Possibile?
☐ Speriamo!

3 Hoffnung oder Enttäuschung?

Lesen Sie die Sätze und hören Sie den Unterschied.

Sembri così felice. Hai vinto al lotto? Magari!

Uffa! Anche questa volta non ho vinto niente.
Dai, pazienza! Magari la prossima volta.

4 Wie kann man Hoffnung ausdrücken?

Kreuzen Sie die passenden Sätze an.

Gioco ogni settimana al lotto e finora non ho vinto niente!

☐ Dai, pazienza!
☐ Che bello!
☐ Sarà per la prossima volta.
☐ Uffa!
☐ Magari la prossima volta, speriamo!
☐ Magari!

Modi di dire – Redewendungen

Pazienza heißt 'Geduld'. Als Ausruf bedeutet das Wort jedoch so viel wie 'da kann man nichts machen'.

Bsp. Non viene? **Pazienza**! (Kommt er nicht mit? Da kann man nichts machen!)

Sie kennen *magari* im Sinne von 'vielleicht'. Eine weitere Bedeutung ist 'schön wäre es!'

Bsp. Io, vincere al lotto? **Magari**! (Ich, im Lotto gewinnen? Schön wär's!)

5 Es wird schon wieder gut werden!

Anna hat etwas angestellt und Mila versucht, sie zu trösten. Lesen und hören Sie, was passiert ist.

Anna: Guarda, una tragedia, Giuseppe non mi parla più.
Mila: Mamma mia! Cos'è successo, avete litigato?
Anna: Sì, per una stupidaggine. Uffa! Solo perché ho fatto un piccolissimo danno alla sua macchina nuova è arrabbiato con me da una settimana. Dice che è deluso di me.
Mila: Ma cos'hai fatto?
Anna: Volevo mettere la macchina nel garage, ma ho dimenticato che sul portapacchi c'erano su le biciclette. E adesso le bici sono piatte e la macchina … beh, insomma, non è più come nuova. E lui dice che a me la macchina non la dà più.
Mila: Ma dai, gli passerà! Solo perché è andata male una volta, non sarà arrabbiato con te per sempre, no?
Anna: Speriamo! Ma io mi preoccupo!
Mila: Ma va, mica ti lascia per un graffio alla macchina! Senza te non può vivere!
Anna: Hai ragione. Chissà però se lo sa anche lui!

I pronomi tonici – Die betonten Pronomen

Die unbetonten Pronomen kennen Sie schon.

Bsp. Lo conosci? (Kennst du ihn?)

Die betonten Objektpronomen braucht man zur Hervorhebung der Personen.

Bsp. A **me** la macchina non la dà più. (Mir gibt er das Auto nicht mehr.)

Auch nach Präpositionen verwendet man diese Pronomen.

Bsp. Non può vivere **senza te**. (Er kann nicht ohne dich leben.)

Vieni **da me**? (Kommst du zu mir?)

Die Formen der betonten Pronomen entsprechen denen der unbetonten, mit Ausnahme von *me* und *te* (mich, mir und dich, dir).

la tragedia	Tragödie
la stupidaggine	Dummheit
Uffa!	Uf!
il danno	Schaden
arrabbiato	verärgert
arrabbiato con me	sauer auf mich
deluso	enttäuscht
il garage	Garage
dimenticato (dimenticare)	vergessen
il portapacchi	Gepäckträger
piatte (piatto)	platt, flach
passerà (passare)	es wird vergehen
è andata male	es ist schief gegangen
speriamo (sperare)	hoffen wir
mi preoccupo (preoccuparsi)	ich mache mir Sorgen
il graffio	Kratzer

6 Richtig oder falsch?

Lesen Sie den Dialog aus Übung 5 noch einmal oder hören Sie ihn noch einmal an. Beurteilen Sie dann die Sätze mit 'vero' oder 'falso'.

	vero	falso
Secondo Anna è successa una tragedia.	☐	☐
Secondo Mila non è niente di grave.	☐	☐
Giuseppe è arrabbiato con Anna.	☐	☐
Anna non sa perché Giuseppe è arrabbiato.	☐	☐
Anna è sicura che Giuseppe non può vivere senza lei.	☐	☐

Per me – Meiner Meinung nach

Will man eine Meinung ausdrücken, kann man *secondo me* oder auch *per me* (meiner Meinung nach) verwenden. Umgangssprachlich bedeutet *per me* auch 'von mir aus'.

Bsp. Andiamo al cinema? **Per me**, volentieri! (Gehen wir ins Kino? Von mir aus, gern!)

7 Füllen Sie die Lücken mit den richtigen Pronomen.

Verwenden Sie die passende Form der Pronomen in Klammern.

Esempio: Carlo non può vivere senza **me**. (io)

A Secondo _____ è arrabbiato? (tu)

B Secondo _____ gli passerà. (io)

C Dice che a _____ la macchina non la dà più. (io)

D Per _____ la macchina è tanto importante. (lui)

E Da una settimana non parla più con _____. (io)

F E io non parlo più con _____. (lei)

G Sono deluso di _____. (voi)

8 Wie kann man jemanden trösten?

Kreuzen Sie den jeweils passenden Ausruf an.

Mi dispiace, ma non posso venire da te perché ho l'influenza.

☐ Mi dispiace tanto, ma pazienza!

☐ Davvero?

Marco mi vuole lasciare perché ho graffiato la macchina.

☐ Non importa!

☐ Ma dai, figurati!

Chissà se parla ancora con me!

☐ È andata male!

☐ Ma va, gli passerà!

Dici che gli passa?

☐ Secondo me lui non può vivere senza te.

☐ Secondo me è una tragedia.

Ho perso il portafoglio con tutti i documenti!

☐ Peccato, mi dispiace. Ma non è una tragedia!

☐ È andata male, pazienza.

Esprimere sentimenti – Gefühle ausdrücken

Ausrufe sind Sache der Betonung: So verwendet man selbst bei gegensätzlichen Gefühlsregungen zum Teil denselben Ausdruck. Mit *Magari!* zum Beispiel können Sie sowohl Hoffnung als auch Enttäuschung ausdrücken. *Pazienza!* kann einerseits 'es wird schon wieder werden', andererseits aber auch 'da kann man nichts machen' oder 'das macht nichts' bedeuten.

9 Ist Serena verärgert?

Serena hat etwas auf dem Herzen und erzählt es einer Freundin. Kreuzen Sie an, welche Gefühle Serenas Zustand beschreiben.

Serena

- [ ] è arrabbiata.
- [ ] è delusa.
- [ ] è sicura che Tommaso non era malato.
- [ ] ha ancora una speranza.
- [ ] magari perdona Tommaso.
- [ ] non perdona Tommaso.

Was Sie jetzt können

Überraschung ausdrücken
Davvero?
Possibile?
Non ci credo!
Ma va?

Enttäuschung ausdrücken
Sono deluso.
Peccato!
Purtroppo!
Mamma mia!
È andata male.
Pazienza!
Uffa!

Hoffnung ausdrücken
Speriamo!
Magari la prossima volta.
Pazienza!

Mitgefühl ausdrücken
Mi dispiace!
Che peccato!
Ma dai, figurati!
Peccato, ma non è una tragedia.
Sarà per la prossima volta.

Die betonten Pronomen
A **me** la macchina non la dà più.
Secondo **te** gli passerà?

2 Non credo – Ich glaube es nicht

1 Glauben Sie das oder wissen Sie es?

Lesen Sie, wie man eine Meinung äußern kann.

Penso che Giuseppe sia ancora arrabbiato con Anna.
Speriamo che Anna abbia pazienza con lui.
Pensi che Anna abbia ragione?
Non so chi dei due abbia ragione, ma credo che Giuseppe esageri.

Esprimere un parere – Eine Meinung äußern

Wenn man Meinungen, Gefühle, Hoffnung oder Unsicherheit ausdrücken möchte, braucht man den *congiuntivo* (Konjunktiv).

Bsp. Penso che **sia** malato. (Ich glaube, dass er krank ist.)

Spero che **arrivi** presto. (Ich hoffe, dass er bald kommt.)

Sono contenta che **abbia** tempo per noi. (Es freut mich, dass er Zeit für uns hat.)

Non so se Mario **abbia** un fratello. (Ich weiß nicht, ob Mario einen Bruder hat.)

2 Welche Verben gehören in die Lücken?

Füllen Sie die Lücken mit folgenden Verben:

abbia • sia • sia • abbia • siano

A Credo che Anna e Giuseppe _____ ancora insieme.
B Sono contenta che Giuseppe non _____ più arrabbiato.
C Credo che Anna _____ molta pazienza con lui.
D Credi che Giuseppe _____ troppo sensibile?
E No, penso che _____ ragione.

Il congiuntivo di 'essere' e 'avere' – Der Konjunktiv von 'essere' und 'avere'

Die Konjugation des *congiuntivo* ist im Singular in allen Personen gleich. Obwohl die Subjektpronomen in der Regel ausgelassen werden, werden sie im *congiuntivo* verwendet, um Verwechslungen zu vermeiden.

Bsp. Credo che **tu abbia** ragione. (Ich glaube, dass du Recht hast.)

	essere	avere
io	sia	abbia
tu	sia	abbia
lui, lei, Lei	sia	abbia
noi	siamo	abbiamo
voi	siate	abbiate
loro	siano	abbiano

3 'Essere' oder 'avere'?

Füllen Sie die Lücken mit dem passenden Konjunktiv von 'essere' oder 'avere'.

Esempio: Penso che Maria **sia** felice con Marco.

A Credo che Giovanni e Maria _____ a casa.
B Penso che Silvia _____ molto sensibile.
C Pensi che Paolo _____ tempo questa sera?
D Non sono sicuro che voi _____ voglia di lavorare.
E Non sono sicuro che voi _____ le persone giuste per questo lavoro.
F Penso che Marco e Maria _____ in vacanza.
G Spero che loro _____ una macchina veloce.
H Speriamo che Maria e Marco _____ felici.

Speriamo! – Hoffentlich!

Speriamo bedeutet sowohl 'wir hoffen' bzw. 'hoffen wir' als auch 'hoffentlich'.

Bsp. Viene anche Luigi? **Speriamo** di no! (Kommt Luigi auch? Hoffentlich nicht!)

L'uso del congiuntivo – Der Gebrauch des Konjunktivs

Wenn ein dass-Satz mit einem unpersönlichen Ausdruck eingeleitet wird, dann braucht man den *congiuntivo*.

Bsp. È strano che tu sia d'accordo con me. (Es ist seltsam, dass du mir zustimmst.)

Nach Verben, die Sicherheit ausdrücken, steht kein *congiuntivo*.

Bsp. Sono **sicuro** che **c'è** traffico. (Ich bin sicher, dass viel Verkehr ist.)

Non sono **sicuro** che **sia** meglio. (Ich bin nicht sicher, dass es besser ist.)

4 Wofür entscheiden sich Roberta und Dario?

CD2 65

Roberta und Dario werden morgen in Urlaub fahren und diskutieren über die Abfahrtszeit. Lesen Sie den Dialog und beurteilen Sie dann, ob die unten stehenden Sätze richtig oder falsch sind.

Roberta: Senti, secondo me è meglio partire a mezzogiorno.
Dario: Guarda, io credo che sia meglio partire presto.
Roberta: Ma no, dai, non mi va di fare tutto in fretta.
Dario: E credi che io abbia voglia di stare in coda?
Roberta: Perché? Pensi che ci sia tanto traffico?
Dario: Figurati! Tutti partono per le ferie adesso. Sono sicuro che c'è un traffico tremendo.
Roberta: E va bene, allora partiamo presto. Speriamo che tu abbia ragione!
Dario: Però! È strano che per una volta tu sia d'accordo con me.

	vero	falso
Roberta non vuole alzarsi presto.	☐	☐
Dario pensa che sia meglio partire presto.	☐	☐
Dario è sicuro che a mezzogiorno c'è traffico.	☐	☐
Dario e Roberta decidono di partire presto.	☐	☐

5 Was wäre Barbaras Meinung nach besser für sie?

CD2 66

Barbara überlegt, welches Fach sie an der Universität studieren soll und unterhält sich mit Lucia darüber. Hören Sie den Dialog an und kreuzen Sie das Bild an, das Barbaras Wünschen entspricht.

1 ☐   2 ☐

6 Wie drückt man Einverständnis aus?

Tragen Sie die Ausdrücke in die passende Spalte ein.

Non sono d'accordo.
D'accordo.
È vero.
Niente affatto.
Non è vero.

Va bene.
Sono d'accordo.
Per niente.
OK.
Hai ragione.

sono d'accordo con te	non sono d'accordo con te

7 Sind Sara und Tina derselben Meinung?

Sara und Tina unterhalten sich über Auslandserfahrungen. Lesen Sie den Dialog und kreuzen Sie dann die richtigen Antworten an.

Sara: Annalisa è triste perché probabilmente non ha superato l'esame.
Tina: Quale esame?
Sara: L'esame di inglese per avere il Certificato Europeo di Lingue.
Tina: Ha fatto un corso?
Sara: Sì, è andata a scuola per sei mesi. Ha seguito le lezioni, ha fatto tanti esercizi, l'insegnante ha sempre spiegato tutto molto bene. Ma il test ... pare che sia difficile.
Tina: Pensi che abbia bisogno di questo certificato?
Sara: Certo. Vuole andare a studiare a Londra. Pensa che sia meglio che studiare in Italia.
Tina: Non credo. Anche le nostre università sono ottime.
Sara: Sì, d'accordo, ma lei pensa che sia importante fare esperienza all'estero.
Tina: Per me questa è solo una moda.
Sara: Niente affatto! Se vuole trovare un buon lavoro è bene che abbia esperienze diverse e che il suo inglese sia quasi come quello di un madrelingua.
Tina: Io non sono sicura che sia tanto importante. Secondo me è più importante trovare un marito. Speriamo che Annalisa sia felice così.
Sara: Magari era così ai tuoi tempi, ma adesso no.
Tina: Queste ragazze oggi hanno solo i viaggi in testa! Ai miei tempi ...

	sì	no
Tina pensa che Annalisa abbia bisogno del certificato?	☐	☐
Sara è d'accordo con Tina?	☐	☐
Tina pensa che le università italiane siano buone?	☐	☐
Per Sara è importante andare all'estero?	☐	☐
Pensa così anche Tina?	☐	☐
Tina è una signora giovane?	☐	☐

triste	traurig
superato (superare)	bestanden
l'esame	Prüfung
il corso	Kurs
la scuola	Schule
seguito (seguire)	folgen
esercizi (l'esercizio)	Übungen
spiegato (spiegare)	erklärt
il certificato	Zertifikat
l'università	Universität
ottime (ottimo)	sehr gut, ausgezeichnet
l'esperienza	Erfahrung
il madrelingua	Muttersprachler

Ottimo – Ausgezeichnet

Wenn Sie etwas sehr gut finden, können Sie neben *molto buono* und *buonissimo* (sehr gut) auch *ottimo* (ausgezeichnet, hervorragend) sagen. Wie bei allen Adjektiven wird die Endung an die Form des Bezugswortes angeglichen.

Bsp. Questa università è ottima. (Diese Universität ist ausgezeichnet.)

Questi esercizi sono ottimi. (Diese Übungen sind hervorragend.)

8 Welche Schule ist die richtige für Annalisa?

Vergleichen Sie Annalisas Wunsch mit den Anzeigen und kreuzen Sie die passende Lösung an.

Eh sì, devo ripetere l'esame di inglese. Vorrei fare un corso, ma ho tempo solo la sera. Per me è importante che gli insegnanti siano di madrelingua.

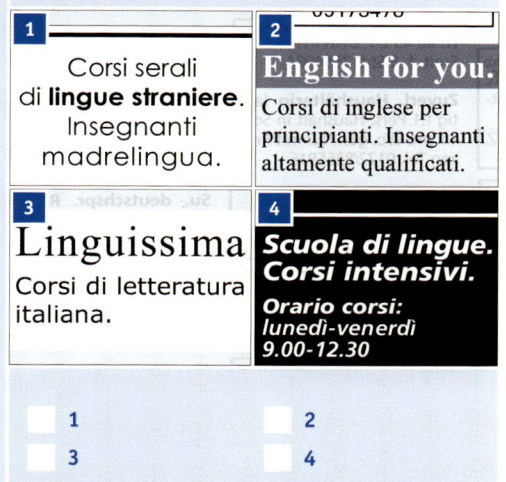

1 Corsi serali di **lingue straniere**. Insegnanti madrelingua.

2 English for you. Corsi di inglese per principianti. Insegnanti altamente qualificati.

3 Linguissima. Corsi di letteratura italiana.

4 Scuola di lingue. Corsi intensivi. Orario corsi: lunedì-venerdì 9.00-12.30

☐ 1   ☐ 2
☐ 3   ☐ 4

Was Sie jetzt können

Diskutieren und Meinungen äußern

Penso che Annalisa abbia ragione.
Credo che sia importante andare all'estero.
Per me è meglio fare un corso di lingue all'estero.

Einverständnis ausdrücken

Sono d'accordo.   Va bene, OK.
È vero, hai ragione.   D'accordo.

Uneinigkeit ausdrücken

Per me non è vero.
Per niente.
Niente affatto.
Non sono d'accordo con te.

Hoffnung ausdrücken

Spero che Annalisa sia felice in Inghilterra.
Speriamo!

Der Konjunktiv von 'essere' und 'avere'

Pensi che io **sia** in casa e **abbia** tempo?
Credo che Annalisa **abbia** ragione e sia meglio andare all'estero.
Penso che voi non **abbiate** ragione e **siate** troppo vecchi per viaggiare.
Non so se loro **abbiano** tempo e **siano** contenti di fare una festa.

Der Superlativ von 'buono'

Questi corsi sono ottimi.

3 Un equivoco – Ein Missverständnis

1 Welcher dieser Briefe ist an eine Firma adressiert?

Kreuzen Sie die passende Lösung an.

1
Sig. Torti Casimiro
Via Leopardi 7
20047 Brugherio (Mi)

2
Gentile Sig.ra Rizzi Luisa
Via G. Garibaldi 15
20100 Milano

3
Spettabile
Studio Queens S.r.l.
Viale Martiri della Libertà 2
20035 Lissone (MI)

4
Sig.na
Lambertini Cristina
Via Increa 9
20041 Agrate (MI)

☐ 1 ☐ 2
☐ 3 ☐ 4

Corrispondenza – Korrespondenz

In der Schriftsprache werden *signore*, *signora* und *signorina* abgekürzt:

Bsp.	signor Rossi	**Sig.** Rossi
	signora Pini	**Sig.ra** Pini
	signorina Viti	**Sig.na** Viti

In der Regel beginnt ein privater Brief mit *caro* (lieber) oder *carissimo* (liebster). Die passenden Abschiedsgrüße sind *(tanti) cari saluti* oder *carissimi saluti* (liebe Grüße). *Baci* (Küsse) können auch hinzugefügt werden.

In einem geschäftlichen Brief beginnt man mit *egregio* (sehr geehrter), wenn der Brief an eine Person adressiert ist, oder *spettabile* (sehr geehrte), wenn eine Firma angeschrieben wird. Oft liest man auch *gentile signora* (sehr geehrte Frau) statt *egregia*.

Man schließt den Brief meist mit *distinti saluti* (mit freundlichen Grüßen). *Vogliate gradire i più distinti saluti* bedeutet das Gleiche.

2 Wie verabschiedet man sich schriftlich?

Lesen Sie den Brief und kreuzen Sie die passende Abschiedsform an.

> *Egregi signori e signore,*
>
> *in allegato ricevete le informazioni da voi richieste e il nostro listino prezzi.*

☐ Distinti saluti
☐ Tanti cari saluti
☐ Saluti e baci

3 Was kann man alles bezahlen?

Lesen Sie die Sätze und kreuzen Sie die jeweils passende Antwort an.

Se si mangia al ristorante si paga:
☐ il conto   ☐ la multa

Se si lascia la macchina in divieto di sosta si paga:
☐ la tassa   ☐ la multa

In autostrada si paga:
☐ il pedaggio   ☐ il conto

Al cinema si paga:
☐ il biglietto   ☐ la carta

Lo sconto – Der Rabatt

In Italien diskutiert man bekanntlich gern, besonders, wenn es um Preise geht. Die Angewohnheit, um einen Rabatt zu feilschen, wird mittlerweile als *maleducazione* (schlechte Manieren) empfunden und die meisten Händler lassen sich auf derartige Diskussionen nicht mehr ein. Viele Kunden versuchen es trotzdem, besonders auf dem Markt. In Kaufhäusern und Ladenketten ist es jedoch nicht üblich, nach einem *sconto* zu fragen.

4 War das ein Missverständnis?

Herr Falzotti telefoniert mit Herrn Biagi. Lesen Sie, warum Herr Falzotti verärgert ist.

Sig. Falzotti: Buongiorno, Falzotti. Senta, mi è arrivato da voi un conto da pagare, ma guardi che ci deve essere un errore perché io nel suo albergo non ci sono mai stato.

Sig. Biagi: Aspetti che controllo. Dunque, Falzotti ... ah, ecco. Sì, è stato da noi dal 20 al 25 agosto in una stanza singola, pensione completa, e ha dimenticato di pagare il conto del minibar.

Sig. Falzotti: Le ripeto che non sono stato io! Non sono mai stato né a Civenna né nel Suo albergo!

Sig. Biagi: Ma scusi, Lei è Falzotti Enrico?

Sig. Falzotti: Sì.

Sig. Biagi: Abita in via Mascagni 7?

Sig. Falzotti: Sì.

Sig. Biagi: È stato a Civenna in agosto?

Sig. Falzotti: No! Io in agosto ero a casa, a Milano, anzi in ufficio e ho lavorato.

Sig. Biagi: Dicono tutti così! Il nostro computer però dice che Lei non ha pagato il conto.

Sig. Falzotti: E io Le posso dimostrare che c'è un equivoco. Le mando subito per fax una conferma del mio direttore che io in agosto ero in ufficio. ArrrivederLa.

l'errore	Fehler
controllo (controllare)	ich überprüfe
dunque	also
dimenticato (dimenticare)	vergessen
ripeto (ripetere)	ich wiederhole
non sono stato io	ich war es nicht
anzi	besser noch, im Gegenteil
dimostrare	beweisen
l'equivoco	Missverständnis
mando (mandare)	ich schicke, sende
il fax	Fax
la conferma	Bestätigung
il direttore	Direktor, Leiter

5 Wo ist der Fehler?

Lesen Sie den Brief von Herrn Biagi an Herrn Falzotti und vergleichen Sie ihn mit dem Dialog aus Übung 4. Beurteilen Sie dann die Sätze mit 'vero' oder 'falso'.

Sig. Falzotti Enrico
Via Mascagni 7
98100 Messina

Egregio Sig. Falzotti,

La preghiamo cortesemente voler provvedere al pagamento del conto minibar allegato.

Saremmo felici di poterla ospitare di nuovo nel nostro Hotel.

Distinti saluti
Ezio Biagi
direttore

	vero	falso
Il signor Falzotti non ha mai preso niente dal minibar, solo al ristorante.	☐	☐
Il signor Falzotti dice che non è mai stato a Civenna.	☐	☐
Il signor Biagi non crede che ci sia un errore.	☐	☐
Il signor Biagi ha mandato il conto alla persona sbagliata.	☐	☐
Il signor Falzotti non abita a Messina.	☐	☐
Il signor Falzotti ha rubato il minibar dell'albergo.	☐	☐

6 Wie entschuldigt sich Herr Biagi?

Hören Sie Herrn Biagi zu und kreuzen Sie das passende Bild an.

1.

2. Buono sconto del 20 % per un soggiorno di almeno tre giorni.

7 Füllen Sie die Lücken mit den passenden Präpositionen.

Il signor Biagi ha telefonato _____ signor Falzotti e si è scusato _____ l'errore. Il cliente che non ha pagato il conto è _____ Messina, mentre il signor Falzotti abita _____ Milano. Tutti e due abitano _____ via Mascagni. Il direttore _____ albergo manda _____ signor Falzotti un buono sconto.

8 Wer hat wen überzeugt?

Herr Falzotti ist im Büro und unterhält sich mit Lucia Parini. Lesen Sie den Dialog und kreuzen Sie an, ob die Sätze richtig oder falsch sind.

Sig.na Parini: Com'è finita la storia con il conto del minibar?

Sig. Falzotti: Bene. Il direttore si è scusato e mi ha mandato un buono sconto per il suo albergo.

Sig.na Parini: E ci va?

Sig. Falzotti: Si figuri, prima di tutto non ho tempo. E poi non so neanche dov'è Civenna.

Sig.na Parini: È sul lago di Como. È bello lì, secondo me dovrebbe andarci.

Sig. Falzotti: Ma, non so, si può fare il bagno?

Sig.na Parini: Sì, certo, non dappertutto, ma ci sono le spiagge anche al lago.

Sig. Falzotti: Mh. Pensa che il tempo sia bello la settimana prossima?

Sig.na Parini: Credo di sì.

Sig. Falzotti: Dice che si mangia bene lì?

Sig.na Parini: Ne sono sicura.

Sig. Falzotti: E se poi fa brutto tempo cosa faccio al lago?

Sig.na Parini: Può andare a visitare ad esempio Bellagio, o Lecco, o Como. Ci sono un sacco di belle città nella regione.

Sig. Falzotti: Va beh, mi ha convinto. Ci viene anche Lei?

Sig.na Parini: Ma io, veramente, non so, ecco ...

Sig. Falzotti: Ma sì, dai, naturalmente in stanze separate. Da solo mi annoio, e poi un po' di vacanza fa bene anche a Lei. Allora, si parte?

Sig.na Parini: Ci devo pensare.

	vero	falso
La signorina Parini ha convinto il signor Falzotti.	☐	☐
Il signor Falzotti è convinto perché si può fare il bagno dappertutto.	☐	☐
Il signor Falzotti invita la signorina Parini ad andare con lui.	☐	☐
La signorina Parini accetta subito l'invito.	☐	☐

lo sconto	Nachlass
il buono	Gutschein
la storia	Geschichte
il lago	See
fare il bagno	baden
un sacco di	ein Haufen
la regione	Region, Gebiet
convinto (convincere)	überzeugt
veramente	eigentlich
naturalmente	selbstverständlich
separate (separato)	getrennt

Cara mamma,

il tempo è meraviglioso e il lago è più bello di quanto pensavo. Mi diverto tanto. Comincia a preparare gli inviti: Lucia ed io ci sposiamo il mese prossimo!

Tanti cari saluti

Enrico e Lucia

Penso di sì – Ich glaube schon

Wenn man eine kurze Antwort mit 'ja' oder 'nein' geben möchte, muss vor *sì* oder *no* die Präposition *di* stehen.

Bsp. Credo **di no**. (Ich glaube nicht.)

Penso **di sì**. (Ich glaube schon.)

Ha detto **di sì**. (Er hat ja gesagt.)

9 Hat sich Frau Parini überzeugen lassen?

Lesen Sie die Postkarte und kreuzen Sie dann jeweils die richtige Antwort an.

Il signor Falzotti e la signorina Parini sono andati al lago insieme?

☐ sì ☐ no

È la prima volta che il signor Falzotti va al lago di Como?

☐ sì ☐ no

Il signor Falzotti si annoia al lago?

☐ sì ☐ no

Il signor Falzotti e la signorina Parini si danno ancora del lei?

☐ sì ☐ no

Qual è la conseguenza dell'equivoco per un errore del computer?

☐ un matrimonio ☐ un bagno al lago

Was Sie jetzt können

Private Briefe verfassen

Cara Mamma, il tempo è bello. Tanti cari saluti

Kurze Antworten geben

Penso di sì. Credo di no.

Geschäftsbriefe verfassen

Egregio Sig. Falzotti, Le mando un buono sconto. Distinti saluti
Gentile Sig.ra Parini, Le mando un buono sconto. Distinti saluti
Spettabile Studio Queen, vi inviamo le informazioni sui prezzi. Distinti saluti

Jemanden überzeugen, argumentieren

No sono stato io, a Civenna non ci sono mai stato.
Le posso mandare una conferma.
Ci viene anche Lei? Un po' di vacanza Le fa bene.
Mi ha convinto.

Abkürzungen

Sig. Renzi Sig.ra Mari Sig.na Parini

Test

1 Elementi di lingua

Leggete la lettera. Decidete quali parole usare. Scegliete tra le parole scritte sotto il testo.

1 Sig. Cazzaniga,

2 invitiamo a partecipare alla conferenza che si terrà **3** ventidue marzo **4** ore sedici **5** via Cordusio numero 14. La **6** Pini presenterà il nuovo prodotto. Pensiamo che **7** necessario anche discutere su altri temi importanti per la nostra ditta. Per questo abbiamo prenotato un tavolo in un **8** ristorante vicino e speriamo che Lei **9** tempo di pranzare con noi.

10 saluti
Gino Albinoni

1	Egregio		Caro
2	la		La
3	nel		il
4	alla		alle
5	in		a
6	Sig.na		Sig.
7	è		sia
8	benissimo		ottimo
9	abbia		ha
10	Distinti		Carissimi

2 Comprensione auditiva

CD2 71

Leggete per prima cosa le domande. Ascoltate poi i testi. Segnate la vostra risposta.

1 È già arrivato Giovanni?

A Penso di sì.
B Certo che sì.

2 Ciro sta meglio?

A Credo che sia ancora malato.
B Credo che sia ancora a Milano.

3 Secondo te Clara ha ragione?

A Io sono d'accordo con lei.
B Io non sono d'accordo con lei.

4 Vieni in ferie con me?

A Ci devo andare.
B Ci devo pensare.

5 Allora, viene anche Elisabetta o no?

A A me ha detto di sì.
B A me ha detto così.

3 Risposte

CD2 72

Leggete le frasi dalla A alla D. Ascoltate poi la registrazione. Sentirete tre frasi. Segnate per ogni frase la vostra risposta: A, B, C o D.

1 _____
2 _____
3 _____

A Niente affatto!
B Secondo me è ottimo.
C Che schifo!
D È vero, hai ragione, è meglio.

Anhang

Alle Lösungen zu den Übungen
Lösungen zu den Abschlusstests
Hörtexte zum Mitlesen
Wortschatz zum Vokabeltrainer
Die italienische Aussprache

Lösungen Unità 1
Conoscersi

1.2	1	A/D
	2	B/C
1.4	Ciao; tu; bene	
	Buongiorno, va; Lei; grazie	
1.5	A	Ciao/Salve (Paolo)
	B	Ciao/Salve (Marina)
	C	Buongiorno/Salve (signor Verdi)
	D	Buongiorno/Salve (signora Strozzi)
	E	Buongiorno/Salve
	F	Buongiorno/Salve
1.7	A	io, sono
	B	(io) sono, piacere
	C	io, (io) sono
1.9	1 D 2 E	
	3 B 4 C	
	5 A	
1.11	A	Ciao!
	B	Buonanotte!
	C	Signor Rossi, arrivederci!
	D	ArrivederLa signora!
1.12	**tu:**	
	Ciao, Paolo, come va?	
	Bene, grazie, e tu?	
	Scusa, sei Maria?	
	Ciao!	
	Lei:	
	Buongiorno signora, come va?	
	Scusi, Lei è il signor Verdi?	
	ArrivederLa signor Pini.	

2.4	Milano			
2.6	**nome:**			
	Maria			
	cognome:			
	Selzer; Storti; Young			
2.7	mi; chiamo; ti; h; chiami			
2.9	A chiamo		B questo
	C Questa		D signor
	E Questa		F signora
	G presento		H Le
2.11	Lei			
	mi			
	il signor, Le			
	Buongiorno			
2.12	1 A		2 C
	3 E		4 D
	5 B			
2.13	A	Come si chiama?		
	B	ArrivederLa!		
	C	Scusa, sei Maria?		
	D	Questa è la signora Polli.		
	E	Le presento Giovanni.		
2.14	/k/:			
	mi chiamo; Chiara; come; anche			
	/tsch/:			
	ciao; arrivederci; piacere; Marcello			

Lösungen Unità 2
Informazioni

1.2	1 l'Italia	2 la Germania		2.7	A	No, Sergio non è di Milano.
	3 la Francia	4 l'Austria			B	No, Carlo non è di Parigi.
	5 la Spagna	6 la Gran Bretagna			C	No, Jacques non parla l'inglese.
					D	No, Silvia non lavora in un ufficio.
1.3	1 C	2 D			E	No, Paolo non studia lingue.
	3 A	4 B			F	No, Christian non lavora in un ristorante.
	5 F	6 E				
1.5	Franz è tedesco.			2.9	Maria è cameriera.	
1.7	A Bianca è tedesca.				Paola non lavora.	
	B Marie è francese.				Maria non è italiana.	
	C Carmen è spagnola.			3.2	039/77 89 05	
	D Heidi è svizzera.			3.4	1 B	2 D
1.8	A Christian è italiano.				3 C	4 A
	B Maria è francese.			3.5	A ho	B ha
	C Tony è inglese.				C hai	D ha
1.9	Franz è di Monaco.			3.7	A il	B la
	Jacques parla l'italiano.				C la	D il
					E la	F il
1.10	1 B	2 D		3.8	Beide Sätze sind falsch.	
	3 C	4 A		3.9	grüßen:	buongiorno
	5 F	6 E			sich melden:	pronto
2.2	1 D	2 B			sich vorstellen:	sono ...
	3 C	4 A			jemanden verlangen:	c'è ...
2.3	A segretaria				nach einer Nummer fragen:	ha il numero di ...
	B medico					
	C insegnante					
	D casalingo				sich bedanken:	grazie (mille)
2.4	A Laura lavora in un ufficio.				sich verabschieden:	buongiorno
	B Sergio è medico.					
	C Silvia lavora in una scuola.					
	D Marco è casalingo.					
2.5	1 una	2 un		3.10	A /k/	B /tsch/
	3 una	4 una			C /k/	D /tsch/
	5 un	6 una				
	7 un	8 un/una				
	9 un	10 una				

Lösungen Unità 3
Quante domande!

1.2
1. il pomodoro   2. la pasta
3. la verdura   4. la cioccolata
5. il latte   6. la birra
7. il vino   8. il caffè

1.3
A La pasta non mi piace.
B La cioccolata non mi piace.
C La verdura non mi piace.
D La birra non mi piace.
E Il caffè non mi piace.

1.5
i telefoni
le case
i lavori
le signore
le lingue
i numeri
le cameriere
le cucine
gli zucchini
le scuole

1.7
A Sì mi piace./No, non mi piace.
B Sì, mi piacciono./No, non mi piacciono.
C Sì mi piace./No, non mi piace.
D Sì, mi piacciono./No, non mi piacciono.

1.9
1. giocare a tennis
2. giocare a calcio
3. leggere
4. ascoltare la radio
5. nuotare
6. guardare la televisione

1.10
Mi piace cucinare.
Mi piace la pasta.

2.2
A No, preferisco leggere.
B No, preferisco giocare a tennis.
C No, preferisco nuotare.
D No, preferisco ascoltare la radio.

2.4
sì:
Prendi un caffè? Volentieri!
no:
Cappuccino? Grazie, ma preferisco un caffè.
Prendi il latte? Grazie, ma non mi piace.
Prende una birra? Preferisco un bicchiere di vino, grazie.

2.5 Elena prende un tè.

2.6 1 L'italiano preferisce il caffè!

3.3
A Rosa ha diciassette anni.
B Giorgio ha ventisei anni.
C No, (il signor Cusani) (non ha ventidue anni) ha quarantacinque anni.
D No, (la signora Bompiani) (non ha novantacinque anni) ha settantacinque anni.

3.6 Sabrina e Silvia abitano a Milano.
Anche Anna abita a Milano.

3.7
A Si chiama Alfonso.
B Abita a Milano.
C (Abita) in Via Senato.
D No, (il signor Magni) (non è tedesco) è italiano.
E (Il signor Magni) è ingegnere/fa l'ingegnere.

Lösungen Unità 4
Ho fame!

1.3	**A** del	**B** del	
	C della	**D** della	
	E del		
1.5	C'è		
	Ci sono		
	C'è		
	ci sono		
1.7	Marco ha fame.		
	Ci sono i biscotti.		
1.9	Vorrei un cappuccino, un'acqua minerale e due toast (per favore).		
1.10	Buongiorno. Vorrei un tè (per favore).		
	Con (il) latte.		
	Va bene. (Da mangiare) (prendo/vorrei) un tramezzino (per favore).		
	Con (il) formaggio.		
	Ecco (a Lei).		
	Buongiorno./ArrivederLa.		
2.2	1 Al mercato ci sono i vestiti.		
	2 Al mercato c'è l'olio.		
	3 Al mercato ci sono i maglioni.		
	4 Al mercato ci sono le uova.		
	5 Al mercato ci sono le patate.		
	6 Al mercato ci sono le scarpe.		
2.3	**A** 100 g	**B** 200 g	
	C 500 g	**D** 1 kg	
	E 300 g	**F** 2 kg	
2.4	**A** gialla	**B** rosso	
	C blu	**D** verde	
	E bianco	**F** nero	

2.7	La signora prende un chilo di zucchini.		
2.8	**A** del	**B** dello	
	C dell'	**D** dei	
	E delle	**F** degli	
2.9	pomodori	formaggi italiani	
	prosciutto		
3.1	1 C	2 D	
	3 E	4 H	
	5 B	6 A	
	7 F	8 G	
3.3	freddo		
	piccante		
	brutto		
	piccolo		
3.4	Il minestrone è una zuppa di verdure.		
3.5	**A** le verdure fredde.		
	B i formaggi svizzeri.		
	C le porzioni piccole.		
	D gli antipasti grandi.		
3.7	**A** all'arrabbiata	**B** ben cotta	
	C mista	**D** piccolo	
	E bianco		
3.8	**A** molta/tanta		
	B molto/tanto		
	C molto/tanto		
	D poco		
	E molto/tanto		
	F molto/abbastanza		

Lösungen Unità 5
Un invito

1.2
A (Oggi è) martedì.
B (Vanno a pranzo insieme) venerdì.
C (Lunedì Massimo) gioca a tennis.
D (Massimo va da Milena) domenica.

1.3
A vai B vado
C andiamo D andate
E al F andate, al, a
G vanno, al

1.4 2 è un invito

1.5 Alfonso rifiuta l'invito.
Sabrina accetta l'invito.

1.6
1 B 2 E
3 A 4 F
5 C 6 D
7 G

1.8 Franca invita solo Giuseppe.

1.10 Volentieri, grazie per l'invito.
Mi dispiace, ma oggi ho un impegno.
Peccato, ma oggi ho già invito.
Mi dispiace, un'altra volta.

2.1
1 il soggiorno 2 la doccia
3 la cucina 4 la camera da letto

2.2
1 D 2 C
3 A 4 B
5 E

2.4
1 C 2 E
3 A 4 B
5 D

2.6
A Le scarpe sono sul pavimento.
B I vestiti sono sul letto.
C Il computer è sulla scrivania.
D I fiori sono sulla/in terrazza.

2.8
A Valeria e Francesca vanno in soggiorno.
B La cucina è grandissima.
C Le camere sembrano grandi.

2.9
A Il parquet è bellissimo.
B Il soggiorno è grandissimo.
C I mobili sono carissimi.
D Le camere sono piccolissime.
E La scrivania è nuovissima.

2.10
1 C 2 D
3 B 4 E
5 A

2.11
A bella B bel
C bella D bei

3.1
1 gennaio 2 febbraio
3 marzo 4 aprile
5 maggio 6 giugno
7 luglio 8 agosto
9 settembre 10 ottobre
11 novembre 12 dicembre

3.2
1 la primavera 2 l'estate
3 l'autunno 4 l'inverno

3.3 In inverno.
In primavera.

3.4
A Cinema: il 1° agosto
B Teatro: mercoledì
C Festa latino-americana: venerdì 23
D Mercato dei fiori: il 25 agosto

3.6 il 16
20 (settembre)
compleanno
venerdì
idea

3.9
A più cari dei
B meno leggero del
C più care delle
D più grande della

3.11 Il chianti è più buono del Bardolino.
La torta di cioccolato è meno leggera della torta di yogurt.

Lösungen Unità 6
Giovani e belli

1.2	A il marito	B la moglie
	C i genitori	D la figlia
	E il figlio	F sposata
	G sposato	H famiglia

1.4
- A di Franco
- B della signora Cavalli
- C di Sabrina

1.6 La sua famiglia è intatta.

| 1.8 | A le loro | B sua |
| | C suo | D il loro |

1.9 A Tanti auguri e congratulazioni per la vostra bambina!

1.10
Laura
Mia
suo
Andrea
il loro
i nostri

2.2 Laura

2.3
è alto
ha i capelli corti
è il marito di Katia

| 2.5 | A quella | B quella, quella |
| | C Quello | D quelli |

2.7
lo
la
lo
li
lo

2.8	1 B	2 A
	3 D	4 C
	5 F	6 E

2.9
- A Quei ragazzi sono molto alti
- B quelle signore bionde
- C quei ragazzi
- D piacciono quegli uomini
- E Quei signori sono italiani e quelli sono tedeschi

2.10 Dario è un amico di Silvia.

3.1 1

3.2
aspetto:
magro; alto; biondo
carattere:
intelligente; simpatico; tollerante; serio

3.3
alta, carina, simpatica e molto intelligente;
romantica e sportiva;
divorziata;
ricca, seria e tollerante

3.5	1 C	2 B
	3 A	4 F
	5 D	6 E
	7 G	

3.6
studentessa
anni
neri
serio
romantico
nessuno
interessano/piacciono
la
il
la
alta

3.7 Pasquale è sportivo.

3.8	A buono	B bene
	C buona	D bene
	E bene	F buona
	G bene, buona	

3.9
È architetto.
Cerca una donna simpatica.

Lösungen Unità 7
Appuntamenti

1.2
1	B	2	C
3	E	4	F
5	D	6	A

1.3 12.05
16.10
6.15

1.5
- **A** Alle sette e mezzo.
- **B** Alle nove.
- **C** Alle quattro.

1.7 Mauro e Marta escono stasera.
Marta torna a casa alle sei e mezzo.
Hanno appuntamento alle otto.

1.8
- **A** Alle due e mezzo.
- **B** Alle nove e un quarto.
- **C** Alle otto e mezzo.
- **D** Alle sei.

1.10 Vanno prima al 'Pepe e Sale' poi al 'Ma la notte no'.

2.2
A	14.30	**B**	13.25
C	17.20	**D**	19.45

2.3
- **A** Alle quindici e trenta.
- **B** Alle quattordici e venti.
- **C** Alle diciassette e quarantacinque.

2.4
- **A** Sai che ore sono?
- **B** Sai quanti anni ha Sergio?
- **C** Sa che data è oggi?
- **D** Sai a che ora arriva il treno da Bologna?

2.6 **Appuntamento privato:**
Hai voglia di uscire?; Ti va di andare a prendere un caffè?
Appuntamento d'affari:
Viene alla presentazione, signora?; Bene, arrivo alle quindici e trenta.

2.9 Mercoledì non può andare all'opera. Alle 16.00 può dormire un po'.

2.11
- **A** Dalle otto e trenta alle dodici e trenta.
- **B** Dalle nove alle dodici e trenta.
- **C** Dalle dodici e trenta alle tredici e trenta.
- **D** Dalle tredici e trenta alle quindici.

3.2
- **A** terzo
- **B** Al primo
- **C** Al quarto piano

3.4
A	lo	**B**	la
C	le	**D**	li

3.6
- **A** a sinistra.
- **B** il primo a destra.
- **C** il secondo davanti alla pianta.
- **D** di fronte alle toilette.
- **E** in fondo, a sinistra.

3.8
A	in	**B**	nel
C	nei	**D**	nel
E	nella	**F**	Negli

3.9
1	C	2	F
3	A	4	B
5	D	6	E

3.11 tardi
più tardi
prima
dopo
adesso
essere in ritardo
verso le undici
prima delle nove
avere tempo

3.12
A	Eccola!	**B**	eccolo!
C	Eccole	**D**	Eccoli

Lösungen Unità 8
Viaggiare

1.2
A	a, in	B	in
C	da	D	in, da
E	a	F	in
G	a		

1.3 Hotel Santa Elisabetta
la sauna

1.5
- A due persone
- B Alle otto
- C In aprile
- D Per cinque giorni.
- E mezza pensione

1.6 Una camera singola è: una camera con un letto.
Una camera doppia è: una camera con due letti.
Un letto matrimoniale è: un letto per due persone.
La pensione completa è: colazione, pranzo e cena.

1.7 Questo Hotel è a quattro stelle.
A colazione c'è un buffet.

1.8 Carlo/Milena
Sassi
Senato 15
Milano
tre
uno

2.2
1	B	2	C
3	E	4	F
5	D	6	A
7	H	8	G

2.3 Deve girare a sinistra al semaforo.
Dopo il semaforo deve andare a destra.

2.5
- A Vada avanti per due chilometri.
- B Giri a sinistra.
- C Vada fino al semaforo.
- D Prenda la prima a sinistra.

2.6 Scusi, per l'albergo Bella Vista, per favore?
Scusi, sa dov'è la Via Mondini?
Scusi, come arrivo in Piazza San Marco, per favore?

2.7
- A Vada a destra in via Petrarca. Vada avanti dritto fino al Viale del Tramonto./Vada a destra, vada dritto. Il castello è nel Viale del Tramonto.
- B Vada avanti dritto (in via Boccaccio), prenda la terza a destra./Vada fino in fondo alla via Boccaccio, giri (la terza) a destra.
- C Vada (avanti) dritto (in Via Boccaccio), prenda la seconda a destra/vada i via Sforza di Cannarotta), giri a destra (in via Foscolo).
- D Vada avanti dritto, giri la seconda a destra. (La banca è dopo il supermercato.)/Vada (avanti) dritto (in Via Boccaccio), prenda la seconda a destra/vada in Via Sforza di Cannarotta. (Dopo il supermercato c'è una banca.)

2.9 A Merano ci sono le palme, le mele e l'uva.
La statua di Sissi è a Merano.

2.10
- A Prenota un albergo!
- B Fai passeggiate!
- C Mangia le mele del Trentino!
- D Visita i musei!

2.11 camminare in montagna
fare trekking
scalare
andare al teatro all'aperto
visitare le chiese
passeggiare nei parchi

3.2 in macchina
in bicicletta
in autobus
a piedi

3.3
- A Guardare l'orario.
- B Comprare il biglietto.
- C Salire in autobus.
- D Timbrare il biglietto.
- E Scendere dall'autobus.
- F Cambiare.

3.4
A metropolitana
B cambiare
C Cologno Nord
D prendo, Monza
E Scendo, bus

3.6 Per andare al Duomo si prende la metro.
Si può andare al castello anche a piedi.

3.7
A si compra **B** si prende
C si timbrano **D** Si può
E si cambia **F** si mangiano

3.9 L'intercity ferma a Verona.
Il treno è in ritardo.
Il rapido per Venezia è in arrivo al binario otto.

3.10
A Per andare a Venezia bisogna cambiare a Verona.
B Per andare in treno bisogna avere il biglietto.
C Per comprare i biglietti bisogna andare al bar.
D Per vedere il Castello Sforzesco bisogna andare a Milano.
E Per sapere a che ora c'è il treno bisogna guardare l'orario.
F Per prendere la metropolitana bisogna scendere dalle scale.

Lösungen Unità 9
Abitudini

1.1 1 B 2 C
 3 D 4 A
1.3 A si alza tardi B si lava e si veste
 C si fa il caffè D si alza, tardi
1.4 A A che ora ti alzi?
 B Che cosa fai dopo?
 C Dove ti vesti?
 D Che cosa ti metti per uscire?
1.5 A Oggi invece si alza alle otto.
 B Domani invece mi metto i pantaloni eleganti.
 C Oggi invece ci facciamo il tè.
 D Questa domenica invece si mettono solo la maglietta.
1.7 1 C 2 A
 3 B 4 D
 5 E
1.9 A si alzano, vanno in bagno, si lavano
 B si vestono
 C si mettono il cappotto, escono
 D arriva la donna delle pulizie, si fa il caffè
 E la signora torna a casa
2.2 1 C 2 E
 3 G 4 B
 5 D 6 F
 7 A
2.3 A Se vuoi aprire un conto devi andare in banca.
 B Se vuole spedire un pacchetto deve andare all'ufficio postale.
 C Se vogliamo nuotare dobbiamo andare in piscina.
2.4 Si può andare alla posta dalle 8.15 alle 19.00.
 La banca chiude a mezzogiorno.
 La banca è aperta anche il sabato.
2.5 A dalle otto e un quarto alle sette.
 B dalle otto e un quarto all'una.
 C dall'una alle quattro.
2.6 Il Museo Albani è aperto dalle 9.00 a mezzogiorno e dalle 14.30 alle 18.00.
 Il Museo Albani è aperto anche la domenica.
 L'orto botanico è chiuso il sabato pomeriggio.
2.8 La famiglia Gucci è chiusa nella fortezza.
 Il cartello con l'orario di apertura è piccolo.
 Il signor Gucci vuole dare al bambino un biscotto.
3.2 Fa bel tempo, c'è il sole.
 Sì, fa caldo, ci sono 35°.
 Sì, fa bello.
3.3 In Toscana fa particolarmente caldo.
 Nel nord dell'Italia invece piove.
3.4 1 B 2 C
 3 D 4 A
3.6 Si alzano all'alba.
 Fanno tre ore di coda in autostrada.
 Vanno a sciare.
 Non fanno mai niente di nuovo.
3.7 A preferisco B mi va
 C ho voglia D preferisco
3.8 A Le; c'è B hai, di; tempo
 C ti; fa, mi D ne
3.9 Maria deve avere almeno 25°.
 Maria non dà mai ragione a Milena.

Lösungen Unità 10
Tempi passati

1.2
- **A** Hai studiato le lingue straniere?
- **B** La signora Sassi ha comprato il biglietto per il museo.
- **C** Non hanno capito le previsioni del tempo.
- **D** Non ho avuto tempo di visitare il Duomo.

1.4 Milena ha conosciuto suo marito dieci anni fa.

1.5
1	B	2	A
3	D	4	C

1.6 Ieri Sabrina ha fatto la spesa.
Sabrina e Daniela sono andate a cena insieme.

1.7 si è alzato; Si è lavato, si è vestito, uscito; andato; ha bevuto, ha cominciato

1.8 È andata dalla sua amica Sabrina.
Ha messo l'arrosto nel frigo.
Non ha acceso la lavatrice.

1.9 Non ha letto bene il biglietto.
Non ha lavato con il programma per delicati.

2.1 Paolo e Francesca sono stati al mare.
Paolo e Francesca si sono riposati molto.
Renzo e Lucia sono stati a Londra.
Renzo e Lucia non hanno mangiato molto bene.
Renzo e Lucia si sono divertiti molto.

2.3
- **A** piaciuta
- **B** piaciuto
- **C** piaciuta
- **D** piaciuti
- **E** piaciute
- **F** piaciuta

2.4 Milena preferisce andare al mare.
La cucina non le è piaciuta.
A Carlo è piaciuta anche la gente.
Gli è piaciuto molto l'albergo.
Ai bambini la vacanza è piaciuta.

2.5

☺	☹	☺
È stato un sogno.	Non mi è piaciuto per niente.	Insomma!
È stato meraviglioso.	Non mi è piaciuto affatto.	Così così.
Non mi sono mai divertito tanto.	È stato un incubo!	Abbastanza.

2.6
- **A** gli
- **B** mi
- **C** ci
- **D** le
- **E** gli

2.8 Milena e Carlo.

2.9
- **A** La cameriera e la spiaggia.
- **B** Bruttissimo.
- **C** Un incubo.
- **D** Un sogno/(Una vacanza) da sogno.
- **E** La piscina e la sauna.
- **F** La cucina.

3.1 2

3.2 Alessandra ha perso le chiavi.
Federico ha trovato le chiavi.

3.3
- **A** perso
- **B** sentito
- **C** svegliata
- **D** mi sono persa

3.4 **stazione ferroviaria:**
Un biglietto di andata e ritorno per Milano.
Un biglietto di prima classe per Milano.
C'è un posto vicino alla finestra?
Vorrei prenotare un posto per non fumatori.
bar:
Vorrei un biglietto per Milano e tre francobolli per cartolina.

3.5 È in ritardo perché ha sbagliato strada.

3.6 Alessandra sa suonare la chitarra.
Federico suona il piano.
Federico ha cominciato a suonare da piccolo.
Federico ha rovesciato il caffè sul vestito di Alessandra.
Federico e Alessandra diventano quasi amici.

3.8 **A** sa **B** sanno
C sai **D** so, posso
E sapete

Lösungen Unità 11
Consigli

1.1
1	la testa	2	i capelli
3	l'occhio	4	i denti
5	la mano	6	il piede

1.2
- **A** mano
- **B** i capelli
- **C** occhio
- **D** piedi
- **E** dente

1.3
1	D	2	C
3	A	4	B

1.4 Nessuno ha voglia di andare alla riunione.
Enrico dice che ha il mal di denti.
Antonio dice che ha giocato a calcio.

1.5
1	B	2	C
3	D	4	A

1.6 sì:
Si è lamentato molto?
Daniela ha cucinato per Franco?
no:
Franco è molto ammalato?
Ha preso una medicina?
Franco è andato in farmacia.

1.7
- **A** Non mangiare il cioccolato!
- **B** Non bere il caffè forte!
- **C** Non andare a nuotare!
- **D** Non dormire all'aperto!

1.9 Mi fa male la testa, lo stomaco, gli occhi./Ho mal di testa, mal di stomaco, mi fanno male gli occhi.
No, non ho appetito./No, non ho mangiato niente.
No, ne ho fin sopra i capelli dei medici./No, non ci voglio andare.
Quando le devo prendere?/Come?/Quando?

1.10 Le fa male lo stomaco.
Se domani non sta meglio va dal dottore.

2.2
- **A** aiutarmi
- **B** dirmi
- **C** spedirle
- **D** telefonargli
- **E** invitarli
- **F** accenderla

2.4
- **A** Regalagli
- **B** Regalagli
- **C** Compralo
- **D** Comprale

2.6
1	C	2	A
3	D	4	B
5	F	6	E

2.8 Gina ha bisogno di consigli.
Sofia le consiglia un maglione.
La commessa le consiglia un profumo.
Secondo Sofia il profumo è una buona idea.
Gina accetta il consiglio.

2.9 sì:
Silvia le consiglia un profumo?
no:
Paola ha bisogno di un regalo di compleanno?
Paola accetta il consiglio di Silvia?
Paola compra compra un libro?

3.2
- **A** prenderei
- **B** le regalerei
- **C** gli porterei
- **D** gli consiglierei
- **E** la aiuterei

3.3 Alessio dovrebbe essere più moderno.
Alessio dovrebbe cambiare il colore dei capelli.
Alessio dovrebbe comprare la marca migliore.

3.4
1	E	2	A
3	B	4	C
5	D	6	F

3.5
- **A** Potrei
- **B** Dovresti
- **C** saprei
- **D** potrebbe
- **E** Verremmo
- **F** Avreste
- **G** Potreste
- **H** Avrei, desidererei

3.6
1	D	2	A
3	C	4	B

3.8 Ha ascoltato i consigli degli amici.
Ha voluto avere i capelli grigi.

3.9
- **A** ascolterei
- **B** andrei
- **C** mi metterei
- **D** cercherei

3.10 Luisa desidera andare al mare.
Sergio vorrebbe andare in montagna.

Lösungen Unità 12
Progetti

1.2
1. sto mangiando
2. sta bevendo
3. stanno giocando
4. sta dormendo
5. stiamo facendo
6. Sta scrivendo

1.3
- **A** sta studiando.
- **B** sta mettendo in ordine (la casa).
- **C** sta mangiando.
- **E** stiamo guardando un film (interessante).

1.4 Emilio e Giuliana stanno litigando.
Stanno parlando delle ferie.
Emilio vuole vedere una città nuova.

1.5 Luca e Chiara stanno decidendo dove andare in vacanza.
Luca vorrebbe andare in campeggio al mare.
Chiara in vacanza vuole dormire su un letto.

1.6 2

1.7
- **A** le vacanze estive.
- **B** in treno.
- **D** fare anche un po' di sport.
- **C** l'agriturismo.

1.8
| 1 | B | 2 | C |
| 3 | D | 4 | A |

1.9 Hanno dimenticato di prenotare l'albergo.

2.1
1. Noleggio auto
2. Ufficio informazioni
3. Deposito bagagli
4. Prenotazioni cuccette
5. Voli nazionali
6. Collegamenti bus
7. Crociere
8. Biglietteria

2.2
| 1 | D | 2 | A |
| 3 | B | 4 | C |

2.4 Buongiorno, vorrei prenotare un posto per Chiavari.
Prima classe.
No, non fumatori.
Per il 14 agosto.
(Vorrei partire) verso le otto.
Bisogna cambiare?

2.5 Si deve pagare il pedaggio.
Il pedaggio si paga al casello di uscita.
Al casello di entrata si ritira il biglietto.
È possibile pagare anche con una carta prepagata.
Si può fare una pausa in un autogrill.
Si fa benzina alla stazione di servizio.

2.6 Con la Viacard si può pagare il pedaggio senza contanti.
Per avere il Telepass bisogna prima avere la Viacard.

2.8
- **A** Non hanno pagato né in contanti né con la Viacard.
- **B** (Arriverà) la multa.

2.9
- **A** Avrà 25 anni.
- **B** Avrà il raffreddore.
- **C** Non avranno tempo.

3.2
A te lo	**B** glielo
C ve lo	**D** glielo
E te la	

3.4 Bisogna mettere il filtro nella caldaietta.
Il caffè esce quando l'acqua bolle.

3.5
A Glielo	**B** la
C lo	**D** la
E la	**F** la
G lo	

3.6
A metterlo	**B** metterla
C metterli	**D** portarle
E spiegarmelo	**F** spiegarmela

3.7
| 1 | D | 2 | A |
| 3 | B | 4 | C |

3.8 Per fare il pesto serve l'olio.

3.9 **A** lavarle, asciugarle
B schiacciare
C uno spicchio
D parmigiano, pecorino.
E Quanto basta.
F metterla

3.10 Klaus andrà in Italia in macchina.
A Klaus serve la prenotazione dell'albergo.
Klaus farà un corso di cucina.

Lösungen Unità 13
Racconti

1.2
1 C 2 E
3 A 4 B
5 F 6 D

1.3
A mangiava B sapevi
C avevamo   D Finivate
E dicevano, pensavano

1.4 Piero non era sicuro di prendere l'insalata giusta.
Piero non sapeva qual era l'olio che voleva Simona.
Piero ha trovato due pomodori molto belli.

1.6 Non si mangiava spesso la carne.
Non c'erano molte possibilità per il tempo libero.
I bambini avevano più rispetto per i genitori.

1.7
A era bene educato
B non rispondeva male agli adulti.
C non giocava a tennis e non andava a lezione di piano.
D rispettava

1.8 Da piccolo andavo tutte le settimane al cinema.
Mia sorella quando era piccola suonava bene il piano.
Sono in ritardo perché ho perso l'autobus.
Non ho fatto la spesa perché non avevo tempo.
Mentre leggevo il giornale Sabrina giocava con il gatto./Sabrina ha giocato con il gatto.

1.9
A Non sono venuto alla festa perché stavo male.
B Maria è arrivata in ritardo perché ha perso la metro.
C Sergio è arrivato alle otto perché il treno era in ritardo.
D Non abbiamo comprato la frutta perché non sapevamo quale prendere.

1.10 Era Giuseppe Verdi

2.2
1 Vietato fumare
2 Divieto di sosta
3 Divieto di accesso
4 Vietato toccare

2.3 Parcheggiare dove c'è il cartello 'Divieto di sosta'.
Fumare nei posti pubblici.
Toccare oggetti nei musei.
Giocare a palla in spiaggia.

2.4 In Italia si regalano i fiori con la carta.
A una signora sposata non si regalano rose rosse.
Non è gentile fumare senza chiedere il permesso.
Normalmente dopo pranzo si beve un caffè.

2.5
A Ha portato, aveva
B Ha acceso, ha domandato
C Voleva, ha fatto

2.7 Non c'era un cartello.
Pensava che non è vietato.
Non era colpa sua, non sapeva che in Italia non si fa come nel suo paese.

2.9
A licenziata, casalinga
B cambiato idea
C grandissima, grande come
D tanto, quanto poveri

3.2
A letto   B sentita
C scritte   D visti
E sentite

3.3
A Chi   B com'
C Che   D quanto
E Qual   F Dove

3.4 A Milano.
Due vecchie signore.
Volevano rubare una borsa.
Al sud dell'Italia.

3.5 Scalia ha già vinto un Oscar dieci anni fa.

3.6
1 C 2 D
3 A 4 B

3.7   **A** 2   **B** 5
          C 3   **D** 4
          E 1

3.8   chi
          Quanti
          dove
          come

3.9   **1** D   **2** C
          3 A   **4** B

3.10 L'autostrada tra Cattolica e Rimini sud è chiusa.
          Chi vuole andare a Bologna deve uscire a Cattolica.

Lösungen Unità 14
Parliamo

1.2	Davvero?		
	Non ci credo!		
	Possibile?		
1.4	Dai, pazienza!		
	Sarà per la prossima volta.		
	Magari la prossima volta, speriamo!		
1.6	Secondo Anna è successa una tragedia.		
	Secondo Mila non è niente di grave.		
	Giuseppe è arrabbiato con Anna.		
1.7	A	te	B	me
	C	me	D	lui
	E	me	F	lei
	G	voi		
1.8	Mi dispiace tanto, ma pazienza!		
	Ma dai, figurati!		
	Ma va, gli passerà!		
	Secondo me lui non può vivere senza te.		
	Peccato, mi dispiace. Ma non è una tragedia!		
1.9	è arrabbiata.		
	è delusa.		
	non perdona Tommaso.		
2.2	A	siano	B	sia
	C	abbia	D	sia
	E	abbia		
2.3	A	siano	B	sia
	C	abbia	D	abbiate
	E	siate	F	siano
	G	abbiano	H	siano
2.4	Roberta non vuole alzarsi presto.		
	Dario pensa che sia meglio partire presto.		
	Dario è sicuro che a mezzogiorno c'è traffico.		
	Dario e Roberta decidono di partire presto.		
2.5	2		

2.6	**sono d'accordo con te:**
	Va bene.; D'accordo.; Sono d'accordo.; OK.; Hai ragione; È vero.
	non sono d'accordo con te:
	Non sono d'accordo.; Per niente.; Niente affatto.; Non è vero.
2.7	Tina pensa che Annalisa abbia bisogno del certificato? No.
	Sara è d'accordo con Tina? No.
	Tina pensa che le università italiane siano buone? Sì.
	Per Sara è importante andare all'estero? Sì.
	Pensa così anche Tina? No.
	Tina è una signora giovane? No.
2.8	1
3.1	3
3.2	Distinti saluti
3.3	il conto la multa
	il pedaggio il biglietto
3.5	Il signor Falzotti dice che non è mai stato a Civenna.
	Il signor Biagi non crede che ci sia un errore.
	Il signor Biagi ha mandato il conto alla persona sbagliata.
	Il signor Falzotti non abita a Messina.
3.6	2
3.7	al, per; di, a; in; dell', al
3.8	La signorina Parini ha convinto il signor Falzotti.
	Il signor Falzotti invita la signorina Parini ad andare con lui.
3.9	sì
	sì
	no
	no
	un matrimonio

Lösungen Tests

1.1 Sprachliche Strukturen
Lesen Sie die Sätze. Entscheiden Sie, welche Wörter Sie verwenden können. Wählen Sie aus den Wörtern, die unter dem Text stehen.
1 io
2 tu
3 Lei
4 io
5 Lei
6 io
7 tu
8 Lui
9 lei

1.2 Hörverständnis
Lesen Sie zuerst die Fragen. Hören Sie dann die Texte zweimal an. Kreuzen Sie Ihre Antwort an.
1 sì
2 no
3 sì
4 sì

1.3 Hörverständnis
Lesen Sie zuerst die Fragen. Hören Sie dann die Texte zweimal an. Schreiben Sie Ihre Antwort auf.
1 Corio
2 Ancini
3 Marcella

2.1 Sprachliche Strukturen
Lesen Sie den Brief. Entscheiden Sie, welche Wörter Sie verwenden können. Wählen Sie aus den Wörtern, die unter dem Text stehen.
1 sono
2 a
3 studio
4 il
5 tedesco
6 di
7 Lui
8 che
9 fai
10 hai

2.2 Hörverständnis
Lesen Sie zuerst die Fragen. Hören Sie dann die Texte zweimal an. Schreiben Sie Ihre Antwort auf.
1 A
2 A
3 B
4 A
5 B

2.3 Leseverständnis
Sie finden auf Ihrem Küchentisch diesen Zettel. Lesen Sie den Text. Lesen Sie die Sätze von 1 bis 3. Entscheiden Sie, ob sie richtig oder falsch sind.
1 giusto
2 sbagliato
3 giusto

3.1 Sprachliche Strukturen
Lesen Sie den Text. Entscheiden Sie, welche Wörter Sie verwenden können. Wählen Sie aus den Wörtern, die unter dem Text stehen.
1 anni
2 italiana
3 a
4 in
5 piace
6 piacciono
7 dolci
8 gli
9 Non
10 preferisco

3.2 Hörverständnis
Lesen Sie zuerst die Fragen. Hören Sie dann die Texte an. Kreuzen Sie Ihre Antwort an.
1 giusto
2 sbagliato
3 giusto
4 sbagliato

3.3 Antworten
Lesen Sie zuerst die Sätze von A bis D. Hören Sie die Aufnahme an. Sie werden drei Sätze hören. Notieren Sie für jeden Satz Ihre Antwort: A, B, C oder D.
1 C
2 D
3 B

3.4 Leseverständnis
Carlo lädt Sara zum Abendessen ein. Er liest das Inhaltsverzeichnis eines Kochbuchs. Lesen Sie, wie die Rezepte heißen und suchen Sie die passenden aus.
1 ricetta 1
2 ricetta 3
3 ricetta 6

4.1 Sprachliche Strukturen
Lesen Sie die Einkaufsliste. Entscheiden Sie, welche Wörter Sie verwenden können. Wählen Sie aus den Wörtern, die unter dem Text stehen.
1 di 2 etti
3 nuove 4 grammi
5 del 6 della

4.2 Hörverständnis
Lesen Sie zuerst die Fragen. Hören Sie dann die Texte zweimal an. Kreuzen Sie Ihre Antwort an.
1 A 2 B
3 A 4 B
5 A

4.3 Antworten
Lesen Sie zuerst die Sätze von A bis D. Hören Sie die Aufnahme an. Sie werden drei Sätze hören. Hören Sie die Sätze zweimal an. Notieren Sie für jeden Satz Ihre Antwort: A, B, C oder D.
1 A
2 C
3 B

5.1 Sprachliche Strukturen
Lesen Sie die Sätze. Entscheiden Sie, welche Wörter Sie verwenden können. Wählen Sie aus den Wörtern, die unter dem Text stehen.
1 al 2 a
3 dal 4 sulla
5 sul 6 Dov'è
7 Dove

5.2 Hörverständnis
Lesen Sie zuerst die Fragen. Hören Sie dann die Texte zweimal an. Kreuzen Sie Ihre Antwort an.
1 no 2 no
3 no 4 sì

5.3 Hörverständnis
Lesen Sie zuerst die Fragen. Hören Sie dann die Texte zweimal an. Kreuzen Sie Ihre Antwort an.
1 B 2 B
3 A 4 A
5 A

6.1 Sprachliche Strukturen
Lesen Sie die Beschreibung von Adriana. Entscheiden Sie, welche Wörter Sie verwenden können. Wählen Sie aus den Wörtern, die unter dem Text stehen.
1 molto 2 i
3 lunghi 4 suoi
5 quelli 6 sua
7 simpatica 8 bene
9 la 10 lo

6.2 Antworten
Lesen Sie zuerst die Sätze von A bis D. Hören Sie die Aufnahme an. Sie werden drei Sätze hören. Hören Sie die Sätze zweimal an. Notieren Sie für jeden Satz Ihre Antwort: A, B, C oder D.
1 C
2 D
3 A

6.3 Leseverständnis
Giuliana bekommt diese Glückwunschkarte. Lesen Sie den Text. Lesen Sie die Sätze von 1 bis 3. Entscheiden Sie, ob sie richtig oder falsch sind.
1 giusto
2 sbagliato
3 giusto

7.1 Sprachliche Strukturen
Lesen Sie die Sätze. Entscheiden Sie, welche Wörter Sie verwenden können. Wählen Sie aus den Wörtern, die unter dem Text stehen.
1 sono 2 Sono
3 è 4 A
5 alle 6 finisce
7 uscire 8 dall'

7.2 Hörverständnis
Lesen Sie zuerst die Fragen. Hören Sie dann die Texte zweimal an. Kreuzen Sie Ihre Antwort an.
1 vero 2 vero
3 falso 4 vero

7.3 Hörverständnis
Lesen Sie zuerst die Fragen. Hören Sie dann die Texte zweimal an. Kreuzen Sie Ihre Antwort an.
1 B 2 B
3 A 4 A
5 B

8.1 Sprachliche Strukturen
Lesen Sie den Text. Entscheiden Sie, welche Wörter Sie verwenden können. Wählen Sie aus den Wörtern, die unter dem Text stehen.

1	in	2	al
3	in	4	da
5	in	6	ci
7	a	8	in
9	in	10	a
11	in	12	bisogna

8.2 Antworten
Lesen Sie zuerst die Sätze von A bis D. Hören Sie die Aufnahme an. Sie werden drei Sätze hören. Notieren Sie für jeden Satz Ihre Antwort: A, B, C oder D.
1 B
2 D
3 A

8.3 Leseverständnis
Sie möchten ein Hotelzimmer buchen. Lesen Sie die Anzeigen und entscheiden Sie, welche Sie interessieren.

1	annuncio 3	2	annuncio 3
3	annuncio 4	4	annuncio 5

9.1 Sprachliche Strukturen
Lesen Sie den Text. Entscheiden Sie, welche Wörter Sie verwenden können. Wählen Sie aus den Wörtern, die unter dem Text stehen.

1	mi	2	in
3	lavo	4	vesto
5	metto	6	lo
7	Di	8	dalle
9	alle	10	la

9.2 Hörverständnis
Lesen Sie zuerst die Fragen. Hören Sie dann die Texte an. Schreiben Sie Ihre Antwort auf.

1	B	2	A
3	A	4	A
5	B		

9.3 Leseverständnis
Es ist der 15. August, Sie sind in Mailand und möchten eine Postkarte kaufen. Sie finden diesen Zettel an der Tür des Geschäftes. Lesen Sie den Text. Lesen Sie die Sätze von 1 bis 3. Entscheiden Sie, ob sie richtig oder falsch sind.

1 giusto
2 sbagliato
3 giusto

10.1 Sprachliche Strukturen
Lesen Sie den Text. Entscheiden Sie, welche Wörter Sie verwenden können. Wählen Sie aus den Wörtern, die unter dem Text stehen.

1	andato	2	divertiti
3	gli	4	piaciuto
5	stati	6	mangiato
7	sono	8	hanno
9	l'	10	parcheggiata

10.2 Hörverständnis
Lesen Sie zuerst die Fragen. Hören Sie dann die Texte an. Kreuzen Sie Ihre Antwort an.

1	sì	2	no
3	sì	4	sì

10.3 Antworten
Lesen Sie zuerst die Sätze von A bis D. Hören Sie die Aufnahme an. Sie werden drei Sätze hören. Notieren Sie für jeden Satz Ihre Antwort: A, B, C oder D.
1 A
2 B
3 C

11.1 Sprachliche Strukturen
Lesen Sie den Text. Entscheiden Sie, welche Wörter Sie verwenden können. Wählen Sie aus den Wörtern, die unter dem Text stehen.

1	vada	2	giri
3	prenda	4	dritto
5	alla	6	meglio
7	Le		

11.2 Hörverständnis
Lesen Sie zuerst die Fragen. Hören Sie dann die Texte an. Schreiben Sie Ihre Antwort auf.

1	A	2	A
3	B	4	A
5	B		

11.3 Leseverständnis
Lesen Sie die Texte und die Überschriften. Entscheiden Sie, welche Überschrift zu den Texten passt. Schreiben Sie Ihre Antworten auf.
A titolo 3
B titolo 1

12.1. Sprachliche Strukturen
Lesen Sie die Sätze. Entscheiden Sie, welche Wörter Sie verwenden können. Wählen Sie aus den Wörtern, die unter dem Text stehen.

1	facendo	2	sta
3	bevendo	4	dormendo
5	città	6	da
7	da	8	né
9	glielo	10	me la
11	metterlo		

12.2 Hörverständnis
Lesen Sie zuerst die Fragen. Hören Sie dann die Texte an. Kreuzen Sie Ihre Antwort an.

1	sì	2	no
3	sì	4	sì

12.3 Antworten
Lesen Sie zuerst die Sätze von A bis D. Hören Sie die Aufnahme an. Sie werden drei Sätze hören. Notieren Sie für jeden Satz Ihre Antwort: A, B, C oder D.

1 B
2 C
3 A

13.1 Sprachliche Strukturen
Lesen Sie die Geschichte. Entscheiden Sie, welche Wörter Sie verwenden können. Wählen Sie aus den Wörtern, die unter dem Text stehen.

1	è	2	nel
3	suoi	4	erano
5	era	6	molto
7	scritto	8	stati
9	molti	10	amati

13.2 Hörverständnis
Lesen Sie zuerst die Fragen. Hören Sie dann die Texte an. Kreuzen Sie Ihre Antwort an.

1	sì	2	sì
3	no	4	sì

13.3 Leseverständnis
Hier die Wettervorhersage. Lesen Sie den Text. Lesen Sie die Sätze von 1 bis 3. Entscheiden Sie, ob sie richtig oder falsch sind.

1 giusto
2 sbagliato
3 sbagliato

14.1 Sprachliche Strukturen
Lesen Sie den Brief. Entscheiden Sie, welche Wörter Sie verwenden können. Wählen Sie aus den Wörtern, die unter dem Text stehen.

1	Egregio	2	La
3	il	4	alle
5	in	6	Sig.na
7	sia	8	ottimo
9	abbia	10	Distinti

14.2 Hörverständnis
Lesen Sie zuerst die Fragen. Hören Sie dann die Texte an. Schreiben Sie Ihre Antwort auf.

1	A	2	A
3	B	4	B
5	A		

14.3 Antworten
Lesen Sie zuerst die Sätze von A bis D. Hören Sie die Aufnahme an. Sie werden drei Sätze hören. Notieren Sie für jeden Satz Ihre Antwort: A, B, C oder D.

1 A
2 D
3 B

Hörtexte zum Mitlesen - Audio-CDs zum Zertifikat A1

Auf den folgenden Seiten finden Sie Mitschriften aller Hörtexte, die im Übungsteil nicht abgedruckt sind. Sie sollten diese Texte wirklich erst mitlesen, wenn Sie die entsprechende Übung im Übungsteil dieses Sprachkurses ohne Hilfe nicht lösen können.
Die Texte sind nach Kapitel (Unità), Lerneinheit (Livello) und Übung sortiert (z.B. **1.2.4**: Unità 1, Livello 2, Übung 4)

1.2.4   **[A1 Audio-CD 1, 10]**
Maria, Ilaria, Luigi, Anna, Norberto, Ottavio

1.2.13   **[A1 Audio-CD 1, 14]**
A   Come si chiama?
B   ArrivederLa!
C   Scusa, sei Maria?
D   Questa è la signora Polli.
E   Le presento Giovanni.

1.Test.2   **[A1 Audio-CD 1, 16]**
1 Ciao, io sono Sergio, e tu come ti chiami?
Salve, sono Francesco. E lui chi è?
Lui è Sandro. Si chiama Sandro Sforza.
2 Scusa, come si scrive il tuo cognome?
S T R O Z Z O   D I   C A N N A R O T T A
3 Salve, piacere sono Maurizio Parolini.
Piacere, sono Sergio Prizzi. Le presento la signora Pavani.
4 Clara, come, vai già via?
Eh, sì. Ciao eh, arrivederci a tutti!

1.Test.3   **[A1 Audio-CD 1, 17]**
1 Ciao, io mi chiamo Chiara Corio, e tu chi sei?
2 Ciao, io sono Luigi, Luigi Ancini. E questa signora chi è?
3 Questa è la signora Geramonte.
Signora Geramonte, Le presento Luigi.
Luigi ti presento la signora Marcella Geramonte.
Piacere signora, ehm, signora ...?
Geramonte! G E R A M O N T E.

2.1.8   **[A1 Audio-CD 1, 19]**
A Christian è italiano.
B Maria è francese.
C Tony è inglese.

2.3.4   **[A1 Audio-CD 1, 29]**
1 Che numero di telefono hai, Maria?
Ho il 22 33.
2 Che numero di telefono ha, signor Rossi?
Ho il 34 56.
3 Che numero di telefono ha la signora Renzi?
La signora Renzi ha il 55 00.
4 Che numero di telefono ha Sergio?
Sergio ha il 57 81.

2.3.11   **[A1 Audio-CD 1, 34]**
A   casa
B   mi dispiace
C   che
D   ufficio

2.Test.2   **[A1 Audio-CD 1, 35]**
1 Maria, che numero di telefono hai?
Ho il 77 89.
2 Che numero di telefono ha Carlo?
Ha il 25 31.
3 Paola ha il 18?
No, ha il 17.
4 Silvia, hai il 13?
Sì.
5 Che numero di telefono ha Marcella?
Ha il 16 17 60.

3.1.10   **[A1 Audio-CD 1, 38]**
Maria ti piace cucinare?
Oh sì, molto.
E che cosa ti piace?
Mi piace molto la pasta, la verdura e mi piacciono anche i dolci.
E la birra ti piace?
No, non mi piace molto. Ma mi piace il vino!

3.Test.2 **[A1 Audio-CD 1, 44]**
1 Maria, prendi un bicchiere di Chianti con me?
Molto gentile, ma preferisco un caffè.
2 Prendi una birra, Antonio?
Volentieri.
3 Allora Carlo, io abito in Via Parini numero 2.
E io abito in Via Monteverdi numero 58.
4 Senti, dove abitano adesso Sabrina e Alfonso?
Abitano a Milano, Sabrina preferisce la città.

3.Test.3 **[A1 Audio-CD 1, 45]**
1 Clara, prendi una fetta di torta?
2 Quanti anni ha Sergio?
3 Dove abitano Renzo e Lucia?

4.2.9 **[A1 Audio-CD 1, 51]**
1 Frutta, frutta fresca, banane belle, pomodori rossi freschi!
2 Formaggi freschi e stagionati, formaggio italiano e francese buonissimo!
3 Salumi, prosciutto di Parma, affettati!

4.3.4 **[A1 Audio-CD 1, 53]**
I maccheroni all'arrabbiata sono maccheroni con una salsa al peperoncino molto piccante. Il minestrone è una zuppa con le verdure, con ad esempio le patate, i fagioli eccetera. Come antipasto caldo abbiamo le bruschette e i crostini.

4.Test.2 **[A1 Audio-CD 1, 55]**
1 Quant'è il cappuccino e la brioche? Sono due euro e ventidue centesimi.
2 Ci sono anche i biscotti? C'è la torta, ma non ci sono i biscotti.
3 Quanto prosciutto prende? Ne prendo due etti.
4 Quant'è? Fanno 15 euro e 50.
5 Quanto pane prendi? Ne prendo un chilo.

4.Test.3 **[A1 Audio-CD 1, 56]**
1 Che cosa prende per primo?
2 E cosa prendi per secondo?
3 Prendi un dessert?

5.1.5 **[A1 Audio-CD 1, 58]**
Marco e Maria non sono in casa. Lasciate un messaggio dopo il segnale acustico. Grazie.
1 Ciao ragazzi, qui Alfonso. Eh mi dispiace, purtroppo stasera non posso. Viene da me il capo ufficio. Peccato! Oh, ma la prossima volta vengo anch'io! Ciao eh!
2 Ciao, sono Sabrina. Grazie per l'invito. Vengo volentieri. Magari porto un'insalata? O il gelato per dessert? A stasera, ciao!

5.3.4 **[A1 Audio-CD 1, 64]**
... ed ora veniamo al calendario degli appuntamenti più importanti. Il primo agosto al cinema all'aperto: Psycho. Mercoledì 21 agosto al teatro popolare una commedia di Goldoni: 'Le baruffe chioggiotte'. Venerdì 23, discoteca 'Il Giardino', grande festa latino-americana e il 25 agosto, domenica, c'è il mercato dei fiori nel cortile della Chiesa di S. Gennaro.

5.Test.2 **[A1 Audio-CD 1, 67]**
1 Mario, vieni a cena da me stasera
Mi dispiace, ma ho un altro impegno.
2 Che giorno è oggi?
Oggi è mercoledì 2 aprile.
3 Ho una camera da letto, un soggiorno e il bagno.
4 Che bello! L'appartamento è molto carino!

5.Test.3 **[A1 Audio-CD 1, 68]**
1 In quale mese vai in vacanza? In giugno.
2 Che data è oggi? Oggi è il 16 settembre.
3 Quando è la festa di Silvia? Il primo dicembre.
4 Quando è Natale? In inverno.
5 Quando è il compleanno di Sabrina? In autunno, il 10 ottobre.

6.2.3 **[A1 Audio-CD 1, 72]**
Franca: Conosci Carlo?
Katia: Quale Carlo?
Franca: Quel ragazzo alto, carino, con i capelli corti e neri. Quello che parla adesso con Elena.
Katia: Ah, quello con la giacca nera?
Franca: No, quello è Sergio. Mamma mia che brutto! No, no, l'altro, quello con il maglione blu.
Katia: Ah, quel tipo con gli occhi azzurri e il naso lungo.
Franca: Uffa Katia! Nooo. Quello con gli occhi neri come la notte.
Katia: Ah, sì, lo conosco. Lo conosco abbastanza bene. È mio marito.

6.3.9 **[A1 Audio-CD 1, 75]**
Mi chiamo Guido e sono architetto. Sono alto un metro e ottanta, ho gli occhi e i capelli neri. Ho un buon lavoro, ma non guadagno molto bene. Mi piace lo sport, la musica classica, andare al cinema e mangiare bene. Cerco una donna non troppo alta, giovane e simpatica. Il mio numero di telefono è 02 87 68 95. Ciao!

6.Test.2 **[A1 Audio-CD 1, 77]**
1 Maria è sposata?
2 Chi è Sergio?
3 Di chi è questa macchina?

7.1.3 **[A1 Audio-CD 1, 78]**
Sono le due e venti.
È mezzogiorno e cinque.
Sono le quattro e dieci.
Sono le sei e un quarto.

7.2.2 **[A1 Audio-CD 1, 81]**
A Sono le quattordici e trenta minuti.
B Sono le tredici e venticinque minuti.
C Sono le diciassette e venti minuti.
D Sono le diciannove e quarantacinque minuti.

7.3.6 **[A1 Audio-CD 1, 84]**
A Scusi, sa dov'è l'ufficio del signor Fumagalli?
Sì, è il terzo a sinistra.
B Cerco l'ufficio della signora Fantozzi.
È il primo a destra.
C Scusi, l'ufficio del direttore?
È il secondo, davanti alla pianta.
D Per favore, sa dov'è l'ufficio della segretaria del signor Filini?
È di fronte alle toilette.
E Scusi, cerco l'ascensore.
È in fondo, a sinistra.

7.Test.2 **[A1 Audio-CD 1, 86]**
1 Ciao, senti, ti va di venire in discoteca con me stasera?
2 Guarda, mi piacerebbe, ma non posso perché il mio gatto è malato.
3 Allora facciamo così: ci incontriamo domenica, alle tre e mezzo davanti all'edicola.
4 Guardi, il signor Fumagalli non arriva mai prima delle nove, nove e un quarto.

7.Test.3 **[A1 Audio-CD 1, 87]**
1 Dov'è l'ufficio del signor Fumagalli? Al terzo piano.
2 Dov'è l'ascensore? In fondo a sinistra.
3 Sa dove sono le toilette? In fondo, di fronte alla scala.
4 Sa a che ora arriva il direttore? Alle quindici e trenta.
5 Scusi, sa che ore sono? Sono le sette meno un quarto.

8.2.3 **[A1 Audio-CD 2, 03]**
Scusi, sa dov'è la Via Doria?
Sì, vada avanti dritto per duecento metri. Al semaforo giri a sinistra, vada avanti fino all'incrocio, poi a destra. La seconda a destra è la Via Doria.

8.2.11 **[A1 Audio-CD 2, 05]**
Camminate in montagna e ammirate la natura unica!
Per gli sportivi: fate trekking e scalate.
Le Dolomiti sono un paradiso.
La cultura non manca: andate al teatro all'aperto, visitate le chiese antiche.
E per una pausa: passeggiate nei meravigliosi parchi.

8.3.4	[A1 Audio-CD 2, 06] Prenda la metro, la linea uno, fino a Loreto. Poi deve cambiare e prendere la due. Scenda alla fermata di Cologno Nord. Prenda il bus per Monza. Scenda alla stazione nord. Da lì parte il bus per Vimercate.	9.Test.2	[A1 Audio-CD 2, 18] 1 A che ora apre il supermercato? Alle dieci e un quarto. 2 Da che ora a che ora è aperta la posta? Dalle otto alle diciannove. 3 A che ora chiudono i negozi? Alle otto e mezza. 4 Quanti gradi ci sono oggi? Ci sono 23 gradi. 5 Com'è il tempo? Brutto, piove e fa freddo.
8.3.9	[A1 Audio-CD 2, 08] È in partenza dal binario undici l'intercity per Monaco. Ferma a Verona, Rovereto, Bolzano. Si avvertono i gentili viaggiatori che il treno viaggia con quindici minuti di ritardo. Al binario otto è in arrivo il rapido per Venezia.	10.1.6	[A1 Audio-CD 2, 20] **Milena:** Hai fatto qualcosa di bello ieri? **Sabrina:** No, non ho fatto niente di speciale. Ho fatto la spesa, poi ho cucinato e il pomeriggio sono andata da mia sorella. **Milena:** Ah, e come sta Daniela? **Sabrina:** Bene, è contenta perché lei e Giovanni hanno appena comprato la casa. La sera siamo andate insieme a cena. **Milena:** E Giovanni? **Sabrina:** Lui è restato a casa con la bambina.
8.Test.2	[A1 Audio-CD 2, 09] 1 Per quante persone vuole prenotare? 2 Ha una camera libera in aprile? 3 Vuole a mezza pensione?		
9.2.6	[A1 Audio-CD 2, 13] Buongiorno, vorrei sapere l'orario di apertura dei musei. Certo, allora, il Museo Albani è aperto dalle nove a mezzogiorno e dalle quattordici e trenta alle diciotto. Tutti i giorni? Sì, nei giorni feriali e festivi. E l'orto botanico? L'orto botanico è aperto nei giorni feriali dalle otto e mezza a mezzogiorno e dalle quindici e trenta alle diciassette. Il giovedì e il sabato pomeriggio è chiuso. E il Duomo? Il Duomo adesso è chiuso per restauro.	10.2.4	[A1 Audio-CD 2, 23] **Sandra:** Allora, vi è piaciuta Merano? **Carlo:** Guarda, a me è piaciuta tantissimo. Il paesaggio è un sogno, l'albergo meraviglioso, la cucina è delicata. E la gente è tanto gentile. **Sandra:** È piaciuta anche a Milena? **Carlo:** Insomma! La città le è piaciuta. Anche l'albergo le è piaciuto, ma a lei non piacciono molto le montagne, preferisce il mare. E poi la cucina non le è piaciuta perché per lei è troppo grassa. Mah, per me è stato tutto bellissimo e buonissimo. E i bambini si sono divertiti tanto.
9.3.3	[A1 Audio-CD 2, 15] Ed ora le previsioni del tempo per sabato: piove al nord, temperature sotto i 20 gradi, sole e caldo al centro, particolarmente in Toscana con 30 gradi, al sud vento forte, ma temperature fino ai 32 gradi.	10.3.5	[A1 Audio-CD 2, 26] Mi scusi tanto il ritardo, ma non abito a Milano e sono venuta in metro. Al bar c'era tanta gente, ho fatto la coda per comprare il biglietto così ho perso la metro. Poi ho sbagliato strada, mi sono persa, insomma, adesso sono qui con mezz'ora di ritardo.

10.Test.2 [A1 Audio-CD 2, 29]
1 Scusami tanto, mi dispiace, ma ho perso l'orologio e sono arrivato in stazione alle cinque e il treno è partito alle cinque meno un quarto.
2 Guarda, una vacanza da sogno. Bel tempo, mare pulito, un albergo così grande e bene attrezzato. E anche la gente in albergo era gentilissima.
3 Senta, scusi, per caso ha trovato un mazzo di chiavi? L'ho perso dieci minuti fa e forse Lei l'ha visto.
4 ... e da piccolo poi ho imparato a suonare il piano. Ho cominciato a cinque anni e adesso lo suono benissimo. Infatti guadagno molto quando suono a un concerto.

10.Test.3 [A1 Audio-CD 2, 30]
1 Scusa tanto, mi dispiace, ti ho rovesciato il caffè sul vestito, scusami!
2 Quando hai conosciuto Francesco?
3 Hai acceso la lavatrice?

11.1.10 [A1 Audio-CD 2, 34]
Ciao Silvia sono Carla. Guarda stasera non posso venire alla festa perché non mi sento bene. Non so bene cos'ho, ma mi fa male lo stomaco. Forse ho mangiato qualcosa di sbagliato. Se domani non sto meglio vado dal medico. Saluta anche Sergio eh, ciao!

11.2.9 [A1 Audio-CD 2, 37]
Paola: Silvia, dammi un consiglio! Secondo te, cosa posso regalare a Elisabetta?
Silvia: Compie gli anni?
Paola: No, è nata la sua bambina.
Silvia: Guarda Paola, secondo me è meglio se prendi qualcosa per lei, non per la bambina. Tutti regalano sempre cose per i bambini, che ne dici di un profumo o forse un buon libro?
Paola: Non so ... ma no, le regalo un asciugamano da bagno per la bambina.

11.3.3 [A1 Audio-CD 2, 38]
Lino: Io al tuo posto farei qualcosa ai capelli. Sono davvero fuori moda.
Alessio: Sono troppo corti?
Lino: No, sono troppo scuri. Alle ragazze piacciono i tipi come George Clooney. E poi non dovresti mettere sempre la cravatta, sei troppo conservatore. Potresti comprare pantaloni e giacca eleganti ma sportivi e poi farti i capelli grigi in casa, da solo, non c'è bisogno di andare dal parrucchiere. Ma al tuo posto prenderei solo la tinta per capelli migliore che trovi, attenzione!

11.3.10 [A1 Audio-CD 2, 40]
Sergio: Luisa vorrebbe andare al mare, ma io preferisco andare in montagna.
Paolo: Guarda Sergio, io al tuo posto andrei al mare, perché per i bambini è meglio.
Sergio: Ma Paolo, in agosto al mare fa troppo caldo!
Paolo: Anch'io preferisco la montagna, ma i bambini si divertono di più in spiaggia.
Sergio: Io però non ho voglia del caldo, della spiaggia e della sabbia.
Paolo: Anch'io andrei volentieri in montagna, ma anche mia moglie preferisce il mare.
Sergio: Allora mandiamo le signore con i bambini al mare e noi due andiamo insieme in montagna. Sarebbe una bella vacanza!

11.Test.2 [A1 Audio-CD 2, 41]
1 Come devo prendere queste pastiglie? Ne prenda due dopo i pasti.
2 Quanti anni compie tuo marito? Ne compie 45.
3 Cosa posso regalargli per il suo compleanno? Regalagli un dopobarba.
4 Qual è la marca migliore? Per me la migliore è la Chiarobuoni.
5 Scusa, ho il mal di testa, avresti un'aspirina? Non ce l'ho, mi dispiace.

12.1.4 [A1 Audio-CD 2, 42]
Giuliana: A cosa stai pensando Emilio?
Emilio: Sto pensando a dove andare in ferie quest'anno.
Giuliana: Ma è chiaro, prendiamo un appartamento in affitto a Rimini.
Emilio: Ma io vorrei vedere delle città nuove, non sempre le solite spiagge.
Giuliana: Non se ne parla! Facciamo ogni anno quello che vuoi tu, quest'anno andiamo dove dico io.
Emilio: Ma cosa stai dicendo? Non è vero affatto. E poi io Rimini la odio.
Giuliana: E allora in ferie ci vai da solo, io me ne vado al mare.
Emilio: E non parlarmi con quel tono!

12.1.9 [A1 Audio-CD 2, 44]
Patrizia: Allora, abbiamo tutto? Hai i biglietti del treno?
Pino: Sì.
Patrizia: Sono pronte le valigie?
Pino: Sì.
Patrizia: Hai preso anche i costumi?
Pino: Sì
Patrizia: Hai spento la luce e la televisione?
Pino: Ma certo!
Patrizia: Bene, allora andiamo. Hai la prenotazione dell'albergo?
Pino: Ma, non hai prenotato tu?
Patrizia: No, tu hai prenotato.
Pino: Ma veramente, io … ecco …

12.3.8 [A1 Audio-CD 2, 48]
Piero: Spiegami un po': gli ingredienti, devo proprio schiacciarli a mano nel mortaio?
Gianni: Ma no, mettili nel frullatore!
Piero: Ah, bene. E senti: sulla ricetta c'è scritto olio q.b. e sale q.b. Che cosa vuol dire q.b.?
Gianni: Vuol dire quanto basta.
Piero: E io che ne so quanto basta?
Gianni: Tanto quanto è necessario. Devi deciderlo tu. Ma lo vedi se la salsa ha bisogno di olio. Poi devi provarla per sapere se c'è abbastanza sale. Ti serve ancora aiuto?
Piero: No, grazie, ho cambiato idea e faccio un'altra salsa.

12.3.10 [A1 Audio-CD 2, 49]
Klaus: Secondo te è meglio se prenoto anche l'albergo?
Piero: Certo! La prenotazione ti serve in ogni caso.
Klaus: E secondo te è meglio andare in macchina o in treno?
Piero: Il treno costa meno, ma in macchina è più comodo.
Klaus: E se poi nel corso non capisco niente?
Piero: Ma no, se non capisci una parola chiedi all'insegnante di spiegartela! E quando poi hai imparato a fare il pesto, me lo devi cucinare perché voglio provarlo!

12.Test.2 [A1 Audio-CD 2, 50]
1 Guardi per Pasqua è già tutto pieno, abbiamo solo una stanza singola a partire da metà maggio.
2 Scherza? Oggi è ferragosto!
3 Allora per Rapallo deve cambiare a Genova. La coincidenza è alle tredici e venti.
4 Guarda, se non vuoi fare la coda al casello devi avere il Telepass. Però prima bisogna procurarsi la Viacard.

12.Test.3 [A1 Audio-CD 2, 51]
1 Senti, mi puoi prestare la tua macchina o la tua bici?
2 Scusi, sa che ore sono?
3 A che cosa serve il mortaio?

13.1.4 [A1 Audio-CD 2, 52]
Simona: Piero hai fatto la spesa?
Piero: Sì, certo.
Simona: Hai comprato l'insalata per stasera?
Piero: Ecco, no, perché non sapevo se volevi quella verde o quella rossa.
Simona: Hai preso l'olio?
Piero: No, perché non sapevo se dovevo prendere quello d'oliva o quello di semi.
Simona: E la pasta?
Piero: Non mi hai detto se avevi bisogno degli spaghetti o delle lasagne.

Simona: Ma scusa, allora la spesa non l'hai fatta!
Piero: Ma sì! Ho comprato due pomodori perché erano così belli.

13.2.7 [A1 Audio-CD 2, 55]
Allora, Gabriella è andata al parco con Silke. Si sono messe al sole e Silke si è tolta il maglione. Figurati, dopo due minuti è arrivata la polizia. Silke non ha capito perché. Non c'era mica un cartello con su scritto che è vietato spogliarsi. Pensava che da noi la gente si comporta come da loro. Poverina! Non era colpa sua, non lo sapeva.

13.3.4 [A1 Audio-CD 2, 57]
Veniamo ora alle ultime notizie. Milano: aperta la nuova mostra al museo della tecnica. Arrestate due vecchie signore in Piazza del Duomo che volevano rubare la borsa di una turista. Accusato il ministro degli esteri di corruzione. Incidenti al sud a causa della neve.

13.3.10 [A1 Audio-CD 2, 58]
Brutto tempo in tutta Italia. Chiuso a causa di un tamponamento il tratto autostradale tra Cattolica e Rimini sud, con uscita obbligata a Cattolica, per chi è diretto verso Bologna. Questa sera alle 22 serata dell'Oscar su rete quattro.

13.Test.2 [A1 Audio-CD 2, 59]
1 Guardi, tanta gente lascia la macchina qui davanti, ma veramente c'è il divieto di sosta.
2 Mi dispiace, ma ho parcheggiato la macchina in divieto di sosta, ma non lo sapevo che c'era il cartello. Così ho preso la multa e sono andato a pagare.
3 Davvero? Che peccato!
4 Beh, sì, un po' ha disturbato perché è venuto da noi durante il pranzo. Che maleducato!

14.1.9 [A1 Audio-CD 2, 63]
Guarda, non ne posso più. Sono arrabbiatissima con Tommaso. Prima dice che esce con me, poi cambia idea, dice che è malato, che non è vero, basta, con lui non parlo più. Peccato perché era carino, mi piaceva tanto. E io che gli avevo comprato anche un regalo. Magari lo perdono, magari era davvero malato ... no no, niente!

14.2.5 [A1 Audio-CD 2, 66]
Lucia: Allora Barbara, hai deciso se vuoi studiare medicina o economia?
Barbara: No, non lo so ancora. Tu cosa ne pensi?
Lucia: Io penso che sia meglio medicina. Credo che sia più interessante.
Barbara: Sì, ma non sono sicura se voglio davvero diventare medico.
Lucia: Sono sicura che per te è la facoltà ideale.
Barbara: Non so, non credo. Veramente io preferirei studiare musica.
Lucia: Musica? Non penso che un musicista abbia le stesse possibilità di un medico.
Barbara: Sì, è vero, ma penso che un musicista si diverta di più di un medico.
Lucia: Non sono d'accordo. E poi figurati cosa dicono i tuoi genitori!

14.3.6 [A1 Audio-CD 2, 69]
Signor Falzotti senta, volevo scusarmi tanto per ieri mattina. Guardi, un errore del computer. Abbiamo avuto un cliente che si chiama come Lei però è di Messina. Per caso il signore di Messina abita anche lui in Via Mascagni, come Lei. Mi scusi ancora e Le mando un buono sconto per il nostro albergo, va bene?

14.Test.2 [A1 Audio-CD 2, 71]

1 È già arrivato Giovanni? Penso di sì.
2 Ciro sta meglio? Credo che sia ancora malato.
3 Secondo te Clara ha ragione? Io non sono d'accordo con lei.
4 Vieni in ferie con me? Ci devo pensare.
5 Allora, viene anche Elisabetta o no? A me ha detto di sì.

14.Test.3 [A1 Audio-CD 2, 72]

1 Sei d'accordo con me?
2 Non è meglio se impari l'inglese?
3 Com'è il nuovo ristorante?

Wortschatz zum Vokabeltraining Zertifikat A1

A [A1 Vokabeltrainer, 01]

a	in, zu, nach, um, mit, pro
abbastanza	ziemlich
abitare	wohnen
accendere	einschalten, anzünden
accendere la luce	das Licht einschalten
accendere la radio	das Radio einschalten
accendere la televisione	den Fernseher einschalten
aceto	Essig
acqua	Wasser
acqua minerale	Mineralwasser
adesso	jetzt
aereo	Flugzeug
aeroporto	Flughafen
agenzia	Agentur
aiutare a	helfen
albergo	Hotel
alcool	Alkohol
alto	groß, hoch
alzarsi	aufstehen
amare	lieben
amaro	bitter
amico	Freund
amica	Freundin
ammalarsi	erkranken
andare	gehen, fahren
andare a piedi	zu Fuß gehen
andare in aereo	fliegen
andare in autobus	mit dem Bus fahren
andare in bicicletta	mit dem Fahrrad fahren
andare in treno	mit dem Zug fahren
andare in macchina	mit dem Auto fahren
andare in metropolitana	mit der U-Bahn fahren
andare in tram	mit der Trambahn fahren
annuncio	Anzeige, Annonce
andata	Hinfahrt
antipasto	Vorspeise
appartamento	Wohnung
aprire	öffnen
armadio	Schrank
arrivare	ankommen
arrivederci	auf Wiedersehen
arrivederLa	auf Wiedersehen
arrivo	Ankunft
asciugamano	Handtuch
aspettare	warten
assegno	Scheck
attenzione a	Vorsicht
auguri	Glückwünsche
autobus	Bus
autogrill	Raststätte
auto	Auto
autostrada	Autobahn
avanti	herein
avere 35 anni	35 Jahre alt sein
avere bisogno di	brauchen
avere caldo	warm sein
avere fame	Hunger haben
avere freddo	kalt sein
avere fretta	es eilig haben
avere sete	Durst haben
avere	haben
avere l'influenza	Grippe haben
avere il raffreddore	Schnupfen haben
azzurro	himmelblau

B [A1 Vokabeltrainer, 02]

bagnato	nass
bagno	Badezimmer
balcone	Balkon
ballare	tanzen
bambino	Kind, Junge
bambina	Mädchen
banca	Bank
bar	Bar
basso	niedrig, klein
basta	es reicht
bastare	genügen
bello	schön
bene	gut
benzina	Benzin
benzina senza piombo	bleifreies Benzin
bere	trinken
bianco	weiß
bicchiere	Glas
bicicletta	Fahrrad
biglietto	Fahrkarte, Ticket
binario	Gleis
birra	Bier
bisogna	man muss
blu	blau
borsa	Handtasche
bosco	Wald
bottiglia	Flasche
bravo	gut
brutto	hässlich
buona notte	gute Nacht
buonasera	guten Abend
buongiorno	guten Tag
buono	gut
burro	Butter

C [A1 Vokabeltrainer, 03]

cabina telefonica	Telefonzelle
cadere	fallen, stürzen
caffè	Kaffee
caldo	warm
calze	Socken, Strümpfe
cambiare	wechseln, umsteigen
cambio	Wechsel
camera	Zimmer
camera singola	Einzelzimmer
camera doppia	Doppelzimmer
camera matrimoniale	Eheschlafzimmer
cameriere	Kellner, Ober
campagna	Land
campeggio	Campingplatz
canzone	Lied
capelli	Haare
capire	verstehen
cappuccino	Cappuccino
carne	Fleisch
caro	teuer, lieb
carta	Papier
carta d'identità	Personalausweis
carta di credito	Kreditkarte
carta stradale	Landkarte
carta telefonica	Telefonkarte
cartolina	Postkarte
casa	Haus
cassa	Kasse
cassetta	Kassette
castello	Schloss, Burg
CD	CD
cellulare	Mobiltelefon
cena	Abendessen
centro	Zentrum
cercare	suchen
che	dass; der, die, das; welcher, welche, welches; wie, als
che cosa	was
che ora è	wie spät ist es
che ore sono	wie spät ist es
chi	wer, wem, wen
chiamare	rufen, anrufen
chiamarsi	heißen
chiave	Schlüssel
chiedere	fragen, verlangen
chiesa	Kirche
chiudere	schließen
ciao	hallo, tschüss

237

Wortschatz

cielo	Himmel	**D [A1 Vokabeltrainer, 04]**	
cin cin	Prost	d'accordo	einverstanden
cinema	Kino	da	aus, von, seit, ab, bei, zu
cioccolata	Schokolade		
circa	etwa, circa	dappertutto	überall, überallhin
città	Stadt	dare	geben
coda	Stau	data	Datum
codice fiscale	Steuernummer	davanti a	vor
codice postale	Postleitzahl	decidere	entscheiden
cognome	Name	dente	Zahn
colazione	Frühstück	dentifricio	Zahnpasta
colore	Farbe	dentista	Zahnarzt
come	wie	dentro	darin, drinnen; hinein
come va	wie geht's	deposito bagagli	Gepäckaufbewahrung
cominciare a	beginnen, anfangen	desiderare	wünschen
compleanno	Geburtstag	destro	rechter, rechtes
comprare	kaufen	di	von, aus, als, für, zu, vor
compreso	inklusive, inbegriffen		
computer	Computer	di fronte a	gegenüber
con	mit, bei	di là	drüben
concerto	Konzert	di meno	weniger
conoscere	kennen, kennen lernen	di più	mehr
		di qui	von hier aus
contare	zählen	di solito	gewöhnlich
continuare a	fortsetzen, weitermachen	dietro a	hinter
		difficile	schwierig
conto	Rechnung	dimenticare	vergessen
coperto	Gedeck	dire	sagen
coprire	zudecken	diretto	direkt
corso	Kurs	dritto	geradeaus
corto	kurz	dispiacere	Leid tun, bedauern, etwas ausmachen
cosa	Sache; was		
così così	so la la	distributore di benzina	Tankstelle
costare	kosten		
credere	glauben	diverso	unterschiedlich, anders
cuccetta	Platz im Liegewagen		
cucchiaio	Löffel	divieto di sosta	Halteverbot
cucchiaino	Kaffeelöffel, Teelöffel	doccia	Dusche
cucina	Küche	documento	Dokument, Papier
		dogana	Zoll
		dolce	Dessert, Kuchen; süß
		domanda	Frage
		domandare	fragen

domani	morgen	fare colazione	frühstücken
donna	Frau	fare freddo	kaltes Wetter sein
dopo	später, nachher, danach; nach; nächster, nächste, nächstes	fare gli auguri di buon anno	frohes neues Jahr wünschen
		fare gli auguri di buon compleanno	alles Gute zum Geburtstag wünschen
dormire	schlafen	fare gli auguri di buon Natale	frohe Weihnachten wünschen
dottore	Arzt, Doktor		
dove	wo	fare gli auguri di buona Pasqua	frohe Ostern wünschen
dovere	müssen, sollen		
durare	dauern	fare male	wehtun
		fare presto	schnell machen

E [A1 Vokabeltrainer, 05]

e	und
ecco	hier ist, hier sind, da
E-mail	E-Mail
entrare	eintreten, hineingehen
entrata	Eingang
esame	Prüfung
esempio	Beispiel
per esempio	zum Beispiel
espresso	Express-, Espresso
esserci	da sein
essere	sein
essere in orario	pünktlich sein
essere in partenza	abfahren
essere in ritardo	Verspätung haben
est	Osten
estate	Sommer
estero	Ausland
euro	Euro
etto	hundert Gramm

F [A1 Vokabeltrainer, 06]

fa	vor
fame	Hunger
famiglia	Familie
fare bello	schönes Wetter sein
fare bel tempo	schönes Wetter sein
fare benzina	tanken
fare brutto	schlechtes Wetter sein
fare cattivo tempo	schlechtes Wetter sein
fare caldo	warmes Wetter sein

fare	machen, tun
fare il bagno	baden
fare il pieno	voll tanken
fare in tempo a	es rechtzeitig schaffen
fare la doccia	duschen
fare la spesa	einkaufen
fare una telefonata	jemanden anrufen
farmacia	Apotheke
favore	Gefallen
fax	Fax
fermata	Haltestelle
festa	Fest, Feiertag
figlio	Sohn
figlia	Tochter
figli	Kinder
film	Film
fiore	Blume
finalmente	endlich
fine settimana	Wochenende
finestra	Fenster
finire	enden, beenden, aufhören
fino a	bis
fiume	Fluss
foglio	Blatt
forchetta	Gabel
formaggio	Käse
forse	vielleicht
forte	stark
foto	Foto
fra	zwischen, unter, in

fra un po'	bald, in Kürze
francobollo	Briefmarke
frase	Satz
fratello	Bruder
freddo	kalt
frigorifero	Kühlschrank
frutta	Obst
fumare	rauchen
fuori	draußen, außen, hinaus

G [A1 Vokabeltrainer, 07]

gabinetto	Toilette
garage	Garage
gas	Gas
gelato	Speiseeis
genitori	Eltern
gente	Leute
già	schon
giacca	Jacke
giallo	gelb
giardino	Garten
giocare a calcio	Fußball spielen
giocare a carte	Karten spielen
giocare a tennis	Tennis spielen
giornale	Zeitung
giorno	Tag
giovane	jung
giù	unten, hinunter
giusto	richtig
grado	Grad
grande	groß
grandi magazzini	Kaufhaus
grasso	dick
grazie	danke
guadagnare	verdienen
guardare	anschauen
guidare	fahren

H, I [A1 Vokabeltrainer, 08]

hotel	Hotel
idea	Idee
ieri	gestern
importante	wichtig
impossibile	unmöglich
in	in
in anticipo	zu früh, im Voraus
in fretta	in Eile
in macchina	mit dem Auto
in mezzo	in der Mitte
in ritardo	verspätet
in tempo	rechtzeitig
incidente	Unfall
incontrare	treffen
indirizzo	Adresse
influenza	Grippe
informazione	Information
inquinare	verseuchen
inquinamento	Verschmutzung
insalata	Salat
insieme a	zusammen
intelligente	intelligent
interessante	interessant
internet	Internet
invitare	einladen
isola	Insel
Italia	Italien
italiano	Italienisch; Italiener

L [A1 Vokabeltrainer, 09]

lago	See
lasciare	lassen, verlassen
latte	Milch
lavare	waschen
lavarsi	sich waschen
lavorare	arbeiten
lavoro	Arbeit
leggere	lesen
leggero	leicht
lettera	Brief
letto	Bett
libero	frei
libro	Buch
lingua	Sprache
lingua straniera	Fremdsprache
litro	Liter
lontano	entfernt, weit

luce	Licht	momento	Moment
luna	Mond	mondo	Welt
lungo	lang	moneta	Kleingeld
		monumento	Denkmal

M [A1 Vokabeltrainer, 10]

ma	aber, sondern	mostra	Ausstellung
macchina	Auto, Wagen	moto	Motorrad
macchina fotografica	Fotoapparat	motore	Motor
madre	Mutter	museo	Museum
maglione	Pullover	musica	Musik
magro	dünn		

N [A1 Vokabeltrainer, 11]

mai	nie	Natale	Weihnachten
mal di denti	Zahnschmerzen	nazionalità	Nationalität
mal di testa	Kopfschmerzen	nazione	Nation
avere il mal di mare	seekrank sein	neanche	auch nicht, nicht einmal
malato	krank		
male	schlecht	negozio	Geschäft
mamma	Mama	nero	schwarz
mancare	fehlen	nessuno	niemand; keiner, keines
mancia	Trinkgeld		
mandare	senden, schicken	niente	nichts
mangiare	essen	nome	Vorname
mano	Hand	non	nicht
mare	Meer	nord	Norden
marito	Ehemann	notizia	Nachricht
mattina	Vormittag	notte	Nacht
medicina	Medikament	numero	Nummer
meglio	besser	numero di telefono	Telefonnummer
meno	weniger	nuotare	schwimmen
menu	Menü, Speisekarte	nuovo	neu
mercato	Markt	nuvola	Wolke
mese	Monat		

O [A1 Vokabeltrainer, 12]

metà	Hälfte	occhiali	Brille
metro	Meter	occhiali da sole	Sonnenbrille
metropolitana	U-Bahn	occhio	Auge
mettere	stellen, legen, setzen	occupato	besetzt, beschäftigt
mezzo	halb	offrire	bieten, anbieten
mezza	halbe	oggi	heute
mezzanotte	Mitternacht	olio	Öl
mezzogiorno	Mittag	ombra	Schatten
migliore	besser	ombrello	Regenschirm
moglie	Ehefrau	ora	Stunde, Uhrzeit
molto	viel; sehr, lange	orario dei treni	Bahnfahrplan

Wortschatz

ordinare	bestellen
orologio	Uhr
ospedale	Krankenhaus
ovest	Westen

P [A1 Vokabeltrainer, 13]

padre	Vater
paese	Land
pagare	zahlen, bezahlen
pane	Brot
panino	Brötchen
pantaloni	Hose
papà	Papa
parcheggiare	parken
parcheggio	Parkplatz
parlare	sprechen, reden
parrucchiere	Friseur
parrucchiera	Friseurin
parte	Seite, Teil
partenza	Abfahrt
partire	abfahren
Pasqua	Ostern
passaporto	Pass
passare	verbringen, vorbeikommen, durchgehen, überreichen
passeggero	Fahrgast
passeggiata	Spaziergang
pasta	Nudeln
patata	Kartoffel
patente	Führerschein
pedone	Fußgänger
peggio	schlechter
peggiore	schlechter
penna	Kugelschreiber
pensare	denken
pensione	Pension, Rente
pensione completa	Vollpension
pepe	Pfeffer
per	für, durch, nach, bis, um ... zu
percento	Prozent
per esempio	zum Beispiel
per posta	per Post
perché	warum, weil
perdere	verlieren, verpassen
permesso	Erlaubnis
Permesso?	Ist es erlaubt?
permettere	erlauben
però	aber
persona	Person
pesante	schwer
pesare	wiegen
pesce	Fisch
pezzo	Stück
piacere	Gefallen; mögen
piano	leise, langsam
piatto	Teller
piazza	Platz
piccolo	klein
piede	Fuß
pieno	voll
piovere	regnen
piscina	Schwimmbad
più	mehr
pizza	Pizza
pizzeria	Pizzeria
plastica	Plastik
po'	wenig, bisschen
poco	wenig
poi	dann, danach
polizia	Polizei
pollo	Huhn
pomeriggio	Nachmittag
pomodoro	Tomate
portafoglio	Brieftasche
portare	bringen, tragen
possibile	möglich
posta	Post
posto	Platz, Ort
potere	können
povero	arm
pranzo	Mittagessen
prefisso	Vorwahl
prego	bitte

prendere	nehmen	restare	bleiben
prenotare	buchen, reservieren	resto	Rest
preparare	vorbereiten, zubereiten	ricevuta	Quittung
		ricevuta fiscale	Steuerbeleg
presentare	vorstellen	ricordarsi di	sich erinnern
presto	bald, früh	rimanere	bleiben
prezzo	Preis	ripetere	wiederholen
prima	zuerst	riposarsi	sich ausruhen
primo	erster, erste, erstes	riposo	Ruhe, Pause
primo piatto	Hauptgang	riscaldamento	Heizung
problema	Problem	riso	Reis
programma	Programm	rispondere a	antworten
promettere	versprechen	rispondere al telefono	sich am Telefon melden
Pronto?	Hallo?		
pronto soccorso	erste Hilfe	risposta	Antwort
prosciutto	Schinken	ristorante	Restaurant
prosciutto cotto	gekochter Schinken	ritardo	Verspätung
prosciutto crudo	roher Schinken	ritornare	zurückkehren
provare	versuchen, probieren	ritorno	Rückkehr
pulire	putzen	roba	Sachen, Ware
pullover	Pullover	rompere	zerbrechen
		rosso	rot
		rubare	rauben, stehlen
		rumore	Lärm

Q [A1 Vokabeltrainer, 14]

qua	hier
qualche	einige
qualcosa	etwas
qualcuno	jemand
quando	wann, wenn, als
quanto	wie viel, wie sehr, wie lange
quanto tempo	wie lange
quarto	Viertel; vierter, vierte, viertes
quello	jener, jenes
questo	dieser, dieses
qui	hier

S [A1 Vokabeltrainer, 16]

salame	Salami
sale	Salz
salire	hinaufgehen, einsteigen
salutare	grüßen
salute	Gesundheit
saluto	Gruß
sapere	wissen, können
sapone	Seife
sbagliare	sich irren, verwechseln
scala	Treppe
scarpa	Schuh
scendere	hinuntergehen, aussteigen
sconto	Nachlass
scontrino	Quittung, Kassenzettel
scorso	vergangen

R [A1 Vokabeltrainer, 15]

radio	Radio
raffreddore	Erkältung
ragazzo	Junge, Bub, Freund
ragazza	Mädchen, Freundin
rapido	Schnellzug
regione	Region

scrivere	schreiben	situazione	Situation, Lage
scuola	Schule	soldi	Geld
Scusa!	Entschuldige!	sole	Sonne
Scusi!	Entschuldigen Sie!	solo	allein, einsam; nur, erst
scusare	entschuldigen		
se	wenn, ob	solo andata	einfache Fahrkarte
se no	sonst	sopra	auf, über
seconda	zweite Klasse	sorella	Schwester
secondo	zweiter Gang, Sekunde; zweiter; nach	sosta	Halt
		sotto	unter
		spegnere	ausschalten, ausmachen
sedere	sitzen		
sedersi	sich setzen	spendere	ausgeben
sedia	Stuhl	spesa	Einkauf
segnare	anmerken, anzeichnen	spesso	oft
semaforo	Ampel	spettacolo	Vorstellung, Schauspiel
sembrare	scheinen		
semplice	einfach	spiaggia	Strand
sempre	immer	spiccioli	Kleingeld
Senti!	Entschuldige!	spiegare	erklären
Senta!	Entschuldigen Sie!	sporco	schmutzig
sentire	hören, erfahren	sport	Sport
sentirsi	sich fühlen	sposato	verheiratet
sentirsi bene	sich gut fühlen	stanco	müde
sentirsi male	sich schlecht fühlen	stanza	Zimmer
sentirsi meglio	sich besser fühlen	stare	sein, wohnen
senza	ohne	stare bene	gut gehen
sera	Abend	stare male	schlecht gehen
servire	servieren, bedienen, nutzen	stare per	im Begriff sein zu
		stazione di servizio	Tankstelle
servire a	dienen	stazione ferroviaria	Bahnhof
sete	Durst	strada	Straße, Weg
settimana	Woche	strada statale	Staatsstraße
sì	ja	straniero	Ausländer; fremd
si	man	strano	seltsam
sicuro	sicher	studente	Student
sigaretta	Zigarette	studentessa	Studentin
significare	bedeuten	studiare	studieren, lernen
signora	Frau, Dame	su	oben, auf
signore	Herr	subito	sofort
signorina	Fräulein	succedere	geschehen, passieren
simpatico	sympathisch, nett	successo	Erfolg
sinistra	links	succo di frutta	Fruchtsaft

sud	Süden
suonare	klingeln, (Instrumente) spielen
supermercato	Supermarkt
supplemento	Zuschlag
svegliare	wecken
svegliarsi	aufwachen

T [A1 Vokabeltrainer, 17]

tabaccaio	Tabakwarenverkäufer
tanto	viel; sehr, lange
tardi	spät
taxi	Taxi
tavolo	Tisch
tazza	Tasse
tè	Tee
teatro	Theater
tecnico	Techniker
tedesco	Deutscher; Deutsch
telefonare	telefonieren
telefono	Telefon
telefonino	Mobiltelefon
temperatura	Temperatur
tempo	Zeit, Wetter
testa	Kopf
testo	Text
titolo	Titel
toilette	Toilette
traffico	Verkehr
tranquillo	ruhig
treno	Bahn, Zug
troppo	zu viel, zu sehr, zu lange
trovare	finden
turista	Tourist
tutti	alle
tutti e due	alle beide
tutti e tre	alle drei
tutto	alles, alle, ganz, jeder, jede, jedes

U [A1 Vokabeltrainer, 18]

ufficio	Büro
uguale	gleich
ultimo	letzter
un po'	ein bisschen
università	Universität
uomo	Mann
uovo	Ei
usare	verwenden, benutzen
uscire	hinausgehen, ausgehen
uscita	Ausgang
utile	nützlich

V, Z [A1 Vokabeltrainer, 19]

va bene	in Ordnung
vacanza	Urlaub
valigia	Koffer
vecchio	alt
vedere	sehen
veloce	schnell
vendere	verkaufen
venire	kommen
verde	grün
verdura	Gemüse
vero	wahr
vestirsi	sich ankleiden
vestito	Kleid; gekleidet
vetro	Glas, Fensterscheibe
via	Straße
viaggiare	verreisen, fahren
viaggiatore	Fahrgast
viaggio	Reise
vicino a	nah; in der Nähe, neben
vietato	verboten
vino	Wein
visitare	besichtigen
vivere	leben
volentieri	gern
voler bene a	lieb haben
volere	wollen
volta	Mal
vuoto	leer
zucchero	Zucker

Wortschatz

Giorni della settimana — **Wochentage**
[A1 Vokabeltrainer, 20]

lunedì	Montag
martedì	Dienstag
mercoledì	Mittwoch
giovedì	Donnerstag
venerdì	Freitag
sabato	Samstag
domenica	Sonntag

Stagioni — **Jahreszeiten**
[A1 Vokabeltrainer, 21]

primavera	Frühling
estate	Sommer
autunno	Herbst
inverno	Winter

Mesi — **Monate**
[A1 Vokabeltrainer, 22]

gennaio	Januar
febbraio	Februar
marzo	März
aprile	April
maggio	Mai
giugno	Juni
luglio	Juli
agosto	August
settembre	September
ottobre	Oktober
novembre	November
dicembre	Dezember

Numeri — **Zahlen**
[A1 Vokabeltrainer, 23]

zero	null
uno	eins
due	zwei
tre	drei
quattro	vier
cinque	fünf
sei	sechs
sette	sieben
otto	acht
nove	neun
dieci	zehn
undici	elf
dodici	zwölf
tredici	dreizehn
quattordici	vierzehn
quindici	fünfzehn
sedici	sechzehn
diciassette	siebzehn
diciotto	achtzehn
diciannove	neunzehn
venti	zwanzig
ventuno	einundzwanzig
trenta	dreißig
quaranta	vierzig
cinquanta	fünfzig
sessanta	sechzig
settanta	siebzig
ottanta	achtzig
novanta	neunzig
cento	hundert
mille	tausend
duemila	zweitausend

Colori — **Farben**
[A1 Vokabeltrainer, 24]

bianco	weiß
nero	schwarz
giallo	gelb
rosso	rot
blu	blau

Ligue e paesi — **Sprachen und Länder**
[A1 Vokabeltrainer, 25]

Italia	Italien
Francia	Frankreich
Gran Bretagna	Großbritannien
Spagna	Spanien
Austria	Österreich
Germania	Deutschland
Svizzera	Schweiz
Portogallo	Portugal
italiano	Italienisch
francese	Französisch
inglese	Englisch
tedesco	Deutsch
portoghese	Portugiesisch

Die italienische Aussprache

Allgemeines

Die italienische Aussprache weicht glücklicherweise nur in wenigen Fällen von der deutschen ab. In den meisten Fällen liegen Sie daher richtig, wenn Sie die Buchstaben eines Wortes nacheinander aussprechen. Dennoch gibt es einige Besonderheiten, die Sie auf den folgenden Seiten finden.

Wichtiger als die Theorie ist jedoch die Praxis, das Hören und Sprechen. Nutzen Sie deshalb die beiliegenden Audio-CDs: Alle Hörtexte und Vokabeln, die Sie darauf finden, werden von italienischen Muttersprachlerinnen und Muttersprachlern gesprochen und bieten daher eine absolut verlässliche Referenz. Hören Sie die Texte so oft wie möglich an und sprechen Sie sie nach. Denn Übung macht den Meister!

Der Konsonant 'h'

Das **h** wird nicht ausgesprochen. Es kann aber den Lautwert von anderen Buchstaben beeinflussen (z. B. von **c** oder **g**). Im Italienischen gibt es nur vier Wörter, die mit **h** anfangen:

ho	(habe)
hai	(hast)
ha	(hat)
hanno	(haben)

Alle anderen Wörter, die mit **h** anfangen, sind fremden Ursprungs.

Bsp.	hotel	/otel/
	harem	/arem/
	hobby	/obbi/

Die Konsonanten 'q' und 'r'

Der Konsonant **q** besitzt den Lautwert /k/ und es folgen **ua**, **ue**, **ui** oder **uo**.

Qu wird nicht wie /kw/, sondern wesentlich weicher ausgesprochen.

Bsp.	acqua	/akkua/
	quando	/kuando/

Der Konsonant **r** wird im Italienischen mit der Zungenspitze gerollt.

Der Konsonant 's'

Der Konsonant **s** wird am Wortanfang vor Vokalen (also vor **a**, **e**, **i**, **o** und **u**) und den Konsonanten **p**, **t**, **c**, **f** scharf ausgesprochen.

Bsp.	salute	/ssalute/
	sera	/ssera/
	sicuro	/ssicuro/
	sole	/ssole/
	subito	/ssubito/
	sport	/ssport/
	studio	/sstudio/
	scarpa	/sscarpa/
	Sforzesco	/ssforzesko/

Steht das **s** vor den anderen Konsonanten, so wird es weich ausgesprochen.

Bsp.	sveglia	/zveglia/

Für die Aussprache des **s** zwischen Vokalen gibt keine feste Regel. Sie unterscheidet sich je nach Region. Während das **s** in Norditalien scharf ausgesprochen wird, hört man in Mittel- und Süditalien die weichere Variante.

Bsp.		casa
Norditalien:		/caza/
Mittel- u. Süditalien:		/casa/

Die Konsonanten 'v' und 'z'

Der Konsonant **v** wird stimmhaft ausgesprochen, wie in 'Volt' oder 'Video', also wie /w/.

Bsp.	Verona	/werona/

Z hat zwei Lautwerte: /ts/ und /dz/. Es gibt aber hierfür leider keine feste Regel.

Bsp.	zio	/tsio/
	terzo	/tertso/
	zero	/dzero/
	romanzo	/romandzo/

Doppelkonsonanten

Doppelkonsonanten werden getrennt ausgesprochen. Der vorangehende Vokal ist kurz.

Bsp.	ga**tt**o
	me**tt**o
	scri**tt**o
	tro**pp**o
	tu**tt**o

Vokalverbindungen

Bei Vokalverbindungen werden alle Vokale getrennt ausgesprochen.

Bsp.	**au**guri
	aereo
	l**ei**
	d**ie**ci
	Europa
	p**oi**

Bei der Kombination **cia**, **cio**, **ciu** sowie **gia**, **gio**, **giu** ist das **i** stumm.

Bsp.	**cia**o
	cioccolata
	man**gia**re
	giornale
	giusto

Betonung

In der Regel werden die Wörter im Italienischen auf der vorletzten Silbe betont.

Bsp.	le**zio**ne

Bei Wörtern mit mehr als zwei Silben kann jedoch auch die erste Silbe betont sein.

Bsp.	**mo**naco

Fällt die Betonung auf die letzte Silbe, so erhält diese einen graphischen Akzent.

Bsp.	citt**à**

Alphabetische Übersicht

Buchstaben	Aussprache	Beispiel
c (vor a, o, u)	/k/ wie kochen	casa cosa cuore
ch (vor e, i)	/k/ wie kochen	che chilo
c (vor e, i)	/tsch/ wie in Deutsch	cena ciao
g (vor a, o, u)	/g/ wie Geld	gatto golf guarda
gh (vor e, i)	/g/ wie Geld	lunghe lunghi
g (vor e, i)	/dj/ wie Dschungel	gelato giorno
gi (vor a, o, u)	/dj/ wie Dschungel	giardino giocare giusto
gl	/lj/ etwa wie in Million	famiglia
gn	/nj/ etwa wie in Kognak	signore
h	stumm	hotel
qu	/ku/ wie Kuh	questo
r	/r/ gerollt	rosa
s (am Wortanfang)	/s/ wie in Post	sole
s (in der Wortmitte)	/z/ wie in Rose	rosa
sc (vor a, o, u)	/sk/ wie Skonto	scala sconto scuola
sch (vor e, i)	/sk/ wie Skonto	scherzo schifo
sc (vor e, i)	/sch/ wie Schuh	scendere sci
sci (vor a, e, o, u)	/sch/ wie Schuh	sciare scegliere sciogliere sciupare
v	/w/ wie Wort	vendere

Notizen

Notizen

Notizen

Notizen

Notizen

Notizen

Notizen

Notizen